KB036329

제2차 세계대전과 집단기억

이 책은 2008년 정부의 재원으로 한국연구재단의 지원을 받아 수행된 연구 결과임(NRF-2008-361-A00005).

이 도서의 국립중앙도서관 출판예정도서목록(CIP)은 서지정보유통지원시스템 홈페이지(http://seoji.nl.go.kr)
와 국가자료공동목록시스템(http://www.nl.go.kr/kolisnet)에서 이용하실 수 있습니다.
CIP제어번호: CIP2017011292

| RICH트랜스내셔널인문학총서11 |

제2차 세계대전과 집단기억

한양대학교 비교역사문화연구소 기획 | 박찬승 엮음

COLLECTIVE MEMORIES OF WORLD WAR II

한울
아카데미

머리글

　한양대학교 비교역사문화연구소는 2008년부터 한국연구재단의 인문한국 사업의 지원을 받아 '트랜스내셔널 인문학'을 주제로 연구를 진행하고 있다. 『제2차 세계대전과 집단기억』은 인문한국 사업의 일환으로, 제2차 세계대전 종전 70주년을 맞아 2015년 12월 11~12일 한양대학교에서 개최한 "제2차 세계대전의 기념과 기억의 정치" 국제학술회의에서 발표된 논문들을 수정, 보완해 모은 책이다.

　주지하듯이 제2차 세계대전은 세계 역사상 유례없는 대규모 전쟁으로, 가장 많은 희생자를 초래한 전쟁이었다. 따라서 2015년 종전 70주년을 맞이해 세계 각국, 특히 대전의 주요 당사국들은 그러한 전쟁이 다시는 발생하지 않아야 한다는 취지로 희생자를 추모하는 여러 행사를 개최했다. 그중 일부 승전국은 이 전쟁에서의 승리를 축하하고 국제사회에서의 자국의 위상을 과시하는 행사를 개최하기도 했다.

　2015년 비교역사문화연구소는 제2차 세계대전 종전 이후 세계 각국은 이 전쟁의 역사를 어떻게 기억하는지, 종전 70주년을 맞아 각국에서는 어떤 행사들을 개최했으며 그 기념행사들은 어떤 역사적 의미를 갖는지에 관한 문제들을 검토하는 국제학술회의를 개최했다. 당시 학술회의에는 미국, 영국, 독일, 러시아, 중국, 일본 등 제2차 세계대전의 주요 당사국들의 전쟁에 대한 기념과 기억 문제를 다루어온 세계 각국의 역사학자들이 발표자로 참여했다. 독일에 대해서는 미국 일리노이 주립대학교의 피터 프리체 교수, 영국에 대해서는 영국 브라이턴대학교의 루시 녹스 교수, 러시아에 대해서는 노르웨이 오슬로대학교의 박노자 교수, 미국에 대해서는 미국 플로리다 주립대학교의 G. 커트 피엘러 교수, 중국에 대해서는 미국 소카대학교의 황동연 교수, 일본에 대해서는 미국 켄터키대학교의 아키코 다케나카 교수, 한국·중국·일본·타이완의 경우에 대해서는 이 책을 엮은 필자가 각각 논문을 발표했다.

　최근 세계 각국의 역사학자와 문화연구자들은 역사 연구의 주요 주제로 '기억', 특히 '집단기억'의 문제를 다루고 있다. 여기서 '집단기억'이란 한 집단이 상징적 기호와 행위를 통해 가지는 특수한 기억을 말한다. 그런데 한 집단에도 내부에 다양한 기억이 존재한다. 따라서 '집단기억'은 그 집단의 지배적인 기억을 가리키는 말이 된다. 그러면 집단기억은 어떻게 형성될까. 독일의 문화과학자 얀 아스만과 알라이다 아스만 부부는, 집단기억의 형성에는 문학작품을 비롯한 각종 텍스트, 신화와 종교적 제의, 기념물·기념 장소, 아카이브 등 다양한 문화적 매체가 중요한 역할을 수행한다고 말한다. 전쟁에 대한 집단기억의 형성도 마찬가지일 것이다. 전쟁에 대한 집단기억은 역사가의 저서와 논문, 생존자의 증언, 박물관, 기념행사, 각종 매체와 문학·예술 작품, 역사 교과서 등에 의해 형성된다. 따라서 『제2차 세계대전과 집단기억』에 실린 논문들도 제2차 세계대전에 대한 각국의 집단기억이 이러한 매개물들에 의해 어떻게 형성되어 왔는지를 주로 다루고 있다. 그러면 이 책의 각 장에서 어떤 내용을 다루고 있는지 간단히 소개해 보기로 한다.

　제1장 **동아시아에서의 제2차 세계대전의 기념과 집단기억**에서는 우선 종

전 70주년을 맞이해 중국, 타이완, 일본에서 어떤 기념행사가 열렸는지, 종전 70주년을 맞이해 발표한 아베 일본 총리의 담화는 어떤 내용을 담고 있으며 이에 대해 주변 각국은 어떤 반응을 보였는지를 다룬다. 또 중일전쟁·태평양전쟁에 대한 일본의 집단기억, 전쟁 책임과 전후 책임에 대한 일본 각계의 인식, 난징대학살에 대한 중국과 일본의 집단기억의 충돌에 대해 다룬다.

제2장 일본의 아시아태평양전쟁에 대한 기억: 1995년 이후 수정주의적 전환에 대한 분석에서는 우선 1995년 우파 정부가 다시 들어서면서 전쟁을 비롯해 일본 근현대사에 대한 신수정주의적 시각이 등장하게 된 배경을 설명한다. 이어서 1945년 이후 출생한 세대를 '포스트메모리' 세대라 지칭하고, 이 세대가 아시아태평양전쟁을 어떻게 생각하는지를 다룬다. 그리고 일본인이 전쟁의 가해자라는 인식 대신 피해자라는 인식을 갖게 된 배경을 다루며, 최근 일부 학자들이 거론하는 '전후 책임감'이라는 논제에 대해 설명한다.

제3장 항일전쟁과 중국혁명, 그리고 중화인민공화국의 제2차 세계대전 기념에서는 먼저 1970년대까지의 중국 정부나 역사학자들의 중국혁명과 항일전쟁의 관계에 대한 인식의 변화를 다룬다. 또 1980년대 개혁·개방 이후, 특히 1990년대 이후 중국 정부나 역사학자들의 역사 인식의 추가 혁명에서 근대화로 옮겨간 과정과 항일전쟁에서의 국민당 역할에 대한 재평가 문제를 설명한다. 그리고 2000년 이후 항일전쟁에 대한 시각이 혁명 중심에서 평화와 발전 중심으로 바뀐 것, 사회주의에서 애국주의와 민족주의로 바뀐 것에 대해 다룬다.

제4장 '좋은 전쟁', 그리고 희미해지는 태평양전쟁에 대한 기억에서는 우선 역대 미국 대통령들이 유럽에서의 제2차 세계대전 승전 기념식에는 참석하는 반면에 정작 일본에 대한 자국의 태평양전쟁 승전 기념식에는 소극

적이라는 점을 지적하며 미국에서 태평양전쟁에 대한 관심이 쇠퇴한 이유를 설명한다. 또 미국인들이 남북전쟁, 양차 세계대전을 기념하는 방식을 설명하면서 제2차 세계대전의 기념물 제작에는 상대적으로 소극적이라는 점을 지적한다. 그리고 태평양전쟁에 관한 시각에서의 주요 쟁점, 예컨대 '미국인이 생각하듯이 제2차 세계대전은 좋은 전쟁이었는가', '핵무기 사용은 정당했나'와 같은 이슈들을 다룬다.

제5장 소비에트연방 해체 이후 러시아에서의 '대조국 전쟁' 서사는 제2차 세계대전에 대한 소련의 공식적 기억과 민간의 비공식적 기억 사이의 상호작용 과정을 분석한다. 우선 1941년 독소전쟁이 개시된 이후 ≪프라우다 Pravda≫가 이 전쟁을 '소련 인민의 대조국 전쟁'으로 명명하게 된 배경과, 그러한 '대조국 전쟁'은 결국 군국주의적 독재로 전락한 자본주의와 미래를 향한 사회주의의 대결이었다는 인식이 1960년대에 이르러 역사서, 문학적 서사, 영화 등으로 완성되어간 과정을 다룬다. 이어서 1980년대 페레스트로이카 이후, 특히 1990년대 소비에트러시아 붕괴 이후 반공주의 물결 속에서 위와 같은 '대조국 전쟁'의 공식 서사가 상당히 동요했다는 점을 설명한다. 결론적으로 1990년대 말 이후 민족주의적 열풍 속에서 민족주의적으로 해석된 '대조국 전쟁' 서사가 다시 등장하게 된 점을 설명한다.

제6장 21세기 초 영국의 제2차 세계대전에 대한 문화적 기억: '평범한 영웅주의'는 제2차 세계대전에 대한 영국인의 문화적 기억이 과거의 산물이 아니라 바로 현재의 산물이라는 시각에서 그 기억의 생성과 순환을 설명한다. 우선 2015년 9월 15일을 영국 본토 공중전의 날로 지정하게 된 배경을 설명한다. 또 제2차 세계대전에 대한 트랜스내셔널한 기억들, 특히 홀로코스트와 난민에 관한 영국인의 기억 문제를 다룬다. 마지막으로 영국 본토 공중전에 대한 기억과 영국 공군의 독일 지역 폭격 작전에 대한 기억을 둘러싼 논란에 대해 설명한다.

마지막으로 제7장 독일의 20세기: 집단기억 속의 제2차 세계대전은 제2차 세계대전에 대한 독일인의 집단기억 문제를 다룬다. 우선 1950년대 이후 독일인은 제2차 세계대전 당시의 폭격과 포로 등의 경험을 되살려 '독일은 피해자의 나라'라는 집단기억을 만들어냈으며, 이는 "히틀러 외에는 독일인 모두가 패배한 전쟁의 피해자들"이라는 주장으로 이어졌다고 설명한다. 따라서 전쟁에 대한 독일의 집단기억은 '감상적이고 편파적이며 독단적이고 자기변명적'이라고 지적한다. 물론 독일 안에서는 가해자로서의 기억, 즉 부역자들의 활동, 민간인에 대한 범죄 등도 거론되고 있다. 그러나 전체적으로는 상실과 실향의 경험을 통한 피해자로서의 기억이 더 강하다는 것을 보여주고 있다.

지금까지 살펴본 것처럼 제2차 세계대전에 대한 기억은 각 나라마다 다양하다. 또 각국 안에서도 시간이 흐름에 따라 변하고 있다. 향후 이 기억이 어떻게 변하게 될지는 누구도 가늠하기 어렵다. 우리가 과거 전쟁에 대한 기억과 기념 문제에 관심을 갖는 것은 이 문제가 미래의 전쟁 또는 평화의 문제와 연결되기 때문이다. 과거에 대한 기억의 차이는 현재에 대한 인식의 차이를 낳고 미래에 대한 구상의 차이를 낳는다. 따라서 과거에 대한 문제를 놓고 서로 기억을 달리하는 사람들은 진지한 토론을 통해 그 간극을 좁혀나가야 한다. 특히 동아시아 지역에서는 역사 문제를 둘러싸고 갈등이 거듭되고 있고, 이는 국가 간의 외교적 갈등으로까지 이어지고 있다. 따라서 동아시아 지역에서 역사가들의 대화는 매우 중요하다.

이제 머리글을 마무리하면서, 귀중한 원고를 보내준 미국과 영국, 노르웨이의 필자들에게 진심으로 감사의 말씀을 드리고 싶다. 또 2015년 국제학술회의에 토론자로 참석해 좋은 말씀을 해주신 최호근, 노경덕, 한영혜, 윤해동, 원재연, 진세정, 김상수, 권용립 교수님께도 감사의 말씀을 드린다. 그리고 국제학술회의의 조직과 준비에 노고를 아끼지 않은 연구소의

김상현 교수님과 홍성희 실장에게도 감사를 표하고 싶다. 아울러 영어 논문과 번역된 논문을 대조하면서 교열을 보아준 이창남, 김현숙 교수님과 하재영 군에게도 감사의 말씀을 전한다. 또 국제학술회의를 지원해준 한국연구재단 측에도 감사의 말씀을 드린다. 끝으로 이 책의 출판을 기꺼이 맡아준 김종수 한울엠플러스(주) 대표와 책을 예쁘게 만들어준 편집부에게도 감사의 말씀을 전하고 싶다.

2017년 6월

박 찬 승

차 례

제 1 장

동아시아에서의
제2차 세계대전의 기념과 집단기억*

박 찬 승**

동아시아에서 국가 또는 사회집단의 역사, 특히 전쟁을 둘러싼 집단기억
사이에서 벌어지는 충돌은 당분간 계속될 수밖에 없을 것이다. 그러나 세계화가
진행되면서 보편적인 가치관을 따르지 않은 담론이나 집단기억은 점점 설득력을
잃어가고, 따라서 결국은 인권, 자유, 민주 등과 같은 보편적인 가치관에
근거한 담론과 집단기억이 보다 우세하게 될 것이다.

1. 머리말

2015년은 제2차 세계대전 종전 70주년이 되는 해였다. 종전 70주년을
맞아 주요 승전국인 러시아, 영국, 프랑스에서는 5월 8일 또는 9일에 승전
기념식을 거행했다. 미국은 1948년부터 1975년까지 9월 2일을 승전기념
일*Victory Day*로 지정해 보내왔으나, 이후에는 일본과의 관계를 고려해 승전
기념일을 폐지했다. 동아시아에서는 타이완, 중국, 일본, 한국에서 모두

---

* 이 장은 ≪동아시아문화연구≫, 64권(2016.2)에 같은 제목으로 실린 글을 전재한 것이다.
** 한양대학교 사학과 교수.

관련 행사들이 진행되었다. 특히 승전국인 중국과 러시아는 대대적인 열병식을 행하는 등 성대한 기념행사를 거행했다. 반면 패전국인 일본은 희생자 추모식을 열었다. 이러한 기념행사들은 바로 '집단기억'의 재현이면서 동시에 '집단기억'을 형성하기 위한 기제이기도 했다.

한편 전후 70년을 맞아 일본의 아베 신조 총리는 담화를 발표했다. 이 담화는 과거 일본이 일으킨 여러 전쟁에 대한 소회, 전쟁에 희생된 이들에 대한 애도, 전쟁에 대한 반성, 21세기 일본의 진로에 대한 다짐 등으로 이루어졌다. 담화 발표의 앞뒤로 동아시아 각국 정부와 지식인, 언론인은 여러 당부와 논평을 내놓았다. 하지만 그러한 당부, 논평들과 아베 담화에 나타난 역사 인식에는 상당한 간극이 있었다. 그러한 간극은 그동안 각국의 정치적·사회적 집단들이 지녀온 전쟁에 대한 '집단기억'의 차이에서 비롯된 것이었다.

그렇다면 동아시아 각국의 집단들이 지녀온 전쟁에 대한 집단기억의 차이는 어떻게 나타나고 있을까. 전쟁과 관련해 가장 중요한 집단기억은 ① 전쟁의 성격에 대한 인식, ② 전쟁 책임과 전후 책임에 대한 인식과 관련된다. 이 장에서는 각 집단들의 집단기억을 살펴보고, 아울러 그동안 논란이 되어온 중일전쟁 기간의 난징대학살 문제의 사례를 들어 이 사건에 대한 인식의 차이를 고찰한다.

동아시아에서의 제2차 세계대전, 구체적으로는 중일전쟁과 태평양전쟁에 대한 각국의 집단기억에서 나타나는 차이는 역사 분쟁으로 확대되어 오늘날 동아시아 국가들 사이의 갈등 요소가 되었다. 역사 분쟁의 바탕이 되고 있는 집단기억의 간극은 과연 극복할 수 없는 것일까. 필자는 그 극복의 가능성과 방법에 대해 생각해보고자 한다.

이 장에서 말하는 '집단기억'은 모리스 알박스*Maurice Halbwachs*가 말한 집단기억*collective memory*에서 따온 것이다. 알박스는, 한 사회에는 다양한 집단이 있으며, 이들 집단은 각자 놓인 상황에 따라 서로 다른 '집단기억'을 가진다고 보았다. 그리고 이러한 집단기억은 다양한 문화적 매개체, 예컨대 책, 영화, 음악, 시각적 표상, 기념물, 기념일, 의례(행사) 등으로 구체화되어 나타난다고 주장했다.[1] 알박스의 '집단기억' 개념을 차용하여 필자는 동아시아 각국에는 여러 '집단기억'이 존재하며, 이들 집단기억은 상호 경쟁과 갈등을 거듭하고 있다고 본다. 동아시아에서 벌어지고 있는 이른바 '역사 갈등'도 이러한 '집단기억'의 갈등에서 비롯된 것이다.

2. 동아시아 각국의 제2차 세계대전 종전 70주년 기념 의례

타이완에서는 1945년 9월 2일 미군의 미주리호에서 일본군이 항복문서에 서명한 다음 날인 9월 3일을 '군인절'로 지정해 기념식을 거행해왔다.* 하지만 군인절은 국가 기념일보다 한 단계 낮은 '절일節日'로 지정되어 있으며 공휴일도 아니다. 이날 각 군에서는 각종 경축 행사를 열고, 총통을 비롯한 정부 요인들은 국민혁명충렬사國民革命忠烈祠를 방문해 항일전쟁 중에 순국한 군인을 추모하는 시간을 갖는다. 타이완은 전승 70주년을 맞는 2015년 7월 4일에 대규모 열병식 행사를 거행했다. 이날 행사에는 유도탄, 항공기 등 신형 무기도 등장했는데,[2] 이들 무기는 9월 3일 베이징 열병식에 등장한 신형 무기들과는 비교도 되지 않는 소박한 것들이었다.

이날 행사에서 마잉주馬英九 총통은 8년에 걸친 중국인의 대일항전은 중

---

* 중국 국민당군이 일본군에게 항복을 받은 것은 9월 9일 난징 중앙 육군군관학교에서였다. 중화민국 정부는 본래 8월 14일을 공군절, 12월 12일을 헌병절, 7월 7일을 육군절로 지정해 기념해왔으나, 1955년에 이를 통합해 대일항전 승리 기념일인 9월 3일을 '군인절'로 정했다(中華民國의 ≪紀念日及節日實施辦法≫).

화민국 정부가 주도한 것임을 분명히 했다. 마잉주 총통은 축사를 통해 다음과 같이 말했다.

> 역사에는 단 하나의 진실이 있을 뿐이다. 8년간의 항전은 중화민국 정부가 주도한 것이다. 항전의 승리는 장제스蔣介石 위원장이 이끄는 전국의 군민軍民이 용감하게 분투한 결과다. 이 역사는 누구도 개찬改竄하거나 왜곡할 수 있는 것이 아니다. 우리가 '항전 승리 및 타이완 광복 70주년'을 기념하는 이유는 승리를 자랑하기 위한 것이 아니라 전쟁을 방지하기 위한 것이며, 원망과 한을 다시 일으키기 위한 것이 아니라 침략을 견책하기 위한 것이며 평화를 추구하기 위한 것이다.[3]

마잉주 총통의 연설은 9월 3일로 예고된 중화인민공화국(이하 중국)의 전승절 행사를 견제하기 위한 것이었으며, 중국 국민당군이 중심이 되었던 항일전쟁 승전의 공을 중국공산당 측에서 가로채지 않을까 하는 우려에서 나온 것이었다.

중국에서는 타이완의 9월 3일 항일승전기념일을 국민당의 기념일로 간주하고 9월 3일 대신 8월 15일을 승전기념일로 지정해 기념행사를 개최했으며 규모도 크게 하지 않았다. 그러나 2014년부터 날짜를 9월 3일로 바꾸고 법정 국가 기념일인 '전승절'로 지정해 성대한 기념행사를 열었다. 수도인 베이징뿐만 아니라 전국 31개의 성과 시, 자치구 등에서도 기념식을 열었으며 전국 각지에서 다양한 문화 행사를 펼쳤다.[4] 또한 중국은 난징대학살 희생자 추모일(12월 13일)도 2014년에 처음으로 법정 국가 기념일로 지정해 대규모 행사를 개최했다. 이는 중국이 일본의 역사 왜곡에 타협하거나 묵인하지 않겠다는 의지를 표명한 것으로 받아들여지고 있다.[5] 당시 중국의 한 학자는 이러한 중국 정부의 행보에 대해 "'항일승리'에 대한 국가 차원의 기억을 국가와 인민 차원의 '집단기억'으로 승화하기 위한 것"이라면서 긍정적으로 평가했다. 반면 한국의 한 학자는 "중국은 그동안 항일투쟁 역사를 통해 국내 정치에서 민족주의와 애국심을 고취하고, 이로써 공산당의 리더십을 강화하는 방향으로 투쟁 역사를 이용해왔다"라고 지적했다. 즉, 중국 정부의 행보를 민족주의와 애국심을 강화하기 위한 것이라고 본 것이다.[6]

중국은 예고한 대로 항일 승전 70주년을 맞는 2015년 9월 3일에 베이징에서 '중국 인민의 항일전쟁 및 세계의 반파시즘 전쟁 승리 70주년'을 기념하는 열병식 행사를 대대적으로 개최했다. 중국의 열병식은 그동안 14차례 개최되었는데, 이는 모두 10월 1일 중국 건국일인 국경절國慶節에 이루어진 것이었다. 즉, 전승절에 열병식을 거행한 것은 이날을 그만큼 중시하게 되었다는 것을 의미한다. 이날 열병식은 역대 최대 규모로 진행되었다. 병력 1만 2천여 명과 500여 대의 무기 장비, 200여 대의 군용기가 총동원되었으며 핵전략 미사일로 꼽히는 대륙간탄도미사일ICBM '둥펑東風·DF-31B', '젠殲-15'를 비롯한 전투기, 공중조기경보기, 무장 헬기 등 첨단 무기가 대거 등장했다. 이날 열병식에 대해 한국의 한 언론 매체는 글로벌 파워를 과시하는 중국의 '군사굴기軍事屈起 쇼'라고 평가했다.[7]

이날 열병식 행사에 국가 정상이 직접 참석한 나라는 한국, 러시아, 캄보디아, 카자흐스탄, 체코, 남아프리카공화국, 이집트, 몽골, 미얀마, 베트남, 쿠바, 폴란드, 아르헨티나, 베네수엘라 등이다. 미국, 캐나다, 독일, 룩셈부르크, 유럽연합 등의 경우는 주중 대사가 참석했으며 일본의 경우는 주중 대사조차 참석하지 않았다. 북한의 경우에는 최룡해 노동당 비서가 참석했다.[8] 서방과 유럽 국가의 정상은 거의 참석하지 않은 가운데, 한국 대통령의 행사 참석 문제를 놓고 8월부터 국내외에서 여러 논란이 벌어졌다.

미국과 일본은 은근히 반대 의사를 내비치며 우려를 표명했다. 심지어 일본의 우파에 속하는 《산케이신문産經新聞》은 당시 박근혜 대통령의 중국 전승절 행사 참가를 '사대주의'라 비난하고 조선 시대의 명성황후에 비유하는 칼럼을 싣기도 했다.[9] 한국 국내에서도 일부 우파들이 "한국전쟁 때 우리에게 총부리를 겨눴던 중국군에게 박수칠 수 있는가"라면서 대통령의 전승절 행사 참석을 반대했다. 반대로 언론의 경우에는 진보와 보수를 막론하고 대통령의 전승절 행사 참가를 대체로 지지하는 분위기였다. 보수 계열의 《조선일보》는 중국과의 교역 증진, 북한에 대한 전략에서의 협력을 위해 전승절 행사 참석이 불가피하다는 반응을 보였다.[10] 《중앙일보》는 전승절 기념행사에 이어 열병식에도 참석하기로 한 것에 대해 "실보다 득이 많을 적절한 선택"이라고 평가했다.[11] 진보 쪽의 《한겨레》신문도 "박 대통령이 열병식을 참관하기로 한 것은 올바른 선택이다. 열병식이 중국의 군사력을 과시하는 무대여서 미국과 일본 등의 경계심이 있을 수 있다. 그럴수록 우리나라는 동북아 전체의 평화와 발전을 시야에 넣고 협력 분위기를 만들어가야 한다"라고 평가했다.[12]

한편 중국은 전승절 기념행사에 맞춰 과거 전쟁 당시의 국공합작을 부각시켰다. 중국 정부는 그 일환으로 항일전쟁에 참가한 국민당 노병들을 열병식에 초청해 공산당 출신 노병들과 함께 항전 노병 대오를 구성하도록 했다. 여기에 참여한 국민당 출신 노병들의 평균 나이는 90세였다. 또한 국민당 출신 병사들을 항일영웅 명단에 포함하도록 중국 각지에 있는 기념관에 주문하고, 국민당군의 노병들에게 1인당 5천 위안의 위로금을 전달하기도 했다.[13]

타이완의 국민당 전 주석인 롄잔連戰 역시 전승절을 맞아 대륙을 방문해 열병식에 참석했으며 중국의 시진핑習近平 주석과 회담도 가졌다. 롄잔이 열병식 참석을 발표했을 때 같은 국민당 출신의 마잉주 총통은 롄잔의 열병식 참석은 부적절하다며 반대의 뜻을 나타냈다. 또한 그는 중국 정부가 타이완에 거주하는 국민당 노병들을 초청한 일에 대해서도 '여행 자제'를 당부하고 중국의 '통일전선'을 경계할 것을 당부했다.[14] 마잉주가 렌잔의 열병식 참석을 반대한 것은 앞서 언급한 것처럼 중국이 항일전쟁에 대한 국민당의 공적을 빼앗아갈 것을 우려했기 때문일 것이다. 렌잔은 이러한 타이완의 여론과 중국 측 입장을 모두 고려해 시진핑과의 회담에서 다음과 같이 말했다.

> 항전 기간에 국민당의 군대는 장제스의 지휘 아래 정면의 전장에서 싸워 일
> 본군을 크게 무찔렀고, 중국공산당의 군대는 마오쩌둥毛澤東의 지휘 아래 적의
> 후방에서 일본군을 견제해 일본군과 만주군을 섬멸할 수 있었다. 그러나 중화
> 민족은 참혹한 대가를 치른 뒤에야 최후의 승리를 얻을 수 있었다.[15]

한편 1982년 일본은 8월 15일을 '전몰자戰沒者를 추도하고 평화를 기원하는 날'로 정하고, 정부 주최로 '전국 전몰자 추도식'을 도쿄의 일본 무도관에서 거행해왔다. 또한 각 지방에서도 자치단체 주최로 추도식을 개최했다. 2015년 8월 15일에도 일본 무도관에서 일왕과 총리가 참석한 가운데 전국 전몰자 추도식이 거행되었다. 이날 아키히토明仁 일왕은 추도사에서 다음과 같이 말했다.

> 과거를 돌아보면서 앞서 있었던 대전大戰에 대한 깊은 반성과 함께 금후 전쟁
> 의 참화를 다시 반복하지 않도록 간절히 바라면서, 전쟁에 목숨을 바치고 전쟁
> 이 초래한 재앙에 쓰러진 사람들에게 전 국민과 함께 마음을 담아 추도의 뜻을
> 표하고, 세계의 평화와 우리나라의 더욱 큰 발전을 기원합니다.[16]

일왕의 '대전에 대한 깊은 반성'이라는 표현은 예년보다 더욱 강한 것이

었다. 그러나 아베 총리는 그런 표현을 사용하지 않았다. 7월 하순 집단자위법안을 중의원에서 통과시키고, 9월 참의원 통과를 모색하던 와중인 8월 14일 '아베 담화'를 발표한 아베가 그런 태도를 보인 것은 당연했다.

한국에서 8월 15일은 '광복절', 즉 일본의 식민지 지배에서 해방된 날로서 가장 중요한 국경일이다. 정부는 매년 광복절을 맞아 기념식을 개최하며 각 지방자치단체와 종교계도 기념행사를 개최한다. 한국은 전승국으로 인정받지 못했기 때문에 전승절 기념행사 같은 것은 열리지 않는다. 북한에서도 8월 15일은 '조국 광복의 날'로서 8대 국가 명절의 하나이며 공휴일로 지정되어 있다. 즉, 8월 15일은 남북한이 유일하게 공유하는 국경일인 것이다. 하지만 북한에서는 그리 큰 행사가 열리지는 않는다. 북한은 매년 10월 10일 노동당 창건 기념일에 대규모 열병식을 가지며 신형 무기 등을 자랑한다.

지금까지 2015년 동아시아에서 열린 제2차 세계대전 종전 70주년을 기념하는 각종 행사를 살펴보았다. '기념commemoration'이란 집단기억의 재현을 통해 공동체의 균질적인 시공간을 창출하고 공동체적 동시성을 마련하는 상징 행위이며, 그 자체로 문화적 생산물이자 재생산을 위한 기제로서 받아들여지고 있다.[17] 즉, '기념행사'는 집단기억의 재현이자 집단기억의 재생산을 위한 의례다. 타이완의 승전기념일 행사, 일본의 전몰자 추도식, 한국의 광복절 기념식도 마찬가지로 집단기억의 재현과 재생산을 목표한다. 문제는 이들 기념행사가 각기 방향성을 달리한다는 점이다. 방향성의 차이는 결국 이미 형성되어온, 또는 앞으로 형성하려는 집단기억들 사이의 차이에서 비롯된 것이다.

3. 아베 담화와 각국의 반응

1) 아베 담화에 대한 각국 지식인과 정부의 요망

2015년 종전 70주년을 맞아 동아시아에서 또 하나의 뜨거운 쟁점이 된 것은 일본 아베 총리의 이른바 '아베 담화'였다. 일본에서는 1995년 무라야마 총리의 담화, 2005년 고이즈미 총리의 담화에 이은 종전 기념에 관해 총리가 행한 세 번째 담화였다. 아베 총리의 담화는 이미 2015년 초부터 예고되어 있었기 때문에 일본 국내뿐만 아니라 국외에서도 주목의 대상이 되었다.

우선 미국 국무부는 2015년 1월 초 아베 총리가 예고한 '전후 70주년 담화'는 무라야마 담화와 고노 담화를 계승하는 것이 되어야 한다는 견해를 우회적으로 밝혔다.[18] 그러나 아베 총리는 '아베 담화'에 '식민 지배에 대한 통절한 반성'이라는 문구를 넣지 않겠다는 의사를 분명히 했다. 아베 총리는 1월 25일 NHK 방송에 출연해 전후 70년을 맞아 발표할 예정인 담화에 무라야마 담화와 고이즈미 담화 때처럼 '식민 지배와 침략', '통절한 반성', '마음에서 우러나오는 사죄' 등의 표현을 이어받아 쓸 것인지에 관한 질문을 받고 "그동안 써온 문구를 사용할 것인지 또는 말 것인지가 아니라 아베 정권이 (패전) 70주년에 대해 어떻게 생각하고 있는지의 관점에서 담화를 내고 싶다"라고 말했다. 또한 그는 "예전 담화에 담긴 키워드(식민 지배와 침략에 대한 반성)를 반드시 사용하지는 않겠다는 뜻이냐"라는 사회자의 질문에 '그렇다'고 답했다.[19]

8월 담화의 발표 시기가 가까워지면서 담화의 수준이 어떻게 될 것인지는 일본 국내외에서 초미의 관심사로 떠올랐다.

일본 학자 74인은 7월 17일 「전후 70년 총리 담화에 대하여」라는 제목의 성명서를 발표했다. 여기에는 오누마 야스아키大沼保昭, 다나카 히로시田中宏, 오코노기 마사오小此木政夫, 마쓰모토 산노스케松本三之介, 야마무로 신이치山室信一, 와타 하루키和田春樹, 아사노 도요미淺野豊美, 가토 요코加藤陽子 등 국제정치학, 국제법학, 역사학 분야의 저명한 교수들이 대거 참여했다. 이들은 전문가의 사회적 책임을 다하기 위해 성명을 발표한다고 밝히며 다음과 같이 말했다.

> 종전 후 일본의 부흥과 번영을 가져온 일본 국민의 일관된 노력은 타이완과 조선의 식민지화 그리고 1931년부터 1945년까지 걸친 전쟁이 커다란 과오였으며, 이 전쟁이 300만 명 이상의 일본 국민 그리고 그 몇 배에 달하는 중국과 그 밖의 여러 나라 국민의 희생을 가져왔다는 것을 통렬히 반성하고 두 번 다시 잘못을 저지르지 않겠다는 결의에 기초한 것이었다. 전쟁으로 희생된 사람들에 대한 강한 속죄감과 회한이 전후 일본의 평화와 경제 발전을 지탱해온 원동력이었다.[20]

이들은 전후 70년, 80년, 90년을 거치면서 이러한 생각이 점차 옅어지는 것은 어쩔 수 없으나 바로 이와 같은 생각이 전후 일본의 평화와 번영을 지탱해온 원점原點이며, 이를 결코 잊어서는 안 된다고 강조했다.

또한, 그들은 일본뿐만 아니라 중국, 한국, 미국 등에서도 아베 담화가 이전의 무라야마 담화나 고이즈미 담화를 어떻게 계승할 것인지를 주목하고 있는 시국을 전제하며, 따라서 앞서 이루어진 담화를 구성한 중요한 단어들이 포함되지 않을 경우 아베 담화는 부정적인 평가를 받을 가능성이 높을 뿐만 아니라 지금까지 총리나 관방 장관의 담화를 통해 강조되어온 과거에 대한 반성에 관계되는 여러 나라의 오해와 불신이 생기지 않을까 두렵다고 지적했다. 결론적으로 이 성명은 아베 총리가 종종 강조해온 무라야마 담화나 고이즈미 담화를 '전체로서 계승한다'는 것의 의미를 구체적인 언어 표현으로 명확히 해야 한다는 것을 강하게 요망한다고 밝혔다.

이들은 또 아베 총리가 국회 답변에서 종종 '침략'의 정의가 정해져 있지 않다고 주장해온 것에 대해 전문가로서의 입장을 다음과 같이 밝혔다.

> 일본이 1931년부터 1945년까지 수행한 전쟁이 국제법상 위법한 침략 전쟁이 었다는 것을 인정하는 것은 일본 국민 입장에서는 쓰라린 일이다. 그 시대 선인 先人들은 현세대를 포함해 다른 어떤 시대의 국민보다 엄한 시련에 직면해 심대한 희생을 치렀다. 선인의 행위가 잘못된 일이었다는 것은 후생後生인 우리가 가볍게 단정할 수 있는 것이 아닐지도 모른다. 하지만 일본이 침략당한 것이 아니라 일본이 중국이나 동남아시아, 진주만을 공격하고, 300만여 명의 국민을 희생시키고, 그 몇 배에 달하는 여러 나라의 국민을 죽음에 이르게 한 전쟁이 끔찍한 과오였다는 것은 유감스럽지만 부정할 수 없다. 나아가 일본이 타이완이나 조선을 식민지로 만들어 통치했던 것은 틀림없는 사실이다. 역사에서 어떤 나라도 과오를 범하는 경우가 있다. 이 시기에 일본도 과오를 범하였다는 것을 깨끗이 인정해야만 한다. 그러한 자세야말로 국제사회에서 일본이 도의적으로 평가받을 수 있으며, 오히려 우리 일본 국민이 자랑할 수 있는 태도라고 생각한다.[21]

각 분야의 전문가인 이들은 만주사변, 중일전쟁, 태평양전쟁 등 1931년부터 1945년 사이의 전쟁이, 그 명목은 차치하더라도, 실제적으로 '일본이 행한 위법한 침략 전쟁'이었다는 것은 국제법과 역사학계에서도 이미 국제적인 평가가 정착된 사안이라고 주장했다. 이들은 전후 국제사회에서 이러한 인식은 일관되게 유지되어왔기 때문에 이를 부정하는 것은 중국, 한국뿐만 아니라 미국을 포함한 압도적으로 다수에 속하는 나라들의 공통된 인식을 부정하는 것이라고 지적했다. 이들은 일본이 수행한 전쟁에 대해 부정하거나 위법한 성격을 애매하게 만들어 전후 70년에 걸쳐 일본 국민이 쌓아온 일본에 대한 높은 국제적 평가를 무無로 돌리는 일이 발생해서는 안 된다고 강조했다. 이들의 성명은 다음과 같이 끝을 맺는다.

> 총리는 전전戰前과 전후의 일본 역사에 대한 세계의 평가를 깊이 생각하고, 현재와 장래의 일본 국민이 세계의 어디에서도 그리고 누구에게도 가슴을 펼치고 '이것이 일본 총리의 담화이다'라고 인용할 수 있는 담화를 발표해주기를 바란다.

그런 가운데 일본 각지에서 시민 단체들도 아베 담화에는 식민 지배와 침략에 대한 사죄가 반드시 들어가야 한다는 성명을 발표하거나 집회를 열었다. 7월 29일 도쿄에서는 '전후 70년 시민선언 전국보고회: 아베 총리의 역사 인식을 묻는다' 집회가 열렸다. 집회 참가자들은 아베 총리가 새 담화에 식민 지배와 침략에 대한 반성과 사죄를 담을 것을 촉구하며 다음과 같이 주장했다.

> 아베 총리는 식민 지배와 침략에 대한 사죄의 표현을 넣는 것에 부정적이다. 아베 총리가 일본이 행한 역사적 사실에 대해 마음으로부터 사죄와 배상을 행할 것을 촉구하며, 또 이런 역사 인식을 젊은 세대가 계승하도록 할 책임이 있다고 생각한다.[22]

한편 7월 29일 한국, 일본, 미국, 유럽의 지식인 500여 명은 '광복 70년-한일 협정 50년'을 맞아 동아시아의 갈등을 해결하기 위한 '세계 지식인 공동성명'을 발표했다. 이 성명은 아베 담화의 발표를 앞두고 다음과 같이 주장했다.

과거는 공개하고, 사죄하고, 용서하여 극복되는 것이다. 침략과 식민지 지배를 인정하는 고노·무라야마 담화를 출발점 삼아 진정한 반성과 사죄를 하는 담화를 기대한다. …… 동아시아의 과거사를 둘러싼 충돌이 민족주의 충돌로 이어지고 영토 분쟁으로 확대되고 있다. 이러한 과거 회귀는 전쟁 위기와 안보 불안으로 확대되고 각국 민주주의는 후퇴하게 된다. …… 과거를 덮어두고 미래로 나아가자는 주장은 허구이며, 동아시아의 현재와 미래를 과거로부터 해방시키는 '과거로부터의 자유'를 위해 침략과 식민 지배에 대한 일본의 진정한 반성과 사죄가 필요하다.

이 성명에는 강만길 고려대학교 명예교수, 고은 시인, 백낙청 서울대학교 명예교수, 이만열 숙명여자대학교 명예교수, 이태진 서울대학교 명예교수 등 한국 지식인 382명, 와다 하루키 도쿄대학교 명예교수, 우쓰미 아이코 와세다대학교 교수 등 일본 지식인 105명, 알렉시스 더든 코네티컷대학교 교수, 브루스 커밍스 시카고대학교 석좌교수, 노암 촘스키 매사추세츠공과대학교 명예교수 등 미국 지식인 22명, 유럽 지식인 15명 등 총 524명이 참여했다.[23]

8월 10일 아베 담화 발표를 앞두고 한국의 중견 학자 700여 명은 따로 성명을 발표했다.

식민지 지배의 아픈 과거를 극복하고 한일 양국이 우호적인 관계를 확립해야 할 적기에 양국 관계는 고노 담화와 무라야마 담화 이후 오히려 퇴보하고 있다. …… 일본 정부는 청일전쟁에서 시작된 침략 전쟁의 50년사를 인정하고 전쟁과 식민지 지배 과정에서 아시아 민중들에게 자행한 학살과 박해를 진심으로 사죄해야 한다.[24]

당시 한국의 박근혜 대통령도 8월 3일 일본 민주당 오카다 가쓰야 대표를 만난 자리에서 아베 총리의 담화에 대해 "역대 담화의 역사 인식을 확실하게 재확인함으로써 양국 관계가 미래로 향하는 데 큰 기반이 되기를 기대한다"라고 말했다.[25] 중국 외교부도 8월 7일 화춘잉華春瑩 대변인 명의의 성명을 통해 아베 담화에 대한 중국 정부의 입장을 발표했다.

우리는 일본 정부가 일본 군국주의가 일으킨 전쟁을 직시하고, 이에 대해 심각하게 반성할 것을 촉구한다. …… 특히 전쟁의 성격과 전쟁의 책임 문제에 대해 명확한 메시지를 전달해야 한다. …… 올해는 중국 인민의 항일전쟁 및 세계 반反파시스트 전쟁 승리 70주년이다. 중국을 포함한 아시아 국가와 국제사회는 일본 지도자가 발표할 관련 담화(아베 담화)를 고도로 예의 주시하고 있다.[26]

2) 아베 담화의 내용과 검토

드디어 8월 14일 아베 총리의 전후 70주년 담화가 발표되었다.[27] 이 담화는 다음과 같은 문장으로 시작한다.

종전 70년을 맞아 지난 (세계)대전으로 향한 길과 전후 우리가 걸어온 길, 20세기라는 시대를 우리는 조용히 되새기며, 그 역사의 교훈 속에서 미래에 대한 지혜를 배워야 한다고 생각한다.

그러나 이어지는 문장에서 아베 총리는 100년 이전에 서구를 중심으로 광대한 식민지가 확대되었고 그러한 식민 지배의 위기감이 일본 근대화의 원동력이 되었다고 말하면서, 그 결과 아시아에서 처음으로 입헌정치를 하고 독립을 지켜냈다고 덧붙였다. 이어서 "러일전쟁은 식민지 지배 아래 있던 아시아와 아프리카 사람들에게 용기를 주었다"라고 주장했다. 러일전쟁이 일본과 한국의 병합과 만주에서의 이권을 위한 것이었다는 점은 전혀 언급하지 않은 채 러일전쟁에서 일본이 승리함으로써 아시아와 아프리카 사람들에게 용기를 주었다는 증명할 수 없는 말만 한 것이다. 이러한 러일전쟁에 대한 관념은 후소샤판 중학교 역사 교과서에 나오던 것으로, 아베 총리는 같은 맥락으로 말한 것이다. 이 문장에는 일본의 한국 식민지화, 식민 지배 등의 용어는 전혀 등장하지 않았다.

나아가 아베 총리는 제1차 세계대전 이후 일본도 평화의 조류에 발을 맞추었지만 세계공황, 블록경제화 때문에 일본 경제가 타격을 입었으며, 일본은 이러한 난국을 힘을 통해 해결하려 했고, 국제 정세를 보는 감각도 잃어버렸다고 설명했다. 그리고 이후 일본은 만주사변, 국제연맹 탈퇴에 이어 전쟁으로 치달아갔다고 말했다. 그런데 이 문장에는 '만주사변'이라는 용어는 등장하지만 '중일전쟁'이나 '태평양전쟁'이라는 단어는 등장하지 않았다. 또 '침략 전쟁'이라는 표현도 전혀 등장하지 않았다. 결국 이 담화에서 '식민 지배'와 '침략 전쟁'이라는 말은 단 한 번도 등장하지 않았다.

그 대신 이 담화는 전쟁으로 희생된 이들에 대한 애도의 뜻만을 밝혔다. 먼저 전쟁에서 300만여 명의 일본인이 목숨을 잃었다는 것을 언급했다. 이어서 각지의 전쟁터에서 목숨이 희생된 이들, 종전 후 이국땅에서 굶주림과 병으로 죽어간 이들이 있었다는 점을 지적하고 히로시마와 나가사키의 원폭 투하, 도쿄 등 각 도시의 폭격, 오키나와의 지상전에서 많은 이가 비참하게 희생되었다고 지적했다. 또한 전쟁을 통해 상대국의 많은 젊은이가 전쟁터에서 희생되었고, 무고한 민초들도 고통을 받으며 희생되었고, "전쟁의 그늘에서 명예와 존엄에 깊은 상처를 받은 여성들도 있었다"라고 지적했다. 여기에서는 일본인의 희생, 전쟁 상대국의 희생은 언급했다. 그러나 징병, 징용 등에 동원된 한국인, '일본군 위안부'로 동원된 한국인에 대해서는 전혀 언급하지 않았다.

담화는 또 "아무런 죄도 없는 여러 사람에게 헤아릴 수 없는 피해와 고통을 우리가 줬다는 사실과 역사란 실로 되돌릴 수 없는 가혹한 것이다"라고 했다. 그런데 여기서 '우리'가 누구인지는 명확하지 않다. 일본이라는 나라인지, 일본인 전체를 가리키는 것인지 확실하지 않다. 이 짧은 문장은 담화 전체에서 유일하게 '피해와 고통'을 준 '가해'의 책임을 언급한 부분이지만 그 가해의 주체가 누구인지는 불분명하다. 담화는 "이토록 많은 고귀한 희생 위에 지금의 평화가 있는 것이다. 이는 전후 일본의 원점이다"라고 이어진다. 전쟁에서의 '고귀한 희생' 위에 평화가 만들어졌다는 뜻으로, 이는 희생된 이들의 죽음에 의미를 부여하려는 의식이 담겨 있다. 일반적으로 적의 침략을 막기 위해 전쟁터에 나간 이들의 죽음은 고귀한 것이 될 수 있다. 하지만 남의 나라를 침략하기 위해 전장에 나간 이들의 죽음은 고귀한 것이 되기는 어렵다. 또 침략의 대가로 돌아온 폭격과 원폭으로 희생된 이들의 죽음은 사실상 '무의미한 희생'에 불과하다. 따라서 자국민을 그러한 죽음으로 몰아넣는 침략 전쟁 같은 일은 절대로 해서는 안 되는 일이다.[28]

담화는 다음과 같이 이어진다.

우리나라는 과거 전쟁에서 벌인 일에 대해 반복해서 통절하게 반성하고 진심으로 사죄하는 마음을 표시해왔다. 그런 생각을 실제 행동으로 드러내기 위해 인도네시아와 필리핀을 비롯한 동남아 국가 그리고 타이완, 한국, 중국 등 이웃 아시아 사람들이 걸었던 고난의 역사를 마음에 새기면서 전후에 평화와 번영을 위해 일관되게 진력을 다했다. 이와 같은 역대 내각의 입장은 앞으로도 흔들림 없을 것이다.

여기에서 처음으로 '반성'과 '사죄'라는 단어가 나온다. 그렇지만 그 반성과 사죄는 과거형이다. 즉, 사죄와 반성을 표시해온 과거 내각의 입장은 "앞으로도 흔들림 없을 것이다"라고만 말한 것이다.

이후 담화에서 아베 총리는 전후 일본의 재건을 위해 노력한 일본인과 그러한 일본인을 관용의 마음으로 도와준 나라에 감사의 뜻을 표시했다. 그리고 다음과 같이 말했다.

> 일본에서 전후에 태어난 세대가 바야흐로 인구의 80%를 넘었다. 전쟁과는 아무런 관련이 없는 우리의 자손 그리고 후세대의 자손에게 사죄를 계속하는 숙명을 지우게 해서는 안 된다. 그런데도 우리 일본인은 세대를 넘어 과거의 역사를 정면으로 마주해야만 된다. 겸허한 마음으로 과거를 계승하고 미래로 인도해야 할 책임이 있다.

이 문장들은 전쟁 이후에 태어난 이들이 전쟁의 문제로 계속해서 사죄하는 일이 없어야 한다는 것, 하지만 일본인은 세대를 넘어 과거의 역사를 정면으로 마주해야만 한다는 것을 동시에 말하고 있다. 따라서 앞뒤가 서로 맞지 않는 느낌이 있다. 또 "역사를 정면으로 마주해야 한다"라는 문장은 매우 추상적인 문구일 뿐 구체적으로 무엇을 말하는지 알 수 없다. 사실 그동안 일본이 전쟁에 대한 사죄를 계속해서 언급해야만 했던 것은, 거꾸로 말하면, 전쟁에 대한 일본의 가해 책임 인정과 이에 대한 진심 어린 사과 그리고 실천적인 행동이 그만큼 미흡했다는 것을 의미한다. 그러한 '미흡함' 때문에 한국이나 중국에서는 일본의 책임 인정과 진정한 사과를 계속적으로 요구해왔으며, 일본은 마지못해 이를 부분적으로 인정하는 태도를 보여왔다. 그리고 일본의 이러한 태도 때문에 한국과 중국에서는 다시 사과를 요구하는 악순환이 거듭되어온 것이다. 이 담화는 이러한 맥락을 놓치고 있다.

이후 담화는 아시아와 세계의 평화와 번영, 인권 등을 위해 일본은 책임감을 갖고 노력해야 한다는 다짐하는 내용들로 채워져 있다. 그러나 또한 이런 문장도 덧붙여진다.

우리는 지난 20세기 전쟁 시기에 많은 여성의 존엄과 명예가 깊은 상처를 입은 과거를 계속해서 가슴 깊이 새겨야 한다. 또한 일본이, 이러한 여성들이 마음으로 의지할 수 있는 나라가 되어야 한다. 21세기는 여성의 인권이 손상되지 않는 시대가 되도록 세계를 선도해야 한다.

여기에서는 '일본군 위안부' 등의 용어가 전혀 등장하지 않고 일본의 국가 책임 문제도 전혀 언급되지 않았다. 그런 가운데 일본은 "여성들이 의지할 수 있는 나라"가 되어야 한다고 말한다. 설득력이 없는 문장이다.

담화는 다음과 같이 끝을 맺고 있다.

우리나라는 자유, 민주주의, 인권 등 기본 가치를 확고히 견지하고 그 가치를 공유하는 국가들과 손잡고 '적극적 평화주의'의 기치를 높이 들어 세계 평화와 번영에 어느 때보다 기여할 것이다.

이는 가치를 공유하는 이들과는 손을 잡고 가치를 공유하지 않는 이들에게는 '적극적 평화주의'의 입장으로 대하겠다는 것이다. 여기서 언급되는 '적극적 평화주의'란 무엇일까.

2012년 말 아베 총리는 집권 2기를 시작하면서 안보 이념으로 '적극적 평화주의'라는 슬로건을 줄곧 내세워왔다. 이 슬로건을 내세워 아베 총리는 일본의 현행 평화 헌법에서 금지하는 자위대 해외 파병 및 집단적 자위권 발동 등을 밀어붙여 왔다.[29] 그 무렵에 아베는 안보 법제를 개정할 것을 주장하면서 "(세계) 평화를 만드는 작업에 일본도 일단(의 의무를) 담당하는 게 무력행사의 목적"이라고 말했다. 즉, 그가 평소에 말해오던 '적극적 평화주의'라는 구호 아래 후방 지원, 이른바 병참을 통해 미국 등 우호국이 '평화의 적'을 징벌하는 전쟁에 참가함으로써 지구 상 어디라도 가겠다는 의사를 밝힌 것이다.[30] 다시 말해, '적극적 평화주의'란 사실상 군사력 강화, 집단적 자위권 확보, 대외 영향력 강화 등을 의미하는 것이었다.

이처럼 아베 총리의 담화는 과거 전쟁에 대한 반성과 사죄를 말했지만 그 반성과 사죄는 과거형으로서, 그동안 사죄와 반성을 표시해온 과거 내각의 입장을 계승한다는 입장만을 표명한 것이었다. 또 전쟁 기간에 발생한 일본인의 희생, 전쟁 상대국의 희생은 언급했지만 한국인으로서 징병, 징용 등에 동원된 이들과 '일본군 위안부'로 동원된 이들에 대해서는 전혀 언급하지 않았다. 또 세계의 평화와 번영, 인권 등을 위해 일본은 책임감을 갖고 '적극적 평화주의'의 기치 아래 노력하겠다는 다짐을 했지만, 그가 말하는 '적극적 평화주의'란 실은 군사력 강화, 집단적 자위권 확보, 대외 영향력 강화 등을 의미하는 것이었다. 따라서 결과적으로 아베 담화는 오히려 향후 일본의 진로에 대해 우려를 낳는 것이었다.

3) 각국 정부와 언론의 반응

아베 담화에 대해 일본 국내와 아시아 각국은 어떤 반응을 보였을까. 먼저 일본 보수 우파의 입장을 대변하는 ≪산케이신문≫은 사설에 해당하는 〈주장〉란의 제목을 "전후 70년 담화, 세계 공헌이야말로 일본의 길이다. 사죄외교의 연쇄를 단절하자"라고 달았다.[31] 이 사설은 다음과 같이 주장했다.

전후 태어난 국민이 인구의 8할을 넘는다. 과거의 역사를 잊어서는 안 된다고 해도, 사죄를 계속해서 강요받을 수 없다는 생각을 보인 것은 타당하다.

그리고 "적극적 평화주의의 관철"이라는 소제목 아래 다음과 같이 말했다.

전후의 일본은 서방측의 국제 질서와 일미동맹에 따른 안전보장 아래 경제력을 기르고, 정부개발원조ODA 등 경제협력에 따라 국제 질서를 지지해왔다. 현재 미국의 힘이 상대적으로 쇠퇴하는 한편, 국제 질서의 규칙을 가볍게 생각하는, '힘에 의한 현상 변경'을 목표하는 중국과 러시아가 대두하고 있다. 이러한 국제 정세 아래에서 아베 담화가 일본을 국제 질서의 수호자로 격상한 것은 당연한 일이다. 거기에는 안전보장 측면에서의 협력을 충실하게 하는 것도 빠뜨릴 수 없다. 새로운 안전보장 법제의 실현도 그 노력의 일환이라고 말할 수 있다.

이어서 이 사설은 아베 담화가 세계대전에 대해 통절한 반성과 사죄의 느낌을 표명하고 역대 내각의 입장을 계승한다고 한 것에 불만을 표시했다. 사설은 "무라야마 담화는 과거 역사를 일방적으로 단죄하고, 거듭되는 사죄와 끝이 나지 않는 보상 청구의 요인이 되는 등 국익을 손상했다"라고 지적하면서, 아베 총리는 본래 무라야마 담화의 수정을 지향했으나 공명당과 자민당 내 일부의 반대에 부딪쳐 선택지가 좁아졌을 것이라고 해석했다. 나아가 다음과 같이 주장했다.

중요한 것은 이 담화를 계기로 사죄외교를 단절해야 한다는 것이다. ······ 역사와 관련해 정부가 사죄하면 국내에서 반발이 생기고 다시 상대국의 불신을 고조한다. 그 결과, 더 큰 마이너스를 가져온다. 이것이 바로 일본의 사죄외교의 구도다. ······ 담화 이후 중국, 한국은 역사 문제를 외교 카드로 삼는 것을 그만

두지 않을 것이다. 담화의 표현을 소재로 삼아 일본을 업신여길 것이다. 더 이상의 부당한 요구는 허용할 수 없고 응할 수도 없다. …… 중국과 한국은 (종전) 70년을 맞아 일본의 전쟁 책임 등을 추급하는 역사 전쟁을 전개해왔다. 곡해에 기초한 공격도 주저하지 않았다. (일본) 정부는 반론과 사실史實의 발신을 그만두어서는 안 된다.

한편 일본 진보파의 입장을 대변하는 ≪아사히신문朝日新聞≫의 사설은 정반대의 입장에서 아베 담화를 비판했다. 이 신문은 사설에 "전후 70년 아베 담화, 무엇을 위해 발표했는가"라는 제목을 달았다. 이 사설은 "도대체 누구를 위한, 무엇을 위한 담화였는가"라는 문장으로 시작한다.[32]

침략이나 식민지 지배, 반성 또는 사죄 등 아베 담화에는 분명히 국제적으로 주목받을 수 있는 몇 가지 키워드가 포함되어 있다. 그러나 일본이 침략하고 식민지를 지배했다는 주어가 빠졌다. 반성이나 사죄는 역대 내각이 표명했다는 이유로 간접적으로만 다루었다.

사설은 "이 담화는 나올 필요가 없었다"라고 강한 어조로 비판했다. 아베 담화가 침략의 책임이나 사죄 의사가 애매한 담화를 내놓았다면서 전체적으로 볼 때 무라야마 담화에서 분명하게 후퇴한 것이라고 지적했다. 나아가, "사죄를 계속하고 싶지 않다면 편향된 역사 인식을 가지고 있다는 의심을 국제사회에서 받고 있는 아베 씨가 여기에서 깨끗이 사죄하고, (일본) 국민과 아시아 제 국민 사이의 거리감을 해소한다는 결심"을 해야 했다고 비판했다. 사설은 결론 부분에 이르러 "낼 필요가 없는 담화에 노력을 기울인 결과, 전쟁의 참화를 체험한 일본 국민이나 가까운 이웃 국가의 국민들이 고령화하는 가운데 해결이 급한 문제는 답보 상태에 놓이게 되었다"라고 지적했다.

중국 정부나 중국 언론은 어떤 반응을 보였을까. 우선 중국 정부는 "진정한 사과"를 촉구하며 아베 담화를 비판했다. 중국 외교부는 다음과 같은 논평을 내놓았다.

일본 군국주의의 침략 전쟁은 중국과 아시아 피해국 국민들에게 심대한 재난을 가져왔다. …… 일본은 마땅히 침략의 성격과 책임에 관해 분명하게 설명하고 피해 국민들에게 명확하게 설명해야 한다. 아울러 철저히 군국주의 침략 역사와도 결별해야 한다.[33]

한편 중국의 신화통신은 다음과 같이 평가했다.

아베 총리가 자신의 담화에 이전 정부의 사과들을 언급하면서 주변 국가들과 화해를 위한 조치를 취하길 희망했다. …… 그러나 그의 사과는 오히려 희석된 것이며 이웃 국가들과의 신뢰를 구축하기 위한 절름발이 출발일 뿐이었다. …… 이번 담화는 1995년 일본이 저지른 전쟁을 용감하고 정직하게 인정했던 무라야마 담화보다 후퇴한 것이며 '사과에 대한 우리의 입장을 유지한다'는 식의 수사로 가득하다. …… 아베의 불순한 사과는 이웃과 국제사회의 일본에 대한 경계감을 낮추기엔 거리가 멀다.[34]

중국의 ≪인민일보≫는 "아베 담화에 침략, 식민 통치, 반성, 사죄 등의 키워드가 포함된 것은 매우 중요하다"면서도 이미 많은 이가 지적했듯이 이 담화에는 성의가 부족하고 애매한 태도가 담겨져 있다고 비판했다. 또한 최근 몇 해 사이에 일본 정부가 역사 교과서 수정 지침, 난징대학살 죄행 약화 시도, 위안부 징발 부인 등에서 보여준 태도는 흑백을 전복하고 시비를 혼효하고 국제법을 공공연히 멸시하고 자국민의 인식을 오도하는 것이었다고 지적했다. 즉, ≪인민일보≫는 아베 담화의 진정성에 대해 의문을 표시했다.[35]

타이완 정부와 언론은 어떤 반응을 보였을까. 타이완 정부 대변인은 다음과 같이 논평했다.

> 마잉주 총통은 일본 정부가 이후에도 역사적 사실을 계속해서 직시하고, 아울러 통절히 반성하고 교훈을 명심하기를 기대한다. 또 미래를 바라보는 사유와 책임 있는 태도를 통해 주변 국가들과 함께 발전과 우호·합작 관계를 맺어나가며 지역의 평화와 번영을 증진하기 위해 노력해주기를 바란다.[36]

2015년 8월 15일 마잉주 총통은 타이베이에서 열린 항일전쟁 승리 및 타이완 광복 70주년 기념 특별 전시회에서 "아베 총리가 침략으로 고통을 받은 이웃 국가에 많은 부분을 할애한 담화를 발표했지만 전임자들과 다른 방식으로 발언했다"라고 평가한 뒤 "일본이 역사를 직시하고 보다 진정성을 갖추기 바란다"라고 덧붙였다. 타이완 외교부는 일본 각료들의 야스쿠니신사 참배에 대해 "일본 정치인들이 역사에서 교훈을 얻고 과거의 행동을 반성하기 바란다"라며 유감을 표시했다. 반면 필리핀, 인도네시아 정부는 모두 아베 담화를 긍정적으로 평가했다. 인도네시아 외교부는 성명을 통해 "아베 총리가 역대 내각과 마찬가지로 제2차 세계대전 관련 담화를 발표한 것은 긍정적"이라고 평가했다. 필리핀 대통령궁 부대변인도 "평화에 기여하겠다는 아베 총리의 담화를 지지한다"라고 말했다.[37]

미국 백악관 대변인 역시 같은 기조로 아베 담화를 긍정적으로 평가했다.

제2차 세계대전 당시 일본이 준 고통에 대해 통절한 반성과 역사에 관한 과거 일본 정부의 담화를 유지하겠다는 약속을 환영한다. …… 앞으로 국제 평화와 번영에 대한 기여를 확대해가겠다는 아베 총리의 확언을 중시한다. …… 일본은 70년 동안 평화와 민주주의, 법치에 대한 변함없는 약속을 보여줬다.[38]

그러나 미국 언론의 반응은 달랐다. ≪워싱턴 포스트≫는 다음과 같이 지적했다.

아베 신조 총리가 일본의 제2차 세계대전 중 행위로 숨진 모든 희생자에 대한 가책을 표시했지만, 전임 총리들의 사과를 되풀이하는 방식으로 명확한 표현은 회피했다. …… 특히 한국과 중국 여성들에게 일본 제국 군대의 성 노예를 강요한 위안부 문제에 대한 언급은 기대에 훨씬 못 미쳤다.

영국의 ≪가디언≫ 역시 "아베 총리가 '통석의 염' '영원히 애통한 심정'을 표명했지만, 새로운 사죄에 못 미치고 미래 세대는 사죄하도록 운명이 지워져서는 안 된다고 말함으로써 이웃 나라들을 분노하게 할 가능성이 있다"라고 썼다. 또한 아베 담화가 '식민 지배'와 '침략'에 대한 '진심 어린 사죄의 마음'을 담은 무라야마 담화에서 벗어났다고 지적했다.[39]

한국 정부와 언론은 어떤 반응을 보였을까. 당시 박근혜 대통령은 8월 15일 광복절 경축사에서 전날 발표된 아베 담화에 대해 다음과 같이 말했다.

우리로서는 아쉬운 부분이 적지 않은 것이 사실이다. 역사는 가린다고 되는 것도 아니고 산 증인들의 증언으로 살아 있는 것이다. …… 앞으로 '역대 내각의 역사 인식을 계승한다'는 공언을 일관되고 성의 있는 행동으로 뒷받침해 이웃 나라와 국제사회의 신뢰를 얻어야 할 것이다. …… 일본의 침략과 식민지 지배가 아시아의 여러 나라 국민들에게 많은 손해와 고통을 준 점과 위안부 피해자들에게 고통을 준 데 대한 사죄와 반성을 근간으로 한 역대 내각의 입장이 앞으로도 흔들리지 않을 것이라고 분명하게 밝힌 점을 주목한다.[40]

박근혜 대통령은 아베 담화에 대해 아쉽다고 하면서도 긍정적인 부분을 더 크게 보고자 했다.

그러나 한국 언론에서는 부정적인 평가가 많았다. 보수 계열의 ≪조선일보≫는 사설에서 "아베 총리는 무라야마 담화의 표현을 가져다 쓰면서도 교묘한 방식으로 진정성 있는 사죄를 피하려고 한 흔적이 담화 곳곳에서 드러났다"라고 지적했다. 나아가, 아베 담화는 "일본 정부는 앞선 대전大戰에서 한 일에 대해 반복해 통절한 반성과 마음으로부터의 사죄의 심정을 표명해왔다"며 "이런 역대 내각의 입장은 앞으로도 흔들릴 수 없을 것"이라고 했지만, 이는 마치 남의 입을 빌려 반성하고 사과하는 느낌을 주고 있다고 지적했다.

또한, 아베 담화가 반성하고 사죄하는 대상은 대부분 중국과 미국을 상대로 전개한 만주 침략과 제2차 세계대전 관련 일들이었으며, 식민지 지배에 대해서는 오히려 합리화하는 듯한 설명을 덧붙였다고 지적했다. 심지어 1905년 러일전쟁 승리가 아시아·아프리카 사람들에게 용기를 줬다고까지 했는데, 이는 일본의 불법적 합병 이후 36년 동안 식민지 억압 아래 있었던 한국 입장에서는 도저히 진심으로 반성하고 사죄했다고 받아들일 수 없는 내용이라고 비판했다.

아베 담화는 또 '전쟁의 고통을 맛본 중국인'과 '미국·영국·오스트레일리아·네덜란드의 포로'를 지목해 명시적으로 사과했지만 "식민지 압제 속에서 수많은 사람이 고문으로 죽고 수십만 명이 강제 징용, 강제 이주의 고통을 겪었던 한국에 대해서는 한마디 언급을 하지 않았다"면서, 이는 아베 담화가 미국, 중국과의 관계에는 신경을 쓰면서 한국과의 관계에는 그다

지 무게를 두지 않고 있다는 것을 뜻한다고 지적했다.[41]

역시 보수 계열의 신문인 ≪중앙일보≫도 사설을 통해 "어제 발표한 전후 70주년 담화(아베 담화)도 우리의 기대에는 못 미친다"고 지적하며 다음과 같이 비판했다.

그는 종전 50주년에 발표된 '무라야마 담화'의 4개 키워드인 침략, 식민 지배, 반성, 사죄 등을 언급했지만 누가 누구에게 무엇 때문에 하는 사죄인지 잘 알 수 없게 두루뭉수리로 넘어갔다. …… 마음을 담은 진정한 사죄와 반성으로 보기엔 뭔가 부족하다. 국제사회의 눈총을 의식해 마지못해 내놓은 담화라는 인상이 짙다.[42]

진보 계열의 ≪한겨레≫ 신문은 일단 다음과 같이 부분적으로 평가했다.[43]

과거 침략과 식민 지배에 대해 반성, 사죄한다고 밝힌 1995년 무라야마 담화 및 2005년 고이즈미 담화와 같이 가해 주체와 피해 객체를 명확하게 표시하지는 않았으나 장황한 담화 곳곳에 이런 표현을 마치 보물찾기 놀이에서 보물을 숨기듯 분산 배치했다. 이렇게 함으로써 형식상으로는 역대 내각이 표명한 '침략, 식민 지배, 사죄, 반성'이란 핵심 단어를 빼놓지 않고 집어넣은 모양새를 취했다.

그러나 또한 다음과 같이 지적하며 비판했다.

비록 담화문에 침략, 식민 지배, 사죄, 반성이라는 단어를 다 집어넣기는 했지만, 간접화법을 사용하거나 일반적인 역사 서술 가운데 추상적으로 포함시키는 등의 교묘한 언술을 사용한 것은 역대 내각의 패전 담화에서 후퇴한 것일 뿐 아니라 품격이 현저히 떨어지는 것이다. …… 위안부 문제를 지칭하는 듯한 표현을 반복하면서도 누가 어떻게 한 것인지를 명확하게 밝히지 않고 '유체 이탈' 화법으로 얼버무린 것도 일본 정부의 강제성을 인정한 고노 담화에서 한참 뒤로 물러선 것이다.

그러나 이 사설은 "형식적으로는 우리의 요구를 수용한 면도 있는 만큼, 앞으로 그것을 어떻게 실질적인 내용으로 이끌어내느냐는 우리 정부의 과제라고 할 수 있다"라고 덧붙였다. 이 사설 역시 아베 담화에 비판적이지만 ≪조선일보≫나 ≪중앙일보≫의 사설보다는 비판의 강도가 약했다.

지금까지 살펴본 바와 같이 아베 담화와 이에 대한 일본 내의 반응, 각국 정부와 언론의 반응은 과거 일본의 식민지 지배와 침략 전쟁을 둘러싼 동아시아인들의 인식 차이와 더불어 오늘날 각국과 일본의 관계를 잘 보여주는 것이었다. 그러한 인식의 차이는 과거 역사에 대한 기억 방식, 특히 집단기억의 차이에서 비롯된 것이다. 즉, 앞서 살펴본 종전 70주년 기념행사와 마찬가지로 아베 담화의 내용이나 이에 대한 다양한 반응 역시 집단기억의 차이와 밀접한 관계를 갖고 있다.

4. 전쟁에 대한 집단기억과 그 간극

앞서 언급한 것처럼 모리스 알박스는 한 집단이 상징적 기호와 행위를 통해 다른 집단과 구별되는 특수한 기억을 형성하는 것을 '집단기억'이라고 불렀다.[44] 이에 대해 최호근은 동일한 집단 안에서도 실제로 동질적 집단기억은 존재하지 않는다고 말한다. 특히 민족이나 국민과 같은 거대 집단에서는 동일한 사건을 둘러싸고 상이한 기억들이 서로 충돌하고 경쟁하는 것이 필연적이라는 것이다. 그는 우리가 흔히 집단기억이라 부르는 것은 주로 지배적인 기억을 말하는 것이며, 실제로는 이에 동의하지 않는 대항-기억들 _counter-memories_ 이 무수히 존재한다고 말한다.[45]

일반적으로 전쟁에 대한 집단기억은 역사가의 저서와 논문, 생존자의 증언, 박물관, 기념행사, 각종 매체와 문학 및 예술 작품, 역사 교과서 등에 의해 형성된다.[46] 독일의 문화과학자 얀 아스만과 알라이다 아스만 부부는 집단기억의 형성에서 문학작품을 비롯한 각종 텍스트, 신화와 종교적 제의, 기념물 및 기념장소, 아카이브 등 다양한 문화적 매체가 수행하는 역할에 주목했다.[47] 즉, 집단기억은 문화에 의해 형성되고 재생산되며, 동시에 문화는 집단기억의 재현이기도 하다는 것이다.

한편 최호근은 집단기억도 시간이 지남에 따라 변하며, 상호 경쟁적인 여러 기억이 공론장에서 서로 투쟁하면서 지배적인 집단기억을 만들어간다고 본다. 아울러 집단기억은 본래 자기중심적이고 폐쇄적인 성격을 띠고 있었으나, 20세기 후반 이후 모든 분야에서 세계화가 진행되면서 보편타당성을 결여한 집단기억이 자기주장의 힘을 잃어가고 있다고 본다.[48] 즉, 국가와 민족을 넘어서 모든 이가 수긍할 수 있는 보편타당성을 갖지 못한 집단기억은 점차 사라져갈 것이라는 말이다.

그러나 동아시아에서 벌어진 근대 이후의 여러 전쟁에 대한 각국과 사회집단의 집단기억은 커다란 편차를 보인다. 아직까지는 보편타당성을 지닌 기억으로 수렴되지 못하고 있다. 동아시아인들은 과거 전쟁을 어떻게 기억하고 있는가. 오늘날 전쟁에 대한 기억과 관련된 주요 쟁점은 대단히 많으나 이 가운데 ① 일본이 일으킨 각종 전쟁의 성격에 대한 인식, ② 전쟁 책임과 전후 책임, 가해자와 피해자의 인식, ③ 난징대학살의 진상에 대한 인식 등 세 가지 쟁점을 대상으로 삼아 과거 전쟁에 대한 기억 방식을 간략히 정리해보고, 앞으로 그것이 어떻게 수렴되어가야 할 것인지를 생각해본다.*

1) 전쟁의 성격에 대한 집단기억

근대 이후 일본이 일으킨 각종 전쟁은 침략 전쟁일까. 한국과 중국에서는 청일전쟁, 러일전쟁, 만주사변, 중일전쟁, 태평양전쟁 모두를 일본이 일으킨 침략 전쟁으로 간주한다. 그러나 일본에서는 ① 이들 전쟁을 모두 침략 전쟁으로 보는 견해, ② 청일전쟁과 러일전쟁을 제외한 만주사변, 중일전쟁, 태평양전쟁만 침략 전쟁으로 보는 견해, ③ 모든 전쟁을 침략 전쟁으로 보지 않는 견해가 있다. 일본 역사학계의 다수 의견은 첫 번째 견해다. 종전 이후 일본 역사학계에서는 청일전쟁, 러일전쟁도 일본의 '미숙한 독점자본주의' 또는 '조숙한 제국주의'에 의해 이루어진, 조선 지배를 둘러싼 침략적-제국주의의 요소를 지닌 전쟁이었다고 보아왔다.[49]

그런데 1969년부터 1972년 사이에 시바 료타로司馬遼太郎가 쓴 『언덕 위의 구름坂の上の雲』이라는 소설(전 6권)이 나왔다. 청일전쟁과 러일전쟁을 배경으로 한 이 소설은 특히 러일전쟁을 '조국방위전쟁'으로 묘사해 역사학자들의 많은 비판을 받았다. 그런데도 이 소설은 대중의 러일전쟁관에 큰 영향을 미쳤다. 또 일본공영방송 NHK에서 2009년부터 2011년까지 드라마로 만들어져 방영됨으로써 대중적 영향력은 더욱 커졌다.[50]

그런 가운데 1990년대 중반에 이른바 '자유주의사관연구회'가 출범해 2001년 후소샤에서 중학교 역사 교과서를 만들어냈다. 이들은 이 교과서에서 세 번째 견해, 즉 청일전쟁과 러일전쟁뿐만 아니라 이후의 모든 전쟁도 침략 전쟁으로 볼 수 없다는 태도를 취했다. 후지오카 노부카스藤岡信勝를 비롯한 이 책의 저자들은 청일전쟁과 러일전쟁을 일본의 안전보장을 확

---

* 일본군 '위안부' 문제도 커다란 쟁점이라 할 수 있으나, 전쟁 자체에 대한 인식이라기보다 전쟁기 여성 인권에 관한 문제로 보고 이 글에서는 다루지 않았다.

립하기 위한 전쟁이었다고 썼다. 심지어 "유색인종의 나라 일본이 당시 세계 최대의 육군 대국이었던 백인 제국 러시아에 이겼다는 것은 세계의 억압받는 민족에게 독립에 대한 한없는 희망을 안겨주었다"라고 쓰기도 했다(앞서 살펴본 것처럼 2015년 아베 담화에도 비슷한 내용이 들어 있다).

후소샤 교과서는 만주사변, 중일전쟁, 태평양전쟁에 대해 만주에서의 이권을 지키기 위해서라든지, 블록경제권을 수립하기 위해서라든지 또는 경제봉쇄로 일본이 곤궁에 빠졌기 때문이라는 식으로 이들 전쟁의 불가피성을 강조했다. 또 아시아태평양전쟁 초기에 일본이 승리한 것은 "동남아시아 사람들, 나아가 아프리카 사람들에게도 독립의 꿈과 용기를 북돋웠다"라고 썼다. 오늘날 일본 학계에서 이른바 '자유주의사관'은 '역사수정주의'로 불리는데, 이들이 주장하는 바의 핵심은 아시아태평양전쟁(그들은 이를 '대동아전쟁'으로 부른다)이 '아시아해방전쟁'의 성격을 지닌다는 것이었다. 이러한 주장에는 이미 상당수의 보수 우익 정치가, 관료, 지식인, 문화인이 동조하고 있다. 과거 일본 국민들 가운데 이 전쟁이 '침략 전쟁' 내지는 '침략적 성격의 전쟁'이었다고 보는 이들이 60~70%로 우세했다고 하지만,[51] 2013년 ≪아사히신문≫의 조사에서는 침략 전쟁이 아니었다는 응답이 33%, 침략 전쟁이었다는 응답이 45%로 상당히 비슷해졌다.[52] 앞으로 보수 우파가 계속 집권하고 사회 전반적으로 보수화가 진행된다면 이 비율은 역전될 가능성도 있다. 현재로서는 전쟁의 성격에 대한 서로 다른 집단기억이 팽팽히 맞서는 형세이고, 향후 보수 우파의 집단기억이 보다 우세해질 수도 있다.

그러나 보수 우파가 주장하는 '아시아해방전쟁론'은 당시의 사료와 명백히 배치된다. 예를 들어, 동남아시아를 향한 일본군의 침공에 앞서 대본영 정부연락회의에서 결정한 「남방점령지행정실시요령」은 "점령지에 대해서는 우선 군정을 실시하고 치안의 회복, 중요 국책 자원의 급속 획득 및 작전군의 자급자족" 등을 들면서, 보크사이트*bauxite*, 주석, 석유, 고무, 텅스텐*tungsten* 등 중요 전략자원의 획득이 중요한 목적이라고 명언했다. 반면 "원주민에 대해서는 황군에 대한 신뢰를 조장하도록 지도하고 독립운동을 너무 일찍 유도하는 것을 피할 것" 등을 지시했다.[53] 따라서 '아시아해방전쟁론'은 역사적 사실과 거리가 먼 것이다. 역사적 사실과 배치되는 이와 같은 이론은 결국에는 사그라질 것이다.

2) 전쟁 책임과 전후 책임에 대한 인식

전쟁의 책임 문제 또한 뜨거운 논란거리다. 전쟁의 책임이란 전쟁을 도발한 책임을 말한다. 중일전쟁, 태평양전쟁과 관련해 동아시아의 한국인들과 중국인들은 당연히 일본에게 전쟁 도발의 책임이 있다고 생각한다. 전후 일본인들도 이들 전쟁의 도발 책임은 일본에 있다고 생각하지만, 구체적으로는 일본 군부에게 전쟁의 책임이 있다는 생각이 지배적이었다.

종전 직후에는 히가시쿠니 나루히코東久邇稔彦 총리가 패전의 원인으로 전력戰力의 급속한 괴멸, 전쟁의 참화, 원자폭탄, 소련 참전, 과도한 전시 통제, 국민 도의의 저하 등을 들면서 군·관·민 전체가 철저히 반성해야 한다는 '1억 총참회'론을 내놓았다. 하지만 이내 미국의 국력을 숨긴 정부 지도자들에 대한 비판이 쏟아지면서 지도자들의 책임론이 더 강해졌다. 또 미 점령군이 전범을 체포하기 시작하면서 도조 히데키東條英機 등에 대한 비판이 고조되었다.[54] 결국 이후 진행된 '극동국제군사재판'에서 A급 전범으로 지목된 이들은 전쟁 도발의 책임과 패전의 책임을 지고 세상을 떠났다. 반면 일반 국민은 전쟁의 책임에서 면제될 수 있었다. 일반 국민은 오히려 자신들도 전쟁의 피해자라는 생각을 더욱 강하게 가졌다. 최근에도 학자들이나 매스컴에서는 만주사변, 중일전쟁, 태평양전쟁은 모두 '군부(특히 육군)의 폭주'에 의해 이루어진 잘못된 전쟁이었다고 지적하고 있다. 이러한 견해는 다수 대중의 지지를 얻고 있다.*

후지와라 기이치는, 전쟁의 책임을 '일부의 군부'에 돌려버리고 이들을 '국민'에서 제외함으로써 '국민'들은 그 책임에서 면제될 수 있었다고 보았다. 그는 민간인뿐만 아니라 전쟁에 동원된 이들 역시 군부가 자신들을 '무모한 전쟁'으로 이끌었고 자신들은 그 희생자가 되었다는 인식을 갖게 되었다고 설명한다.[55] 여기서 전쟁의 희생자 또는 피해자의 상징이면서 동시에 반핵·평화운동의 상징으로 떠오른 것이 바로 히로시마다. 히로시마가 반핵·평화운동의 상징으로 떠오른 시기는 1950년대 중반이다. 1954년 비키니 섬 환초에서 진행되었던 미국의 수폭 실험과 그에 따른 제5 후쿠류마루의 피폭 사건이 있은 후, 일본 도쿄에서는 반핵·평화운동이 시작되었다. 그해 히로시마 평화 기념 공원 정비 구상에 따라 1955년 평화 기념 자료관이 설립되었다. 이후 이들 공간은 원폭의 비참함과 원자력의 평화적인 이용을 선전하는 시설이 되었다. 매년 8월 6일 히로시마에서 열리는 희생자 추모식에는 총리도 참석한다. 이후 히로시마와 나가사키의 원폭 희생자, 도쿄와 오사카 등 주요 도시에서 이루어지는 공습 희생자 추도식 등은 일본인들이 '일본인은 피해자'라는 의식을 갖는 데 기여했다.[56] 이에 따라 일본인 스스로가 가해자였다는 의식은 점점 옅어져 갔다. 또 전범으로 지목

....

* 2011년 일본 NHK에서는 〈일본인은 왜 전쟁으로 나아갔는가〉라는 제목의 다큐멘터리 시리즈를 방송했는데, 그중 하나가 '거대 조직 육군 폭주의 메커니즘'이었다. 이 방송이 나간 이후 방송국에는 1천 건 이상의 전화가 걸려와 바로 자신들이 구하고 있던 태평양 전쟁에 대한 관점이라고 말했다고 한다. 나머지 시리즈는 '세계의 흐름을 잘못 읽은 외교', '대중들에 영합한 미디어', '잘못된 개전 결정을 한 지도자들'이었다. 이후 이 시리즈는 같은 제목의 책으로 엮어 출간되었는데, 이 책에서 도베 료이치 교수는 「육군 폭주의 연쇄」라는 글을 썼다(NHK取材班編著, 『日本人はなぜ戦争へと向かったのか』上·下 (NHK出版, 2011) 참조).

되었다가 풀려난 이들이 공직에 속속 복귀하면서 전쟁에 대한 책임 의식은 거의 사라져갔다.[57]

이러한 현상에는 1947년 이후 동서 냉전이 심화되면서 과거 일본의 식민지 지배에 있었던 나라에서 권위주의적인 정권이 창출되고 일본에게 경제원조를 받으면서 일본에 대한 민중의 불만을 억압한 사실도 크게 작용했다. 예를 들어 한국의 경우 장기에 걸친 군사정권, 독재정권이 계속되면서 일본의 식민 통치를 비판하거나 보상을 청구하는 목소리는 억압을 받았다. 일본은 차관 등을 통해, 이러한 억압을 가하는 역대 정권을 지원했다. 타이완을 비롯한 동남아시아에 대해서도 마찬가지였다. 결국 이들 나라에서 일본의 전쟁 책임을 묻는 목소리가 나오기 시작한 것은 냉전이 종언을 고한 1990년대 초 이후였다.[58]

한편 일본 국내에서는 1971년 혼다 가쓰이치本多勝— 기자가 "중국 여행"이라는 기사를 《아사히신문》에 게재한 것이 계기가 되어 '일본인은 단순히 피해자가 아니라 가해자이기도 하다'는 의식이 싹트기 시작했다. 혼다 가쓰이치는 중국에서 일본군이 저지른 만행을 낱낱이 폭로했다. 이후 일본인은 가해자로서 책임을 자각해야 한다는 시각과 일본인은 결코 가해자가 아니라는 시각이 충돌했다. 여기에서 전후 처음으로 '전쟁 책임론'이 논의되기 시작했고, 이에 대응해 이를 '자학사관' 또는 '도쿄재판사관'이라고 하는 비판적인 시각도 대두했다.[59]

오늘날 전쟁 책임론은 어떻게 전개되고 있을까. 고케쓰 아쓰시纐纈厚는 일본의 전쟁 책임을 "일본이 침략 전쟁이나 식민지 지배를 통해 심대한 피해와 고통을 준 사람들에 대한 책임"이라고 말한다. 따라서 "일본은 사죄나 보상을 실행해 적극적으로 화해를 구해야만 하는 위치에 있다"라고 말한다. 그렇다면 전쟁 책임의 주체는 누구일까. 이에 대해 고케쓰 아쓰시는 다음과 같이 말한다.

첫째로 침략 전쟁을 지도한 천황과 전전기戰前期 천황제를 실질적으로 지탱한 군부, 관료, 정치가, 천황 측근 그룹이며, 나아가 이를 외부에서 지탱한 우익 단체, 종교 단체, 학계, 노동조합 등의 조직이다. 소극적이든 적극적이든 간에 전쟁을 지지한 개인에게도 물론 책임이 있다. 다만 상식적으로 생각해 '책임의 무게'라는 점에서 차이가 있는 것은 당연하다. 천황제를 안에서부터 지탱한 권력 엘리트와 천황제의 관리 그리고 통제, 동원의 대상으로서 여러 정치적 권리가 현저히 제한되었던 일반 민중에게 같은 차원에서 책임을 묻는 것은 합리적이지 않으며 현실적이지도 않다. 당연히 권력 중심에서의 거리에 따라 책임의 질과 크기가 규정되어야 한다.[60]

전쟁 책임론은 '전후 책임론'으로도 이어지고 있다. 전후 책임이란 전후 세대의 전쟁 책임을 말한다. 고케쓰 아쓰시는 랄프 지오르다노Ralph Giordano 의 『제2의 죄Die zweite Schuld oder Von der Last Deutscher zu sein』라는 책을 인용해 이를 설명한다. 지오르다노는 히틀러의 제3제국 시대에 독일인이 범한 전쟁범죄를 '제1의 죄'라고 한다면 전후의 독일인이 의식했든 안 했든 '제1의 죄'를 묵인, 은폐, 왜곡, 부정하려는 행위는 '제2의 죄'에 해당한다고 지적하면서 독일인의 전후 책임을 논했다. 고케쓰 아쓰시는 이를 일본에 적용해 전후 일본인은 동서 냉전 구조에 규정되어 과거의 역사에 대한 책임을 다하지 못했다고 지적한다. 즉, 일본이 침략한 사실을 망각함으로써 일본에 의해 침략을 받은 나라의 국민들이 더욱더 일본을 불신하게 만들었다는 것이다. 예를 들어 난징대학살, 싱가포르 학살사건 등은 모두 망각되고 히로시마, 나가사키, 시베리아 억류 등은 강한 집단기억으로 만들어졌다는 것이다. 결국 전후 세대는 망각과 기억을 적절히 구사해 역사를 자기 마음대로 구축해온 것이 아닌가 하고 그는 묻고 있다. 결론적으로, 역사적 사실의 은폐나 과거의 망각을 고발하는 것이야말로 전후 세대가 전쟁 책임을

다하는 것이라고 그는 주장한다.[61]

다카하시 데쓰야高橋哲哉도 전후 세대인 일본 국민은 침략 전쟁에 직접 참여하지 않았기 때문에 직접적인 전쟁 책임은 없지만 전후 일본 국가에게 '전후 책임'을 완수하게 만들 정치적 책임이 있다고 주장한다. 그는 이 책임은 법적으로 '국민'인 모든 사람이 국가의 정치적 주권자로서 원칙상 평등하게 지는 것이며, 국민인 한 이 책임에서 도망칠 수는 없다고 주장한다.[62]

일본 사회에는 전쟁 책임론, 전후 책임론을 거론하는 이들도 있지만 다수의 사람은 그와 같은 의식에서 거리가 먼 것으로 보인다. 아직도 대다수 사람의 경우, 일본인도 전쟁의 피해자라는 의식이 강하고 가해자라는 의식은 약하다. 더욱이 2000년대 이후 일본 사회가 보수화하면서 그러한 경향은 더욱 강화되고 있다.[63] 이에 따라 한국인이나 중국인들의 전쟁에 대한 의식과는 상당한 괴리를 보이고 있다.

3) 난징대학살에 대한 집단기억의 충돌과 조정

1982년 일본의 역사 교과서 왜곡 파동이 일어났을 때 일본 정부는 특히 난징대학살(일본에서는 '난징사건'이라고 부른다) 부분을 교과서에서 삭제하도록 지시했다. 이에 대응해 중국 정부의 지도자 덩샤오핑鄧小平과 중국공산당 중앙위원회는 전국에 일본의 중국 침략 기념관과 기념비를 건립해 대중에게 침략의 역사를 제대로 가르칠 것을 지시했다. 이에 따라 1983년 중국 공산당 장쑤성위원회와 장쑤성 정부는 난징대학살 기념관을 건립하기로 결정했다. 1985년 2월 덩샤오핑은 난징을 방문해 공사 중인 기념관을 '침화일군남경대도살우난동포기념관侵華日軍南京大屠殺遇難同胞紀念館'이라고 명명했다. 이 기념관은 그해 8월 15일 개관했다. 또 중국 정부는 당시 생존자들을 찾아내 공개적으로 자신들의 체험을 말하도록 했다. 그 이전까지 중국 정부는 이 사건에 별다른 관심을 보이지 않았는데, 일본 역사 교과서 왜곡 파동을 계기로 이 문제에 관심을 기울이기 시작했다.[64] 1985년에 지어진 기념관은 협소한 편이었다. 이에 중국 정부는 그보다 훨씬 큰 규모의 새 기념관을 설립했고, 이 기념관은 2007년 12월 13일 개관했다. 나아가 12월 13일을 난징대학살 희생자 국가 추모일로 지정했다.

중국 정부는 항일전쟁 승리 70주년을 맞아 루거우차우盧溝橋 부근에 있는 중국 인민항일전쟁 기념관(1987년 개관)의 각종 전시실과 기념관 주변 시설 등을 대대적으로 보수한 뒤 2015년 7월 7일 '7·7사변(루거우차우 사건)' 78주년을 기해 재개관했다. 이 개관에 맞춰 중국은, 제2차 세계대전 당시 중국은 일본군 240만 명을 중국 전선에 붙잡아두는 역할을 했으며 3500만 명 이상의 군인과 민간인 사상자를 발생시켰는데, 이는 소련의 2700만 명, 미국의 100만 명, 영국의 20만 명보다 훨씬 많은 숫자라는 점을 강조했다. 이는 중국이 제2차 세계대전에서 매우 중요한 역할을 수행했음을 강조하기 위한 것이었다.[65]

또한, 중국 정부는 하얼빈 외곽에 있던 관동군이 인체 실험 등을 통해 세균병기를 개발하는 일을 수행한 관동군 방역급수부(이른바 '731부대')에 설치되어 있던 '731부대 전시관(공식 명칭은 '侵華日軍731細菌部隊罪証陳列館')'의 신관을 2015년 8월 15일 개관했다. 이 일 역시 시진핑 지도 아래 중국 정부의 종전 70주년 기념사업의 하나로 이루어진 것이었다.[66]

중국 정부의 난징대학살 기념관, 항일전쟁 기념관, 731부대 전시관 등의 건립과 확장은 당연히 안으로는 중국 국민의 애국주의를 강화하고, 밖으로는 일본의 우경화에 제동을 걸기 위한 것이다. 1994년 중국은 '애국주의교육실시요강'을 제정했다. 이에 따라 전국의 각종 박물관, 기념관, 열사 기념 건조물, 혁명전쟁의 중요한 전투 기념물, 중요 문화재, 역사 유적, 경승지 등이 애국주의 교육의 중요한 장소, 즉 '애국주의 교육 기지'로 지정되었다. 애국주의 교육 모범 기지 100곳 목록에는 중국 인민항일전쟁 기념관, 난징대학살 기념관, 731부대 전시관 등이 당연히 포함되었다.*

중국 측은 난징대학살 당시 약 30만 명의 무고한 양민들이 희생되었다고 본다. 난징대학살 기념관에서 펴낸 『난징대학살도록』의 서문에는 이렇게 쓰여 있다.

1937년 말부터 1938년 초에 걸쳐 발생한 난징대학살은 20세기의 가장 어두운 면이며 인류 문명 사상의 대참화였다. 중국을 침략한 일본군은 중국인의 인권은 전연 염두에 두지 않고, 중국인의 생명, 재산, 생존, 생활 등 기본적인 욕구를 마구 유린하고, 6주 동안 무장이 해제된 중국의 병사와 많은 부인, 노인, 어린아이를 포함해 30만 명 이상의 죄 없는 시민을 학살했다. 게다가 같은 시간에 난징 시내에서는 일본군이 일으킨 부녀 폭행 사건이 2만여 건에 달하였고, 3할이 넘는 시내의 건물도 불에 탔다.[67]

난징대학살 기념관 앞에는 '300,000'이라는 숫자가 여러 곳에 쓰여 있다. 이 숫자는 난징대학살을 상징하는 숫자인 것처럼 보인다. 이 숫자는 1946년 중국 국민당 정부가 주도한 난징군사법정 전범 재판에서 나온 것이다. 당시 일본군 6사단장 등 4명이 기소되어 모두 사형 판결을 받고 처형

---

* 애국주의 교육의 내용은 ① 중화 민족의 유구한 역사에 대한 교육, ② 중화 민족의 우수한 전통문화에 대한 교육, ③ 사회주의 현대화 건설의 성과에 대한 교육, ④ 중국의 국정(國情)에 대한 교육, ⑤ 사회주의에서의 민주주의와 법제에 대한 교육, ⑥ 국방과 국가의 안전에 대한 교육, ⑦ 민족의 단결에 대한 교육, ⑧ 평화적 통일, 1국 2제도의 방침 등으로 이루어져 있다(岡村志嘉子, 「中国の愛国主義教育に関する諸規定」, ≪国立国会図書館 レファレンス≫, 2004년 12월호 참조).

되었는데, 희생자 수가 30만 명 이상에 달한다고 인정되었던 것이다. 이후 중국 정부는 난징대학살의 희생자는 30만 명 이상이라고 말하고 있다. 반면 도쿄에서 열린 극동국제군사재판에서는 난징사건의 희생자를 20만 명 이상으로 추정했다. 일본 측 연구자들은 최대 상한선을 20만 명으로 잡고 있으며 4만 명설, 2만 명설 등 다양한 설이 나오고 있다. 일본인 학자들로 구성된 난징사건조사연구회에서는 대체로 '10만 이상'설을 주장하고 있다. 중일역사공동위원회에 참여한 일본 측 학자들은, 다양한 설이 나오게 된 것은 '학살'의 정의, 대상이 되는 지역이나 기간, 매장 기록, 인구통계 등에서 학자마다 차이가 있기 때문이라고 설명한다. 또 난징에서 학살이 일어나게 된 원인으로, 선전포고 없는 '사변'이었기 때문에 일본 측에 포로의 취급에 관한 지침이나 점령 후의 주민 보호를 포함한 군정의 계획이 없었던 점, 군기를 단속할 헌병 수가 적었던 점, 식량이나 물자 보급을 무시한 난징 공략이 감행된 결과로 일어난 약탈 행위가 초래한 군기 이완이 불법행위를 유발하게 되었다는 점 등을 지적했다.[68]

일본의 보수 우파들은 난징에서 발생한 군사, 시민의 희생은 난징 공략 전투 과정에서 벌어진 일이기 때문에 이를 '학살'로 볼 수 없다고 주장한다. 예를 들어, 역사수정주의자들이 만든 후소샤 교과서에는 일본군의 난징 점령 당시 "일본군에 의해서 민중에서도 다수의 사상자가 나왔다"라고만 서술했다. 역사수정주의자들은 다음과 같이 주장한다.

난징대학살은 없었다. 난징사건의 중국인 희생자 수는 중국 측이 말하는 30만도, 일본의 역사 교과서가 채용하는 십 수만에서 20만도 아니며, '최대한 만명'으로 일반 시민 사상자는 안전구 국제위원회의 보고가 옳다고 해도 47명에 불과하다.[69]

이와 같은 인식은 역사수정주의자들만의 것이 아니다. 이안 부루마는 "독일인들이 홀로코스트를 반인도적 범죄로 간주하지만, 대부분의 일본인들은 난징학살을 반인도적 범죄로 간주하지 않는다. 그들에게 난징학살은 어느 전쟁에나 있게 마련인 군사적 살육일 뿐이다"라고 전한다.[70] 즉, 상당수의 일본인이 역사수정주의자들의 주장에 동의하고 있다고 보는 것이다.

이와 같이 난징대학살 사건을 둘러싸고 중국 정부와 일본 보수 우파 사이에는 서로 다른 집단기억들이 존재하며, 이들 집단기억은 서로 갈등을 빚으며 충돌하고 있다. 갈등의 초점이 된 희생자 숫자 문제는 2006~2008년 사이 중일역사공동위원회 제1기 회의에 참여한 일본인 학자들이 지적한 대로 '학살'의 정의, 대상이 되는 지역이나 기간, 매장 기록, 인구통계 등의 문제와 관련된다. 또 이미 일본 측 학자들이 구성한 난징사건조사연구회에서 '10만 이상'설을 내놓고 있다. 따라서 희생자 수에 대한 양측의 의견 차이는 어느 정도 조정될 수 있는 여지가 있다. 나아가, 일본 측 학자들은 중일역사공동위원회 회의가 몇 차례 진행되면서 중국 측의 지적을 수용해 '난징사건'이라는 명칭 대신 '난징학살사건'이라는 명칭을 쓰기도 했다. 이 회의에 참여한 이들은 양측의 의견 차이를 좁히기 위해서는 ① 자료의 데이터베이스를 구축하는 등 자료의 수집과 검토가 우선 필요하고, ② 중국과 일본 양측 학자들의 논의의 기회를 더 늘릴 필요가 있으며, ③ 학자들의 공동 연구의 성과를 대중화할 필요가 있다는 데 의견을 같이했다.[71] 앞으로 중국과 일본 양측의 학자들이 공동 연구와 토론을 거듭해간다면 의견 차이는 상당히 좁혀질 수 있을 것으로 예상된다.

5. 맺음말

지금까지 살펴본 바와 같이 2015년 제2차 세계대전 종전 70주년을 맞아 동아시아 각국에서는 관련 기념행사들이 개최되었다. 중국과 타이완은 전승절 기념행사를, 한국은 광복절 기념행사를, 일본은 전몰자 추모 행사를 각각 가졌다. 특히 중국은 건국 이래 최대의 열병식을 진행하는 등 과거와는 다른 대규모 기념행사를 거행했다. 또 일본의 아베 신조 총리는 전후 70주년을 맞아 담화를 발표했다. 그는 이 담화에서 과거 전쟁에 대한 반성과 사죄를 언급했지만, 그 반성과 사죄는 과거형이었으며 그동안 사죄와 반성을 표시해온 과거 내각의 입장을 계승한다는 입장만을 표명했다. 또 전쟁기 일본인들의 희생, 전쟁 상대국의 희생은 언급했지만 한국인으로서 징병, 징용, 일본군 '위안부'로 동원된 이들에 대해서는 전혀 언급하지 않았다. 나아가, 세계의 평화와 번영, 인권 등을 위해 일본은 책임감을 갖고 '적극적 평화주의'의 기치 아래 노력하겠다는 다짐을 했지만, 그가 말하는 '적극적 평화주의'란 실은 군사력 강화, 집단적 자위권 확보, 대외 영향력 강화 등을 의미하는 것이었다. 아베 담화에 대해 중국 정부는 진정한 사과가 필요하다며 비판적인 입장을 보였고, 한국과 타이완 정부는 부분적으로는 긍정적인 평가를 하면서도 역시 일본이 행동으로 진정성을 보여주어야 한다고 지적했다. 중국, 한국, 타이완의 언론들은 대체로 비판적인 시각을 보였다. 일본 안에서도 우파는 긍정적으로 평가했지만 좌파는 비판적으로 평가했다.

제2차 세계대전이 끝난 지 70년이 지났지만 전쟁에 대한 동아시아 각국 또는 사회집단의 인식에는 커다란 차이가 있다. 동아시아에서 발생한 근대 이후의 여러 전쟁에 대한 각국과 사회집단의 기억은 아직 보편타당성을 지닌 기억으로 수렴되지 못하고 있다. 전쟁에 대한 동아시아인들의 집단기억의 차이는 전쟁과 관련된 주요 쟁점들과 밀접한 관련이 있다. 이 장에서는 ① 일본이 일으킨 각종 전쟁의 성격에 대한 인식, ② 전쟁 책임과 전후 책임, 가해자와 피해자의 인식, ③ 난징대학살의 진상에 대한 인식 등 세 가지 쟁점을 대상으로 삼아 이를 둘러싼 논의들을 살펴보았다.

≪아사히신문≫의 여론 조사에 따르면, 일본인들 가운데는 아시아태평양전쟁이 침략 전쟁이었다는 의견에 찬성하는 사람이 45%, 반대하는 사람이 33%를 점하고 있다. 일본의 보수화가 더 진행된다면 이 수치는 역전될 가능성도 있다. 전쟁의 책임 문제와 관련해서 일본의 다수 대중은 전쟁의 책임은 일부 군부에 있으며 일반 국민에게는 책임이 없고 오히려 자신들은 군부가 이끈 '무모한 전쟁'의 희생자가 되었을 뿐이라는 인식을 갖고 있다고 한다.

물론 일부 일본인들은, 일본은 침략 전쟁과 식민 지배를 통해 다른 나라의 국민에게 피해와 고통을 준 것에 대한 책임이 있다고 지적한다. 이른바 '전쟁 책임론'이다. 이들은 당시 권력 중심에서의 거리에 따라 전쟁 책임의 질과 크기가 규정되어야 한다고 본다. 일부에서는 전후 세대도 직접적인 전쟁 책임은 없지만 '전후 책임'을 완수할 정치적 책임이 있다고 주장한다. 그러나 일본에서 전쟁 책임론이나 전후 책임론을 말하는 이들은 소수에 머무른다.

중일전쟁에 대한 중국과 일본의 인식 차이가 가장 큰 부분은 난징대학살이다. 중국에서는 사망자를 30만 명까지 추정하는 반면에 일본에서는 최대 1만 명 정도로 보는 등 인식의 간극이 매우 컸다. 2006년 이래 열린 중일역사공동위원회의 회의에서 양측 연구자들은 사망자 숫자의 커다란 차이가 학살의 정의, 대상 지역, 기간 등의 차이에서 비롯되었다는 것을 서로 확인했다. 따라서 이들은 향후 보다 활발한 상호 교류를 통해 의견 차이를 좁혀나가기로 의견을 모았다.

동아시아에서 국가 또는 사회집단의 역사, 특히 전쟁을 둘러싼 집단기억 사이에서 벌어지는 충돌은 당분간 계속될 수밖에 없을 것이다. 그러나 세계화가 진행되면서 보편적인 가치관을 따르지 않은 담론이나 집단기억은 점점 설득력을 잃어가고, 따라서 결국은 인권, 자유, 민주 등과 같은 보편적인 가치관에 근거한 담론과 집단기억이 보다 우세하게 될 것이다. 역사학자들은 보편적인 역사관 위에서 구체적인 실증 작업을 통해 집단기억, 더 나아가 역사 서술의 간극을 좁히기 위해 더욱 노력해야 할 것이다.

제 2 장

일본의 아시아태평양전쟁에 대한 기억:
1995년 이후 수정주의적 전환에 대한 분석

아 키 코 다 케 나 카*

죄책감과 이에 따른 트라우마를 교정하기 위한 시도를 통해 많은 일본인은,
최소한 보통의 일본인은 전쟁 책임에서 벗어날 수 있게 하는 피해자적 역사를 받아들였다.
그 외의 사람들은 일본이 방어를 위해 아시아태평양전쟁에서 싸웠을 뿐이라는,
당시의 정치 지도자들을 포함한 모든 일본인을 전쟁 책임에서 자유롭게 하는
전시 프로파간다의 재판인 수정주의 역사관으로 전향했다.

1. 머리말

현재 일본의 전쟁 기억에 관련된 정치적 동향을 잘 보여주는 최근 수년
간의 주요 사건들을 소개하면서 논의를 시작해보려 한다. 처음의 두 사건
은 2015년 아베 행정부가 동맹국이 위협을 받을 경우 자위대가 교전할 수
있도록 헌법 제9조를 재해석한 일련의 '안보 법안Collective Self Defense Bill'** 가

---

* 미국 켄터키대학교 역사학부 부교수(Dept. of History, University of Kentucky, U.S.A.).
** [엮은이] 2015년 일본 자민당과 공명당이 통과시킨 총 6건의 안보 관련 법령 개정안은
일본에서는 이른바 평화안보 법안 또는 안보 법안으로 통칭되었고 해외에서는 'secur-
ity bills'라는 이름으로 보도되었다. 저자는 대문자를 사용해 집단자위법안(Collective

결과 관련된 것이다. 세 번째 사건은 아시아태평양전쟁(1931~1945) 당시 군용 공창을 통해 일본 정부가 시행하고 관리했던 체계적인 성 노예제도인 '위안부*comfort woman*' 논쟁에 관한 것이다. 마지막 사건은 연합군 공습에 대한 지역민들의 경험을 전시하던 한 시립 박물관에 관한 것이다.

사건 1 2015년 10월, 전국에 있는 서점 체인 준쿠도서점ジュンク堂書店의 한 도쿄 지점은 '자유와 민주주의를 위한 50가지 필독서'라는 이름의 도서 전시회를 취소하라는 압력을 받았다. 이는 전시회의 도서 선정이 편파적이었다는 항의에 따른 것이었다. 한 달 뒤 이 서점은 '오늘날의 민주주의를 고민하는 49권의 서적들'이라는 새로운 표제로 전시회를 재개했다. 재개된 전시회에서는 기존의 50권 가운데 무려 40권이 새로운 서적으로 교체되었다. 교체된 서적 가운데는 아베 행정부가 안보 법안 통과를 강행했던 방식에 우려와 비난을 표출해왔던 진보적인 지식인들이 집필했던 책들도 포함되어 있었다.[1]

사건 2 안보 법안 통과를 앞두고 일본 정부에 대한 대규모 시위가 한창이던 2015년 8월, 이 시위를 전적으로 지지하던 저명한 페미니스트 사회학자 우에노 지즈코는 시위자들과 활동가들에게 맹렬한 비난을 받았다. 이 논쟁은 우에노가 자신의 트위터에 여성 활동가들이 법안에 반대하는 과정에서 부주의하게 가부장적인 성적 고정관념을 강화하고 있음을 지적하는 글을 여러 번 올리면서 전개되었다. 우에노는 단지 한 여성 활동가의 연설에 드러난 특정 측면에 대해 비평

Self Defense Bill)이라고 언급함으로써 이것이 마치 법안의 공식 명칭인 것처럼 사용했지만, 해당 명칭을 가진 법안이 의회를 통과한 것은 아니다. 집단자위권은 안보 법안이 포함하는 '자위대법 개정안', '국제평화협력법개정안'의 두 항목을 통해 발동이 가능하도록 변경된 것으로, 집단자위법안이라는 법안이 일본 국회를 통과한 사실은 없다. 따라서 원문의 오류를 수정하면서도 원문을 존중하는 의미에서 위와 같이 병기했다.

했을 뿐이지만, 우에노를 비판하는 사람들은 우에노가 법안 반대파의 대오를 흩 뜨리고 있다고 비난했다.*

사건 3 2014년 8월, 전 ≪아사히신문≫ 기자인 우에무라 다카시는 1991년 자신이 '위안부' 문제에 관해 썼던 몇몇 기사를 둘러싼 극심한 논쟁에 휘말렸다. 해당 기사들은 일본 정부가 '위안부' 제도에 관여했다는 핵심 증거를 제공했다고 여겨지는 것들이다. 보수 비평가들은 우에무라가 기사를 날조했다고 비난했다. 이 논쟁은 여전히 진행 중이며, 이 논쟁의 여파로 우에무라는 학계에서 직장을 잃고 말았다. 우에무라와 그의 가족은 계속해서 생명의 위협을 받고 있다.²

사건 4 2014년 4월, 연합군의 공습과 관련된 지역민들의 경험을 전시한 시립 박물관 피스 오사카Peace Osaka는 일본의 젊은이들이 자랑스러워 할 수 있는 역사를 전시하라는 우파 수정주의자들의 계속된 공격 때문에 모든 전시를 재정비한다는 명목으로 일시 문을 닫았다. 1년 뒤 이 박물관은 일본의 아시아 침략을 완전히 배제한 아시아태평양전쟁 서사 전시로 재개관했다.³ 지역민들의 전쟁 경험을 전시하기 위해 건립되었던 다른 지역의 박물관들도 유사한 압력을 받고 전시 잔혹 행위에 관한 전시물을 없앴다.

이들 사건은 오늘날 일본에서 아시아태평양전쟁에 관한 기억이 정치적

---

* 이 논란은 영국 문학가인 기타무라 사에가 개인 블로그에서 이 문제를 지적하면서 시작되었다. 기타무라는 한 여성 활동가가 연설에서 성 고정관념을 이념화했다면서, 이는 아베 정권이 성 평등에 대해 견지하는 문제점들을 지지하는 것이므로 아베 정권에 대한 반대 운동을 저해한다고 지적했다. 우에노는 자신의 트위터에서 기타무라에 대한 일련의 트위터 공격을 언급했다. 기타무라의 블로그 글은 http://d.hatena.ne.jp/saebou/ 20150725/p1에서 볼 수 있다.

논쟁으로 떠오르게 되는 몇몇 동향을 보여준다. 많은 경우에 전쟁에 대한 기억은 극단적인 정치적 양자택일을 강요해왔다. 첫 번째 극단에는 아시아태평양전쟁이 제국주의적 침략 전쟁이었다는 관점이 있다. 다른 극단에는 이 전쟁이 서구 제국주의에 대한 자위적 전쟁이었다는 관점이 있다. 일본에서는 이 전쟁을 어떻게 기억할 것인지가 언제나 논쟁거리로 떠올랐는데, 종전 50주년이었던 1995년 이래 최근 20년 동안 이 경향은 더욱 심화되었다. 서점과 박물관의 일화를 통해 우리는 극우파가 지방자치단체와 민간단체에 압력을 가해 과거에 대한 일본의 서술을 바꿔내는 데 성공한 사례를 확인했다. 페미니스트 학자와 ≪아사히신문≫ 기자의 사례는 과거 전쟁과 관련된 문제가 어떻게 하나의 정치적 입장으로 축소되어 버리는지를 보여준다. 심지어 전쟁에 대한 개인적인 기억조차 침략 전쟁인지 또는 아닌지의 이분법적 시각으로 단순하게 변형되는 다른 많은 사례도 있다.

필자는 세 가지 접근법*avenue*을 통해 일본의 전쟁 기억에 관한 최근 동향을 분석한다. 첫 번째 접근법은 1995년 패러다임이다. 이는 1990년대 중반부터 일본 정부가 종전 50주년까지 발표했던 일련의 공식 사죄에 대한 반작용으로 나타났던 보수적 전환을 말한다. 두 번째 접근법은 '포스트메모리*postmemory*'다. 이 용어는 최근 수십 년 동안 전쟁 생존자들의 수가 급격히 줄어들면서 나타난 전쟁 기억의 변화를 뜻한다. 세 번째 접근법에서는 오늘날 실제로 누군가의 기억 또는 어떤 종류의 기억이 기억되는지를 조사하는 사람들인 기억 활동가들을 다룬다. 이 장에서는 세 가지 주제를 통해 일본과 과거 전쟁이 맺고 있는, 여전히 해명되지 않고 있는 관계가 어떤 것인지를 해명한다. 특히, 진보 정권이 연구 활동, 원조 활동, 교육정책을 통해 전쟁 문제를 체계적으로 해결하는 데 실패했던 사실에 더해, 대다수 일본인이 갖고 있는 피해자 의식이 역사와 화해하려는 일본의 노력을 혼란스럽게 만들었다는 점을 설명한다.

2. 사죄의 정치학과 1995년 패러다임

종전 직후부터 일본은 공식 사과 문제에 대처해야만 했다. 종전 이후 처음 수십 년 동안 일본의 사과는 버마(1957년)와 오스트레일리아(1957년) 등 특정 국가에 대해서만 이루어지거나 국제 관계 정상화(한국 1965년, 중화인민공화국 1972년) 등 특별한 경우에만 발표되었다. 1980년대 들어 전쟁에 대한 일본의 역사관을 향한 국제사회의 비판은 A급 전범을 비롯해 근대 일본의 모든 전사자가 기념되는 정치적 시설인 야스쿠니신사와 일본 정부 사이의 관계에 대해 관심이 증가하는 것과 비례해 더욱 강해졌다.[4] 특히 1985년 8월 15일 나카소네 야스히로 총리가 야스쿠니신사를 공식적으로 방문한 사건은 주변국의 우려를 샀으며, 일본의 전쟁 책임 문제에 관심이 더욱 날카롭게 제기되는 계기가 되었다. 또한, 1980년대에는 일본 교과서의 아시아태평양전쟁, 특히 1930년대의 중국 침략에 관한 기술이 일본과 동아시아 주변국 사이의 갈등을 유발했다.[5] 1990년대 초에는 역사가 요시미 요시아키가 방위성 문서보관소에서 '위안부' 관련 문서를 발견했다는 사실을 ≪아사히신문≫이 1면에 보도하면서 '위안부' 문제가 재점화되었다. 이 기사의 기자는 일본 정부가 위안부 여성들에게 사죄하고 배상금을 지불해야 한다고 주장했다.[6] 미야자와 기이치 총리와 고노 요헤이 외무성 장관은 위안부 여성들에 대한 사죄를 담은 성명을 여러 번 발표했다.

1995년 8월의 종전 50주년이 다가오던 1990년대 중반에 나타난 일본의 정치적 지형의 변화도 전쟁 책임에 대한 공식 입장에 영향을 주었다. 1955년 이후 계속해서 여당의 지위를 유지해왔던 자유민주당은 1993년 8월 호소카와 모리히로가 이끄는 신생 정당인 일본신당日本新党에 처음으로 다수당 자리를 내주었다. 이후 1994년 4월에는 오자와 이치로가 이끌었던 단명短命 정당인 신생당新生党이, 1994년 6월에는 사회주의자 무라야마 도미이치가 이끄는 연정 세력이 다수당 지위를 차지했다. 특히 호소카와와 무라야마는 일본 정부가 '위안부' 제도에 관여한 사실을 시인한 것은 물론이고, 일본군이 아시아 민중에게 상처와 고통을 가했음을 인정하는 중대한 사죄 성명을 여러 차례 발표했다. 무라야마는 위안부 여성들에 대한 배상금 지불과 위안부 문제에 대한 의식 고취를 목적으로 한 민간 재단 '아시아여성기금*Asian Women's Fund*'*을 창립하기도 했다. 당시 여론 조사 결과에 따르면, 일본인 대다수가 이러한 국가 차원의 공식 성명에 찬성했다고 한다.

이후 일본 정부가 우익 쪽으로 급격히 기울면서 이러한 사죄는 무색해져버렸다. 1996년 보수주의 로비 그룹과 연계된 자민당 의원들은 이미 총리직과 기타 정부 요직을 차지하고 있었다.** 이들 정부 관료는 야스쿠니신사를 참배하던 관행을 공식적으로 재개했다. 또한, 1997년에 정파를 초월한 의원 모임인 '모두 함께 야스쿠니신사를 참배하는 국회의원 모임みんなで一緒に靖國神社に参拝する國會議員の會'을 설립하기도 했다. 물론 이러한 변화는 이들에 대한 대중의 지지가 충분했기에 가능한 것이었다.

이러한 신보수주의자들은 근대 및 현대 일본의 역사는 일본의 젊은 세대가 자랑스러워 할 만한 서사, 즉 일본 정부나 군부가 자행한 모든 잘못이 배제된 서사여야 한다고 주장한다. 이들이 주장하는 서사에 따르면, 아시아태평양전쟁은 자위自衛를 위한 전쟁이고 서구 제국주의에서 아시아를 해방하기 위한 전쟁이었다. 이러한 역사를 옹호하는 제도적 노력은 몇몇 사례에서 잘 드러난다. 1996년에 몇몇 신수정주의*neo-revisionist* 계열의 학자들

---

* 이 재단은 2007년 3월 31일 문을 닫았지만 아직 디지털 박물관 형태(http://www.awf.or.jp)로 남아 있다.

** 사회주의자 무라야마 도미이치 총리의 뒤를 이어 1996년 1월 11일 총리가 된 하시모토 류타로는 총리직을 맡기 직전까지, 야스쿠니신사와 강한 유대 관계를 맺고 있는 강력한 로비 그룹인 일본유족회(日本遺族会)의 회장으로 활동했다.

은 역사 교육을 통해 민족주의적 시각을 고취하고자 '새로운 역사 교과서를 만드는 모임新しい歷史敎科書をつくる會'을 설립했다. 이들이 가진 일본 역사관은 일본의 전시 범죄행위를 배제했으며 일본을 서구 제국주의에서 아시아를 해방한 국가로 규정했다. 1997년에는 '우리가 자랑스러워할 수 있는 아름다운 일본을 재건하기 위한 정책 홍보 및 대중 운동을 목적으로 하는 민간단체', '일본회의日本會議'가 설립되었다.[7] 2002년에는 야스쿠니신사가 소유하고 운영하는 군사 박물관 유슈칸이 신보수주의적 시각에서 제국주의 일본을 전시하는 새로운 시설로 확장되어 재개관했다.[8] 만화가 고바야시 요시노리와 시사평론가 사쿠라이 요시코, 작가 햐쿠타 나오키의 작품 등 초국가주의적Ultranationalist 작품의 인기는 오늘날 많은 일본인이 이러한 서사를 환영하고 있다는 것을 말해준다.* 피스 오사카 같은 박물관에 대한 공격은 1990년대 중반에 시작되었다. 주류 대중문화, 특히 영화는 일반적으로 전쟁 자체를 정당화할 정도로 선을 넘고 있지는 않지만 종종 전쟁의 정치적 영향이나 일본의 전쟁범죄, 잔학 행위를 특별히 많은 언급을 하지 않은 채 희생과 명예를 미화하기도 한다. 이러한 서사의 행간에 숨어 있는 명제는 일본은 모든 일본인이 자랑스러워할 만한 국가라는 것이다. 이는 다른 아시아 국가의 비난을 지겹도록 들으며 자라왔을 많은 일본인의 마음에 호소할 수 있는 서사다.

일본의 역사 서술이 우경화된 결과, 전쟁 기억에 관한 문제들이 단순화

---

* 고바야시 요시노리는 전쟁 책임 문제와 야스쿠니신사, 황실 등 전후의 핵심 이슈를 설명하는 다수의 대중 만화를 그렸다. 언론가이자 시사평론가인 사쿠라이 요시코는 일본의 신수정주의적 의견을 고취하는 글을 많이 썼다. 햐쿠타 나오키는 가미카제 조종사였던 돌아가신 할아버지의 군 생활에 대해 알아가는 한 젊은이의 여정을 그린 베스트셀러 『영원의 제로(永遠の0)』의 저자다. 그는 아베 신조 총리와 친숙하게 대화를 나눈 것으로도 유명하다.

되기 시작했다. 아시아태평양전쟁에서의 일본의 역할에 대한 논쟁은 항상 존재했다. 그러나 21세기에 들어서면서 논쟁의 쟁점은 구체적인 것에서 상징적인 것으로 급격히 옮겨갔다. 예를 들어 '위안부' 문제의 경우 기존의 논쟁은 피해 여성 수와 여성들이 받은 처우, 그리고 가장 중요한 문제인 전시 일본 정부가 '위안부' 시설을 설립하고 위안부 여성을 모집하는 일에 가담했는지의 여부에 중점을 두었다. 하지만 최근 몇 년 동안의 가장 뜨거웠던 논쟁은 쟁점적인 문제를 다루기보다, 조직적 성 노예제도에 대해 비판적인 기사를 쓴 전 ≪아사히신문≫ 기자 우에무라 다카시나 위안부 제도에 대한 국가적 지원의 증거를 문서보관소에서 발굴했던 역사가 요시미 요시아키 등 동아시아 및 동남아시아에서 국가 통제 아래 일본군 성 노예제도가 존재했음을 주장했던 사람들에 대한 공격에 초점을 맞추고 있다.

현재 벌어지는 논쟁은 위안부 문제 자체의 구체적인 사항에 관한 것이라기보다 두 사람의 성격과 진실성에 관한 것이다. 이 논쟁은 일본과 한국을 넘어 미국과 캐나다의 이주민 공동체에 '위안부' 기념비를 설치하는 문제와 미국 교과서의 위안부 기술 문제로 확장되었다.[9] 야스쿠니신사 문제의 경우 논쟁의 쟁점은 야스쿠니신사에 정부 지원을 재개하려는 자민당의 시도 같은 구체적인 문제에서, 총리의 야스쿠니신사 방문이 특정 개인들에게 고통을 가져왔다는 혐의로 제기된 소송 사건 같은 문제로 옮겨갔다.[*] 이러한 논쟁이 역사 문제에 뿌리를 두고 있는 것은 사실이다. 하지만 과거에 발생한 특정 사건과 별다른 연관성이 없는 문제로 쟁점이 옮겨간 것은 확실하다. 다른 논쟁거리에서도 유사한 변화 양상이 나타나는 것을

---

[*] 야스쿠니신사는 신도(神道)를 일본 정부로부터 분리하라는 연합국최고사령관(SCAP)의 신도 지령(Shinto Directive, 神道指令)을 준수하기 위해 민간 기관이 된 1946년 2월부터 일본 정부에 의해 소유, 운영되어왔다. 이 법안에 관한 자세한 정보는 Takenaka, *Yasukuni Shrine*를 참조하라.

확인할 수 있다.

최근 일어난 일련의 변화는 1990년대 중반에 이루어진 사죄에 대한 반작용이라고 볼 수 있다. 역사가 요시다 유타카의 말에 따르면, 당시의 사죄는 전시 역사에 대한 명확한 이해에 기반을 둔 것이라기보다 일본에게 필수적이었던 대외 정책 때문에 행해진 것이었다.[10] 요시다 유타카는 특히 이러한 사죄, 보다 전반적으로는 일본의 전쟁범죄에 대한 여론은 역사의식이 변화한 데서 기인했다기보다 국제적 비난에 대한 반작용일 따름이었다고 본다.[11] 이러한 사죄가 국제적인 압력에 대응한 정치적 움직임이었던 것과 마찬가지로, 최근 수년 동안의 신수정주의적 동향은 일본 국내에서 이루어진 반동적 움직임이었다.

1995년에 이루어진 일본의 사죄에는 분명히 지정학적 압력이 작용했다. 그중 가장 큰 영향력을 미친 것은 아시아의 냉전 체제 붕괴와 중국의 부상이었다. 냉전 기간에 전쟁 기억을 둘러싼 논쟁은 대체로 일본 국내 문제로 국한되었다. 이후 전 지구적인 냉전 체제의 소멸은 일본과 일본이 1945년 이전에 침략했던 아시아 국가들 사이의 해묵은 논쟁이 재부상하는 결과를 초래했고, 이는 일본에 중대한 영향을 미쳤다. 또 아시아태평양전쟁의 최고사령관이었는데도 극동국제군사재판에 회부되지 않았던 1989년의 쇼와 일왕 서거도 일본의 전시 기억을 둘러싼 지형이 변하는 데 일조했다.

1990년대에 들어서면서 (책임과 배상 문제가 전범 재판과 국제 관계의 정상화 등의 방식으로 해결되는 국가적 차원이 아닌) 개인 차원에서 사죄와 배상에 대한 소송이 제기되기 시작했다.[12] 1990년대 초 한국의 '위안부' 할머니들은 일본 정부에 소송을 제기하면서 자신들이 겪었던 일을 말하기 시작했다. 전쟁 중 식민지 신민으로서 혹독한 강제 노동을 강요받았던 한국인 징용자들 역시 일본 기업을 상대로 소송을 제기했다. 1997년 출간된 아이리스 장의 『난징의 강간Rape of Nanking』도 동아시아에서 일본이 자행한 잔혹 행위를 부각했다. 국제적 압력, 특히 중국과 한국의 압력 때문에 일본의 전쟁 기억은 전 세계적 전쟁 기억과 대립할 수밖에 없었다. 이러한 상황에서 일본은 전쟁 기억을 국가적 기억으로 편입해 통일된 의견을 제시할 필요가 있었다.

이러한 맥락에서, 1990년대 중반에 이루어진 사죄는 전시 일본의 범법 행위를 완전히 인정한 것이라기보다 중국과 한국과의 외교 관계 개선을 위한 전략이었다고 볼 수 있다. 특히 언급해야 할 또 다른 점은 1945년 직후 전쟁 기억이 만들어져 왔던 방식이다. 연합군최고사령부는 극동국제군사재판을 통해 전쟁에 책임이 있는 인물들을 솎아내어 일본 사회를 점령하고 통치하기에 보다 쉬운 환경으로 조성했다. 연합군의 점령 방식은 일본인의 전쟁 기억을 '피해자적 역사'라 할 수 있는 방식으로 재구성했다. 이러한 과정을 통해 종전 직후 일본 사회에서 전쟁 동안 일본 정부에 '속았다騙された'는 감정이 퍼져나갔고, 이로써 대중은 민주주의를 환영하면서도 자신들의 전쟁 책임 문제는 별다른 의심 없이 봉합해버렸다.[13] "고통의 나눔은 기쁨의 나눔보다 사람들을 단결시키는 힘이 있다"라는 에르네스트 르낭 Ernest Renan의 민족주의에 대한 적절한 지적은 일본 사회를 단합시키는 강력한 촉매제 역할을 했던 일본의 피해자적 역사의식에서 잘 드러났다.[14]

1990년대 중반 당시 일본 대중이 정부의 공식 사과를 수용한 것은 그들이 책임감을 느꼈다기보다 정부의 공식 사과가 과거 적국에 사죄하고 배상하고 화해할 책임이 일본 정부에 있다는 자신들의 생각을 강화해주었기 때문이다. 한 가지 더 짚고 넘어가야 할 점은 일본 정부가 전쟁 책임 문제를 대중에게 교육하거나 토론하지 않는 등 국내에서 사죄를 홍보하지 않았다는 것이다. 다소 피상적인 수단으로만 사과를 이용해왔던 일본 정부의 전략 아래에서는 오히려 국제 사회의 지속적인 비판이 더욱 보편적인 전쟁범죄에 대한 부정 같은 반작용을 불러일으켰다고 볼 수도 있다.

이 모든 것은 과거를 정치적 입장에서 재해석하는 반동적 민족주의의 한 종류를 보여준다. 1990년대 중반의 사죄가 국제사회가 일본에 가한 압력의 결과였다면 이어진 일본의 우경화는 불만스러운 일본인들의 반응이라고 할 수 있다. 이에 따라 전쟁 기억은 정치적 논쟁거리로 전락했다. 이 과정에서 진정한 가해자들, 강요 아래 범행을 저질렀던 자들, 피해자 아동들, 경제적 이익이나 판촉을 위해 전쟁 특수를 누렸던 사람들, 이 전쟁이 진정으로 신성한 전쟁이었다고 믿었던 사람들, 가해자인 동시에 피해자였던 여타 사람들에 이르기까지 많은 일본인이 15년 전쟁과 맺고 있던 복잡한 관계들은 정치적 입장 정도로 축소되어버렸다.

3. 포스트메모리 세대와 전쟁 책임 문제

전쟁이 끝난 지도 70년 이상 지났으며 오늘날 일본인 대다수는 전쟁을 직접 겪지 않았다. 이 절에서는 전쟁 기억 문제를 보다 심도 있게 다루기 위해 전쟁 경험이 없는 1945년 이후 출생 세대를 집중적으로 다룬다. 계속 제기되는 국제적 비난, 특히 중국과 한국의 비난은 1945년 이후에 출생한 세대에게 특히 많은 영향을 미쳤다. 이 세대는 자신이 태어나기도 전에 일어난 일에 책임을 질 필요가 없다고 생각한다. 예를 들어, 1961년생인 다카이치 사나에 중의원 의원은 자신이 전쟁 당시 심지어 생존해 있지도 않았기 때문에 일본의 전쟁 책임에 대해 고심할 의무가 없다고 1995년에 공개적으로 주장했다.[15] 다카이치의 성명서에 대한 반응은 다양했다. ≪아사히신문≫을 비롯한 진보 언론은 다카이치의 의견을 규탄했다.[16] 동시에 일본의 전쟁범죄를 인정하는 사람들을 포함해 그녀와 같은 세대의 많은 일본인이 다카이치와 비슷한 정서를 갖고 있다고 시인했다.[17] 이들의 반응은 출생 전의 일에 대해서는 책임지지 않으려는 세대의 반응보다 더욱 복잡한 측면이 있다.* 일본의 전시 범죄행위를 인정하는 많은 이가 일본 정부는 전시의 부당한 행동에 대해 배상할 의무가 있지만 개인적으로 책임을 질 필요는 없다고 생각한다.** 이러한 정서는 피해자적 역사를 계속해서 부추긴다.

다카이치 사나에는 물론이고 전시 일본에 대한 수정주의적 해석을 고취해왔던 대다수 학자나 활동가, 문화계 인사들은 마리안네 히르스크*Marianne Hirsch*가 창안한 개념인 '포스트메모리'를 통해 전쟁을 알게 된 세대에 속한다. 포스트메모리란 자신의 직접적인 경험이 아니라 성장해온 환경에서 전수받은 기억을 말한다. 부모나 조부모 세대와는 달리 포스트메모리 세대에 속하는 이들은 전쟁을 직접 겪어본 적이 없다. 그 대신 이들 세대는 "출생 이전에 일어났던 서사에 압도당해 있었고, 이 세대가 뒤늦게 내놓은 이야기들은 그들이 이해할 수도 재현할 수도 없는 트라우마적인 사건들로 구성된 이전 세대의 이야기에 포섭되었다".[18] 홀로코스트 생존자들의 자녀

---

* 노마 필드(Norma Field)는 최근 일본 젊은이들의 보수적 전환에 대해 예리한 관찰을 한 바 있다. 버블 이후의 세대들은 많은 일본인이 주장하는 전쟁 경험에 기반을 둔 전후 평화나 번영의 혜택을 전혀 받지 못했으며 동시에 부적절한 보상 문제로 종종 국제적으로 비판받는 사회에서 성장했다. 따라서 이들은 수정주의로의 반동적 변화를 꾀하는 성향을 보인다(≪朝日新聞デジタル≫, 2014년 3월 1일 자).

** 보수 성향의 ≪요미우리신문≫이 시행한 2005년의 여론조사에 따르면, 겨우 5%의 응답자만이 전쟁에 대해 국민이 어느 정도 책임져야 한다고 답했다. 진보 성향의 ≪아사히신문≫이 시행한 2006년의 여론조사 결과는 조금 달랐는데, 39%가 국민에게 책임이 있다고 답했고, 43%가 책임이 전혀 없다고 답했다. 그러나 두 여론조사의 응답자들 모두 군부와 정치 지도자들에게 주된 책임이 있다고 응답했다(読売新聞戦争責任検証委員会, 『検証戦争責任』1(東京: 中央公論社, 2006), pp. 208~209; 朝日新聞取材班, 『戦争責任と追悼』1(東京: 朝日新聞社, 2006), pp. 230~231].

들이 창작한 문학, 다른 방식의 문화 작품을 연구해온 마리안 허시는 "엄청나게 트라우마적인 사건을 목격한 이들의 자손은 이전 세대의 과거에 대한 기억과 너무나 깊이 연관되어 있어 이 연관성을 일종의 기억이라고 여기며, 어떤 극단적인 상황에서는 이 기억이 그 사건을 실제로 겪지 않았던 사람들에게도 전달될 수 있다"라고 주장했다.[19] 물론 이렇게 전달받은 기억은 실제 목격자나 사건에 참여했던 사람들의 기억과는 다르다. 또한 전달받은 기억은 그 사람이 살고 있는 사회에 의해 지속적으로 재구성된다. 또는 이들이 전달받은 것은 기억이 아닐 수도 있다. 홀로코스트 생존자들의 자녀에 대해 연구하는 또 다른 학자인 에바 호프먼*Eva Hoffman*은 이 자녀들이 물려받은 것은 기억이라기보다 그가 '부모가 남긴 감정적 흔적'이라고 부르는 것에 보다 가깝다고 말한다.[20] 그것이 기억이든 감정적 흔적이든 간에 후세대가 받은 것은 그들이 사는 사회에 의해 계속해서 재구성된다.

마리안 허시와 에바 호프먼이 논하는 것은 가족 사이에서 전달되는 홀로코스트 경험에 대한 것이다. 이러한 전달은 일본의 경우에서 볼 수 있는 것처럼 사회적 범위에서 나타날 수도 있다. 예를 들어, 1970~1980년대에 일본에서 성장했던 이들은 대개 일본과 일본인을 전쟁의 피해자로 설정하는 서사를 들으며 자랐다. 여름방학 필독서에는 종종 파괴된 도시, 대규모 방사선 노출에 따른 신체적 후유증을 두려워하는 히로시마 생존자들, 보급 과정에서 희생되어야만 했던 동물 이야기 등 후방에서의 서사들이 포함되어 있었다. 텔레비전 드라마에는 모든 것을 잃은 젊은 주인공이 등장했다. 심지어 〈맨발의 겐はだしのゲン〉처럼 보수주의자들이 문제 삼은 작품들도 일본인을 전시 일본 정부에 의한 피해자로 묘사했다.

결국 이러한 대중문화 작품들은 부모와 조부모의 이야기를 보다 광범위한 과거인 일본의 역사와 연결한다. 그 결과, 평화를 위한 교훈 정도로 활용되는, 후방에서 시련과 상실을 경험한 사람들의 이야기가 이들의 어린 시절을 지배한다. 과거의 희생자들(부모 또는 조부모 세대의 사람들)의 주된 논조는 전쟁은 나쁜 것이므로 우리는 평화를 고취해야 한다는 것이다. 이러한 희생 서사에서 가해자들은 절대로 드러나지 않는다. 전쟁은 자연재해처럼 불가항력적으로 오고 가는 것일 따름이었다.

포스트메모리 세대는 이러한 이야기를 들으며 성장했고, 이로써 부모 세대의 트라우마, 즉 총력전의 트라우마와 시련·상실의 트라우마를 물려받게 되었다. 그러나 포스트메모리 세대에게 이 트라우마는 구체적인 시련이나 상실 없이 형성된 규정하기 힘든 트라우마다. 포스트메모리의 형태로 후대에 전달되면서 일본 국민은 그들 정체성의 일부라 할 수 있는 성장 환경에서 트라우마를 체득했고, 그 과정을 거쳐 부모 세대의 트라우마는 국민의 트라우마로 거듭났다. 포스트메모리 세대는 전쟁의 또 다른 유산인 전쟁 책임도 물려받았다. 1995년 이후 일본 사회에서 이 세대는 일본의 전쟁 책임, 전쟁범죄에 관한 끊임없는 이야기와 마주해왔다. 당시 전시의 고난이라는 이름의 트라우마 유산은 죄책감의 압박과 심히 뒤얽힌 것이었다. 죄책감과 이에 따른 트라우마를 교정하기 위한 시도를 통해 많은 일본인은, 최소한 보통의 일본인은 전쟁 책임에서 벗어날 수 있게 하는 피해자적 역사를 받아들였다. 그 외의 사람들은 일본이 방어를 위해 아시아태평양전쟁에서 싸웠을 뿐이라는, 당시의 정치 지도자들을 포함한 모든 일본인을 전쟁 책임에서 자유롭게 하는 전시 프로파간다*propaganda*의 재판인 수정주의 역사관으로 전향했다.

'포스트메모리 세대'는 단일한 세대를 지칭하는 것이 아니다. 제거된 기억이 전쟁과 얼마나 괴리되어 있는지에 따라 수정주의 역사학을 지지하는 사람들 사이에서도 오늘날 동아시아의 기억 전쟁은 물론 15년 전쟁에 대한 이해가 다르다. 전쟁을 겪은 세대 또는 이 세대와 직접 대면했던 세대와 달리 오늘날 30대 이하의 세대 대부분은 인정되거나 보상받을 수 있는 어떤 직접적인 상실을 경험한 적이 없다. 이 세대에게 전쟁의 문제는 책임감, 죄책감과 같은 추상적인 개념일 뿐이다. 이에 따라 젊은 세대에서 자신들이 전쟁에 대해 책임지지 않게 해주는 상징적인 제스처를 환영하는 경향이 생기게 된 것이다.

4. 기억 활동가와 피해자적 역사

동아시아에서 기억 전쟁이 지속되는 주요 원인으로 '피해자적 역사' 역사관을 꼽을 수 있다. 이러한 역사관에 따르면, 보통의 일본 국민은 15년 전쟁의 어떤 측면에 대해서도 책임을 지지 않을 뿐 아니라 전시 일본 정부와 연합군 공습(또는 오키나와의 지상전이나 원폭 투하)의 피해자다. 극동국제군사재판에서 전범들이 가려지면서 이러한 믿음은 더욱 공고히 되었다. 그리고 이 전범 재판이 오래전에 끝났다는 점과 더불어, 유죄 판결을 받았던 사람들이 더 이상 생존하지 않게 되면서 전쟁에 대해 책임을 질 사람은 하나도 남지 않게 되었다. 물론 피해자적 역사는 과거를 기억하는 건설적인 방식이 결코 아니다. 역사학자 캐롤 글룩*Carol Gluck*의 주장대로, 한 국가가 전면전을 벌이기 위해서는 정치가나 군부 지도자(일본의 경우 유죄 선고를 받았던 전범들)만으로는 부족하다. 즉, 이는 모든 일본인에게 어느 정도의 책임이 있다는 뜻이다.[21]

여기에서 필자는 피해자적 역사가 어디에서 어떻게 등장하게 되었는지에 대해 질문해보려 한다. 바꿔 말하면 일본인은 언제부터 전쟁 경험을 피해자의 경험으로 인식하게 되었고, 사람들은 누구의 목소리에 귀를 기울였으며, 누구의 기억이 공유되고 있는가? 지금 우리가 기대고 있는 역사는 누구의 기억인가?

일본인이 '전쟁'을 기억하는 주된 방식은 자신들이 후방에서의 피해자였다는 것, 특히 200개 이상의 도시를 파괴하고 약 33만 명이 사망했던 연합군 공습의 피해자였다는 것이다.[22] 1960년대부터는 본인 거주 지역에 대한 공습 기억을 수집하고 보존하기 위한 여러 노력이 시작되었다. 1970년대에는 많은 도시에서 생존자 경험담을 수집하고 기록하는 단체가 결성되었다. 1945년 3월 10일에 발생한 도쿄 공습의 생존자인 작가 사오토메 가쓰모토, 아리마 요리치카, 문화비평가 마쓰라 소조, 역사가 이에나가 사부로가 설립한 '도쿄 공습을 기록하는 모임東京空襲を記錄する會'이 1970년 8월 5일부터 활동을 개시하기도 했다.[23] 다른 여러 도시에서도 유사 단체가 우후죽순처럼 생겨났다. 이들 대부분이 전시의 고통을 수집해 다음 세대에 전달하는 것이 평화를 촉진하는 길이라고 생각하며, 자신들을 전시 일본 정부에 희생당한 사람들로 간주한다.

공습에 대한 기억을 수집하도록 자극했던 한 요인은 베트남전쟁이었다. 미국의 베트남민주공화국(북베트남) 공습이 수많은 민간인 사상자를 낳았다는 뉴스는 1965년 4월 베헤이렌, 즉 '베트남에 평화를! 시민연합ベ平連'의 설립으로 이어졌다. 베트남전쟁이 한창이던 1970년 1월, 사토 에이사쿠 총리는 일본과 미국의 상호 협력 및 안전보장 조약(안보 조약으로, 1960년에 최초로 체결되었다)이 자동 갱신되도록 만들어 반전운동反戰運動에 기름을 부었다. 이 협약은 미국이 일본 영토와 시설을 군사 목적으로 사용할 수 있게 했기 때문에 많은 일본인은 베트남전쟁에 대한 책임감을 느꼈다. 베트남민주공화국을 공습했던 비행기들은 대부분 오키나와 미군 기지에서 이륙했으며, 일본 내 공장에서는 베트남전쟁에 사용될 무기와 탄약, 제초제가 생산되었다. 한편, 같은 시기에 도쿄 하네다 국제공항을 이용하는 항공기 가운데 40%가 미군 전세기였으며 미군 부상병들의 4분의 3이 일본에서 치료를 받았다.[24] ≪아사히신문≫이 1965년 8월 24일 시행한 여론조사에 따

르면 응답자 가운데 75%가 베트남전쟁을 반대했으며 오직 4%만이 지지 의사를 밝혔고 54%의 응답자는 일본이 전쟁에 연루될 위기에 처할 것이라고 응답했다.[25]

아시아태평양전쟁에서 살아남은 사람들이 베트남전쟁에 대한 반전운동을 벌이고 평화를 촉구하기 위한 수단으로서 기억을 수집하는 데 작용한 주요 원동력은 그들이 개인적으로 갖고 있던 공습 경험이었다. 비 오듯 쏟아지는 소이탄 사이로 질주하던 순간이나 대량 살육에 대한 생생한 기억을 간직하고 살아가던 많은 사람은 미국의 베트남민주공화국 공습에 반대할 근거를 가지고 있었음은 물론이고 특별한 의무감을 느끼기도 했다.[26] 이러한 사고 과정의 핵심에는 피해자 의식이 존재했다. 이들의 시각에서 진정한 평화를 촉진하기 위해서는 희생자들의 경험을 완전하게 이해할 필요가 있었다. 이들의 관점에 따르면, 전쟁 폐허의 어떤 흔적도 남아 있지 않은 환경에서 성장한 1945년 이후 출생자들(포스트메모리 세대)은 특히 베트남전쟁에 반대하기 이전에 희생자들의 수집 기억을 통해 교훈을 얻을 필요가 있었다. 또한 공습 생존자들은 1960년대 고도성장기에 일본 사회가 급격한 변화를 겪으면서 전쟁 기억이 빠르게 사라지고 있다는 점을 우려했다. 동시에 많은 사람은 전사자의 죽음을 찬미하는 서사들이 나타나면서 전쟁 기억이 미화되기 시작했다는 사실을 걱정했다.[27]

당시에는 전쟁을 바라보는 다양하고 상충되는 여러 해석이 있었다. 예를 들어, 1966년 오다 마코토는 희생자들의 입장에서 구성된 전쟁 경험 서사를 통렬히 비난하는 글을 썼다. 그는 피해자 의식에 대해 논박하면서 '개개인이 전쟁에 연루되었다는 점을 인정하고 책임감을 느낄 것'을 요청했다. 또한, 이 시기에는 일부 젊은이들이 일본 군국주의에 협력했다는 이유를 들어 전쟁 세대를 비난함으로써 세대 갈등이 촉발되었다. 악명 높은 1969년의 리쓰메이칸대학교 와다쓰미 상像 파손 사건은 이러한 세대 갈등을 보여주는 한 사례다.* 적어도 이 시기에 최소한 일본 내에서는 세대 사이에 서로 다른 전쟁 기억이 공존할 수 있었고, 이러한 차이에 대해 논의하고 소통하고 화해할 수 있었다. 냉전이 규정하는 지정학적 질서 아래에서는 전쟁에 대한 통일되고 집단적인 일본인들의 서사가 필요하지 않았다. 여기에서 지적해야 할 것은 당시 전쟁 경험담 수집을 통해 후방의 수많은 목소리, 공습에 대한 목소리, 일본인의 고통에 대한 수많은 목소리가 보존될 수 있었다는 점이다.

기억 활동가들은 기억 보존 및 수집 활동 외에 공습에 관련된 물품도 수집했다. 이러한 수집은 앞서 언급한 피스 오사카 박물관 같은 지역의 평화 박물관으로 발전했다. 자신들의 체험을 바탕으로 어떤 이들은 회고록을, 어떤 이들은 동화책을, 어떤 이들은 소설을 집필했다. 1970년대와 1980년대에는 후방에서의 경험을 주로 다룬 전쟁을 주제로 한 상업 영화와 텔레비전 드라마도 주목받기 시작했다. 그 외에 전쟁 이야기, 특히 전쟁터에서의 경험을 다룬 이야기도 있었지만 이들 이야기 대부분은 개인적인 경험보다 전략, 전투기, 항모에 관련된 것으로, 대중을 대상으로 한 군사사에 가까웠다. 이와 같은 글은 후방에 있던 사람들의 목소리를 담았다.[28] 대부분의 글은 가해자를 밝히지 않은 채 공습을 묘사했다.

일본인을 피해자의 지위에 두는 후방에서의 공습 체험 서사들은 일본인이 자국 정부의 피해자였으며 도심 지역에 대한 폭격의 희생양이었다고 보는, 점령기

---

* 1969년 5월 20일 리쓰메이칸대학교 전공투 대원들은 전시에 생존했던 세대가 일본 파시즘과 협력한 세대라는 이유로, 학생 징병 전몰자를 기념하기 위해 세워진 와다쓰미 상을 훼손했다. 이들은 "만일 당신이 전쟁에 반대했다면, 왜 당신은 집총(執銃)을 거부하지 않았는가?"라며 항의했다[小熊英二, 『"民主と愛国": 戦後日本のナショナリズムと公共性』(東京: 新曜社, 2002), p. 595].

미군이 짠 일본인의 전시 기억 프레임과 공명한다. 보다 구체적으로, 일본인은 전시 지도자들이 명명한 '대동아전쟁'이나 SCAP이 다시 명명한 '태평양전쟁'이 아닌, 그저 이름 없는 한 전쟁 또는 악惡의 희생양이었다.

피해자적 역사를 지지하는 사람들은 일본 헌법 9조의 평화 헌법 조항이 그들을 구원해주는 하나의 신화를 완성한다는 점 때문에 평화 헌법 조항을 자랑스럽게 지지한다. 1970~1980년대에 성장한 세대는, 일본이 누리는 평화와 번영은 전시 세대가 겪은 고통과 상실 덕에 가능한 것이라는 이야기를 들었다. 일본이 불사조처럼 잿더미에서 일어서기 위해서 전쟁은 필요한 것이었다는 이야기도 들었다. 1990년대 초 일본의 거품경제가 꺼질 때까지 이러한 구원의 신화는 견고하게 유지되었다.

동아시아 국가들의 비난이 심화되기 시작하고 일본 정부가 공식적인 사죄 성명을 발표하던 1990년대 중반 이후 성인이 된 세대는 전후 수십 년 동안 일본이 누린 경제 발전이나 번영을 전혀 누리지 못했다. 이 세대의 대부분은 헌법 9조를 구원 신화의 상징으로 인식하기보다 자국 군대를 가진 '정상적인 국가'가 되는 일의 방해물로 인식할 뿐이다. 이 세대에 속하는 모든 일본인이 수정주의적 서사를 지지한다는 뜻은 아니다. 이 세대의 대부분은 헌법 9조를 자랑거리이자 자국을 특별한 국가로 만들어주는 특별한 요소로 생각한다. 하지만 이것은 또한 정치적 입장에 관한 것이기도 하다. 평화 조항 지지자들에게 헌법 9조는 평화 — 총체적인 의미에서의 평화이자 총체적 악인 전쟁의 반대 개념으로서의 평화 — 를 상징한다.

5. 전후 책임감

'전후 책임감'이라는 개념은 이러한 반작용에서 벗어나게 할 여지를 제공한다.* 이 개념은 전쟁과 전쟁 관련 범죄에 대한 책임감을 인정한다기보다 전후 일본 사회의 반응에 대한 책임감을 인정한다. 따라서 이러한 접근에서의 '책임감'이란 전쟁 당시 벌인 행위에 대한 책임감이 아니라, 오직 화해를 통해서만 해결될 수 있는 미완의 현안들에 기인하는 현재의 국제적 긴장을 끝내려는 책임감을 말한다. 물론 누가 책임을 지는지의 문제는 여전히 해결되지 않았고, 이 점에서 학자들의 의견이 갈린다. 예를 들어 저명한 역사가이자 활동가인 이에나가 사부로는, 전후 세대는 일본의 전쟁 경험에 기반을 둔 평화와 번영의 혜택을 보았기 때문에 모든 일본인이 경험이나 연령대를 초월한 집단적 책임감을 질 필요가 있다고 주장했다.[29] 책임은 국적에 있지 않고 일본의 제국주의적 과거에 대한 비판적 평가와 이해에 기반해야 하기 때문에 전후 세대는 합리적인 추론이나 납득할 만한 설명 없이 전쟁 책임을 강제로 물려받아서는 안 된다고 주장하는 이들도 있다.[30] 최근에는 많은 학자가 적극적으로, 종종 초국적*transnational*으로 일본의 전쟁 책임 담론에 참여하는 반면에 일본 대중에게 일본 국민의 책임감이라는 개념은 자리 잡지 못한 것 같다.[31] 게다가, 전쟁 책임이라는 주제는 언제나 극도로 논쟁적인 주제였기 때문에 전쟁 책임을 교육할 만한 안전한

---

* 전후 책임감이라는 말은 1970년대부터 존재했지만 이 말은 지난 20년 동안 본격적으로 쓰이면서, 전후 일본의 침체를 극복하고자 나타났던 혁신적 사조가 어떻게 구상되었는지를 분석하는 수많은 출판물의 붐을 야기했다. 전후 책임감에 대한 최근의 논의로는 大沼保昭, 『東京裁判, 戰爭責任, 戰後責任』(東京: 東信堂, 2007); 高橋哲也, 『戰後責任論』(東京, 講談社, 2005); 高血圧症, 『私達の戰爭責任: "昭和"初期20年と"平成"期20年の歷史的考察』(東京, 凱風社, 2009)를 참고하라.

공론장도 없다. 전쟁 책임은 이해하고 인정하고 해결해야 할 문제라기보다 정치적인 문제가 되어버렸다.

전쟁 책임을 고민하는 또 다른 방법은 시민 개념을 통해 생각해보는 것이다. 시민권은 권리와 책임을 동시에 수반한다. 따라서 한편으로는 전쟁 종식 후에 태어난 사람을 포함한 모든 시민, 모든 일본인은 일본의 전쟁 책임 문제를 부담해야 한다고 주장할 수 있다. 다른 한편으로는, 1945년 이전에 민주주의가 극도로 제한적이었던 상황을 고려하면 전시 일본에서 대부분의 일본인, 특히 여성들은 완전한 일본 시민이 아니었다고 볼 수도 있다. 또는, 아마도 동일한 민족에 속한(또는 속했던) 다른 이들(생사에 관계없이)이 행한 행동에 대한 책임감, 일부 정치 이론가들이 '국가에 대한 개인적 책임individual national responsibility'이라 명명한 개념을 생각해볼 수도 있다.

2015년 여름에 있었던 패전 70주년 기념일에 수만 명의 일본인들은 국회의사당 앞에서 안보 법안 개정을 통한 아베의 헌법 재해석에 반대하는 시위를 했다. 이 시위는 수많은 안보 법안 반대 활동에서 선봉에 섰던 학생 그룹 SEALDs가 주도한 것이었다. 이들은 1995년 이후 20여 년 동안 일반적이었던 보수적 전환에 대항해왔다. 이제 이 시위는 보다 보편적인 반정부·반전 집회로 확대되었다. 현재 진행형인 이러한 활동은 전후 책임을 표명하는 움직임으로 변모할 여지가 높다. 여기에서 필요한 접근법은 일본이 무장할 경우 적이 될지도 모르는 다른 사람들의 고통까지 헤아릴 수 있는 한층 더 포괄적인 반전 시위에 관한 것이다. 일본 국민들이 자신이나 사랑하는 사람들이 전쟁터에 나가지 않았으면 하는 마음에서 총을 쥐기를 거부한다면, 이러한 생각은 잠재적인 적국의 국민에게 상해를 입힐 수 있기 때문에 집총을 거부한다는 생각으로 확장될 수 있다. 이러한 외연의 확장을 통해, 1931년부터 1945년까지 15년 동안 일본 국민이 다른 나라의 시민에게 입힌 상해의 재발을 방지하기 위해서라도 일본 국민들이 참전해서는 안 된다고 주장할 수 있다. 이러한 요구를 담은 일본 젊은이들의 반전 시위는 현직 총리가 할 수 있는 그 어떤 말보다 훨씬 더 강력한 인정과 책임의 표현으로 다가온다.

제 3 장

항일전쟁과 중국혁명,
그리고 중화인민공화국의 제2차 세계대전 기념

황 동 연*

이제 중국의 항전은 민족주의적 사학과 세계대전의 역사라는 문맥 속에서 재해석되어,

경제성장과 함께 이루어진 중화 민족의 굴기에 중요한 전환점이었던 것으로 칭송되고 만다.

즉, 항전이 그 결과로 이루어진 사회혁명과 반제국주의적 민족혁명의 성공,

사회주의 중국이나 사회주의의 대두와는 관련이 없는 것으로 이해되기 시작한 것이다.

필자는 이런 현상을 중국혁명에 대한 '탈기억' 또는 '의미 축소'로 본다.

1. 중국혁명과 항일전쟁의 관계

1938년 중국혁명의 지도자 마오쩌둥은 중국의 항일전쟁(1937~1945, 이하 항전)이 "단순한 전쟁이 아니라 구체적으로 반＊식민, 반＊봉건 중국과 제국주의 일본이 생사를 걸고 30년대에 싸우는 전쟁"이라고 일찍이 말한 바 있다.[1] 여기서 알 수 있는 것은 마오쩌둥이 자신이나 중국공산당(이하 중공)이 성취하기 위해 노력해야 했던 중국의 민족 해방이라는 견지에서

---

* 미국 소카대학교 인문학부·국제학부 아시아학 교수(Professor of Asian Studies, Humanities Concentration·International Studies Concentration, Soka University of America, U.S.A.).

항전을 이해하고 정의했다는 것이다. 다시 말하면, 그는 중국의 항전이 외국의 침략 세력에 저항한 민족전쟁이라는 항전의 필연적 성격을 정확하게 지적한 것이다. 마오쩌둥의 해석을 따르면, 결국 민족 해방이라는 목표를 위해서 중공의 영도 아래 중국 인민은 항전에 동원되었고 나아가 중공의 '정확한 전략'을 따랐으며, 이로써 8년간의 전쟁을 거쳐 마침내 1945년 9월 2일 일본이 항복문서에 서명하게 된 것이다. 민족해방전쟁에서 최후의 승리는 중국의 것이었다.

항전 승리의 중요성은 그날 일본이 항복했다는 사실에만 있는 것이 아니다. 일본의 항복은, 19세기 중반 이래 중국 인민을 착취해온 외국 세력과 이들과 함께 국내에서 착취를 가한 '봉건'세력에 저항해 100년이 넘는 세월 동안 중국 인민이 투쟁한 결과였다. 일본을 물리친 중공은 이어서 장제스가 지도하던 중국국민당(이하 국민당)을 타이완으로 축출해 국민당 세력이 국내적으로 대변하던 봉건 '반동 세력' 또한 중국 인민의 압도적인 지지를 받으며 제거할 수 있었다. 그 결과, 1949년 10월 1일 마오쩌둥은 베이징의 톈안먼天安門 광장을 가득 메운 중국 인민 앞에 서서 중화인민공화국의 수립을 선포할 수 있었다. 그는 연설에서 "이제 다시는 중국인들이 노예로 살지 않을 것이다"라고 선언했다.[2]

1949년 10월 중화인민공화국의 수립은 이제 중국 인민이 외국과 국내의 착취 세력 모두에게서 동시에 해방되었음을 의미했다. 항전의 최고 목표는 외국 세력에게서 민족을 해방하는 것이었다. 하지만 항전의 궁극적인 의미는 결국 민족 해방과 더불어 사회혁명적 변화를 함께 추구하는 것이었다. 항전의 승리는 19세기 중반 이후 시작된 중국혁명의 한 단계를 마무리하는 것이기도 했다. 중화인민공화국 탄생 1년 후인 1950년, 당시 중국의 총리였던 저우언라이周恩來는 중화인민공화국 수립 1주년을 기념하기 위해 열린 중국 인민 정치협상회의에서 행한 보고를 통해 앞서 언급한 마오쩌둥의 항전 규정을 재확인했다. 동시에 그는 항전이 내포한 사회혁명으로서의 의미도 강조했다. 저우언라이는 중화인민공화국의 탄생에 대해 다음과 같이 말했다.

지난 세기에 이루어진 중국 인민의 수많은 혁명 투쟁의 필연적 결과다. 그처럼 수많은, 신속하면서도 철저한 승리는 수백만 인민의 자기희생적인 지원이 없었다면 생각할 수 없는 것이다. …… (이제) 인민은 중국 영토의 주인이 되었고, 중국 내 반동 세력의 통치는 다시는 되돌릴 수 없을 만큼 붕괴되었다.[3]

이러한 설명 속에서 볼 수 있듯이, 중화인민공화국의 수립은 민족을 구한 민족 해방으로서의 항전과 중국 사회의 '봉건 착취 세력'을 축출한 중국 사회혁명 모두의 직접적인 결과로 인정된 것이다. 중국학자들도 그들의 항전 연구에서 이런 견해를 따랐다. 항전에 대한 마오쩌둥의 해석을 충실하게 따른 중국 공산주의 학자들의 전통적 해석에 따르면, 항전의 승리는 중공이 채택한 중화 민족의 통일전선과 군사전략으로 채택한 게릴라 전쟁이라는 '정확한' 정책에 따라 중공이 중국 인민을 지도하면서 거둔 것이었다. 즉, 중국의 항전 승리에 기여한 결정적인 요소 가운데 하나가 바로 중공의 지도자인 마오쩌둥이 선택한 두 전략이라는 것이다.

특히 마오쩌둥은 항전 기간에 전개될 복잡한 중국 내 계급 관계를 이해했다. 이에 따라 그는 외국의 침략이라는 비상 상황에서 계급투쟁을 전개하기보다 계급의 연합을 추구하고 더불어 군사적으로는 지구전을 전개한다는 정확한 정책을 제시했다.[4] 즉, 항전 기간에 중공은 계급 문제보다 민족 문제를 우선시했고, 중공의 통치 지역 가운데 특히 1937년부터 1947년까지 중공의 항일 저항과 혁명운동을 위한 근거지였던 옌안延安 지역 등에서는 통일전선과 관련된 여러 정책을 적극 실행하기도 했다. 그에 따라 옌안은 "(항전 기간) 혁명의 중심지였을 뿐만 아니라 …… 일본의 침략자들에 대항한 중국 민족의 저항의 상징이었다".[5] 따라서 항전 기간에 옌안에서 중공이 습득한 여러 경험은 중공과 중국 인민 모두에게 중국의 "미래를 위한 전형을 제공하는 살아 있는 혁명의 전통"이 되었던 것이다. 한 중국 역사학자의 말을 빌리면, 옌안에서 중공이 겪은 경험은 혁명 근거지에서 중공이 정권을 설립할 수 있게 했는데, 바로 이런 것들이 1949년 신중국의 '추형雛形', 즉 중화인민공화국의 모델이 된 최초의 형식이 만들어질 수 있었던 기본 모습을 제공한 것이다.[6] 저명한 역사학자인 모리스 마이스너 *Maurice Meisner*도 이런 지적에 동의한다. 모리스 마이스너는 1949년 중공의 승리는 결국 "옌안 시기의 역사와 경험"에 근거해 이루어진 것이며, 그 승리는 "수백만 농민들의 활기차고 의미 있는 지원과 참여가 있었던 대중 인민주의적*populist* 사회혁명이라는 기반에서" 가능할 수 있었다고 지적한다.[7]

지금까지 살펴본 여러 지적에서 우리가 확인할 수 있는 것은, 혁명적이고 군사적인 전략들과 함께 옌안에서 획득한 항전 기간의 경험과 1949년 중화인민공화국이 탄생한 사실이 맺고 있는 밀접한 관계다. 무엇보다 중요한 점은 중공이 일본에게 승리를 거두고 나아가 1949년 중화인민공화국을 수립하는 데 옌안에서의 경험이 몹시 중요했다는 것이다. 사실 1949년 중화인민공화국 수립 이후 서구의 관찰자들뿐만 아니라 중국 공산주의 역사학자들은 중화인민공화국의 정통성을 중공이 항전 기간에 습득한 옌안에서의 경험에서 구체적으로 찾았다. 옌안에서의 경험이 항전에서 중공이 승리할 수 있도록 적극적으로 작용했고, 이후 국민당과의 내전(1946~1949)에서도 승리를 이룰 수 있게 만들었다고 이들은 예외 없이 보았다. 조금 달리 표현하면, 중공이 이끈 항전의 승리를 통해 중공은 국민당과의 최후의 결전을 준비할 수 있었고 이어서 새로운 중국의 탄생까지도 준비할 수 있었다는 것이다.

오랫동안 중국 공산주의 역사학자들은 항전이 중국 인민의 '각성'과 단결을 증진했으며, 또 항전 승리 후 평화와 진보를 획득하게 된 인민을 교육하면서 중국 인민뿐만 아니라 중국의 군사, 나아가 중공에게도 거대한 '단련'을 할 수 있는 기회를 주었다고 주장해왔다. 항전 기간에 만들어진 가장 큰 유의미한 '수확'은 항전에서 중국이 승리했다는 사실뿐만 아니라 중공의 혁명을 지도하는 지침으로써 '마오쩌둥 사상'이 수립된 것이라고 이들은 지적했다. 결국 중공은 항전 기간에 직면한 여러 어려움을 통해 풍부한 경험을 쌓을 수 있었고, 이로써 강건한 마르크스주의-레닌주의*Marxism-Leninism* 정당으로 성장했다는 것이다. 나아가, 그런 경험들이 국민당 내 반동 세력에 반대하는 전쟁에서 민주적 혁명을 가능하게 해 결국 중공이 전국적 승리, 즉 중국혁명의 승리를 이루는 기초를 만들기도 했다는 것이다.[8]

결국 중공의 두 차례에 걸친 승리, 즉 항전과 내전의 승리는 100여 년에 걸친 제국주의 침략과 봉건주의의 속박에서 중국을 해방하기 위해 중국 인민이 해온 오랜 투쟁의 승리를 결정짓게 했다. 그리고 궁극적으로는 중국의 사회주의로 향한 길을 추동한 것이다. 저명한 역사학자인 류다녠劉大年의 말을 빌리면, 8년에 걸친 항전은 "신중국의 도래를 이끌어내는 총체적 준비가 이루어진 세월들"이었다.[9] 류다녠의 평가는 분명히 중공의 공식적인 역사 해석과 입장을 기반으로 하고 있다. 여기서 류다녠의 말을 더 인용하면, 중공이 이끈 중국혁명의 승리와 중화인민공화국의 성립은 "많은 식민지와 차次식민지 국가들의 민족 독립과 그들 국가의 인민에게 (그들이 추구하는) 민주혁명의 완전한 승리를 위한 투쟁에 대한 지대한 영감 (또한) 주었다". 따라서 중국 학자뿐만 아니라 그들 국가의 학자들도 "중국혁명의 영향뿐만 아니라 중국혁명의 길에 대해서 적절한 평가를 할 필요가 있다"라고 주장한다.[10]

항전과 그 결과로 성립된 중화인민공화국은 사회주의 중국의 탄생뿐 아니라 1945년 이후 전개된 많은 제3세계 국가에서 이루어진 민족해방운동에서도 똑같이 중요하게 작용했다. 1949년 중화인민공화국이 탄생할 수 있었던 배경에는 중공이 주도한 항전이 있었듯이 중화인민공화국의 탄생과 중공이 항전 승리를 통해 얻은 경험은 서로 뗄 수 없는 관계라는 것이다. 중화인민공화국 성립의 양대 원칙으로 제시된 신민주주의新民主主義 개념과 연합 정부론聯合政府論 역시 마오쩌둥과 그의 참모진들에 의해 항전 기간에 이루어진 경험을 기초로 해서 형성된 것이다. 두 원칙은 항전 기간에 중국의 단결과 함께 궁극적인 승리를 가능하게 만든 지도 원칙이었으며, 이후 1949년 중화인민공화국의 수립을 이끌어낸 원칙이기도 했다. 지금까지 살펴본 것들이 항전에 대해 중공이 주장하는 공식적 해석이자 많은 역사학자 또한 대체로 받아들인 이해다. 당연히 그동안 중국의 역사학자들은 항전에 관한 중공의 해석을 그대로 받아들여왔으며, 1949년 이후 항전 역사에 대한 연구에서도 이런 해석이 주류를 이루었다.

여기에서 필자의 논의와 관련해 중요한 점은 제11기 중앙위원회 3차 전체 회의가 열린 1979년까지 일본의 침략에 대한 중국의 저항 전쟁이라는 의미에 기초한 항전에 대한 연구도 사실상 중공의 역사 또는 중공 주도의 혁명사라는 분석 틀framework 안에서만 진행되어왔다는 것이다.[11] 따라서 그때까지는 중국의 항전 승리도 중국혁명의 맥락 속에서만 기념되어왔다. 이런 상황 속에서, 앞서 지적했듯이, 기본적으로 항전은 중국이 오랫동안 제국주의에 대항하면서 중국 안에 존재하던 "제국주의 지배에 결정적인 일격을 가한" "민족해방전쟁"으로 묘사되었다.[12] 저명한 중국 역사학자인 장셴원張憲文도 중국의 항전을 중공의 지도 아래 중국 인민이 일본 제국주의에 대항한 '민족해방전쟁'으로 묘사했다. 그리고 민족 해방을 위해 중공은 중공과 국민당 사이에 항일민족통일전선이 결성되도록 추구하면서 국내적으로는 계급투쟁을 연기했다고 주장한다. 나아가 항전이, 중공이 추구한 계급 연합 정책 아래 화교를 포함한 모든 애국적 사회 구성원과 정치권이 모두 참여했던, 전체 중화 민족에 의한 최초의 항전이었다고 주장한다.[13]

민족해방전쟁으로서 항전은 중공의 지도 아래 프롤레타리아(무산)계급이 주도한 신민주주의 혁명의 과정 속에 존재하는 중요한 한 단계이기 때문에 더욱 중요했다. 따라서 항전에서의 승리는 궁극적으로 중국혁명을 진전시키는 역할을 했고, 다른 한편으로는 중화 민족의 민주혁명 수행을 위한 완전한 승리를 이끌어내는 토대를 마련해주기도 했다는 것이 중공의 공식적 해석이다.[14] 이런 면에서 보면 중국 사회주의는 항전과 중공 주도 아래 진행된 민주혁명의 과정에서 나올 수밖에 없었던 일종의 필연적인 결과였다.[15] 이것이 바로 저명한 역사학자 리신李新이 항전을 1919년 이후 중공이 주도한 "신민주주의 혁명의 역사"라는 문맥 속에 위치시키는 것을 정당화하는 가장 중요한 이유이기도 하다.[16]

항전에 관한 중국의 공식적 해석과 평가 속에서 항전 시기 국민당 자체와 국민당의 역할에 대한 재평가가 조금씩 이루어지기 시작한 것은 1980년대부터다. 사실 그 이전까지는 항전에서 행한 중공의 중요한 공헌에 반해, 국민당 통치 지역에서 진행된 국민당 주도의 '정면전장正面戰場'이 붕괴한 것을 들추어내는 데 많은 학자의 연구가 집중되곤 했다. 물론 항전 시기 '정면전장'은 국민당이 책임을 지고 이끌었어야 하는 지역이었지만 오히려 국민당은 중국 인민의 항전을 위한 노력을 파괴하려는 의도를 갖고 있었다는 것이 중국 내 평가였다.[17] 저명한 역사학자 후화胡華는 1980년 주 편집인 자격으로 편집한 중국혁명에 관한 책에서 이와 관련해 다음과 같이 설명한 바 있다. 그에 따르면, 항전 시기 중국에는 두 개의 전장이 존재했다. 하나는 "국민당 전장(정면전장)"이었고 다른 하나는 "해방된 (중공 통치 아래의) 전장"이었다. 후화는 사회주의 체제를 통해 성립된 신중국의 모형, 즉 중화인민공화국은 중공이 통치하고 항전을 이끈 "해방된 전장"에서 이루어졌다고 주장했다. 그리고 그곳은 "국민당 전장" 또는 국민당 통치 지역과 달리 항전이 치열하게 전개되었던 곳인데, 일본에 의해 상실된 중국 영토를 되찾기 위한 항전이 진행된 곳이 바로 여기였다고 주장한다. 두 저명한 역사학자의 주장에서 볼 수 있듯이, 중국 내에서 오랫동안 유지되어왔던, 항전 시기에 행한 국민당의 역할에 대한 평가는 국민당 자체와 국민당의 역할 모두가 승리에 큰 역할이 없었을 뿐만 아니라 있더라도 수동적이었거나 반동적이었던 것으로 묘사되었다. 물론 장제스 지도 아래의 국민당 측은 중공 주도의 항전에 대한 평가에 동의하지 않은 지 오래다. 국민당 측 역사가들은 중국의 항전 승리는 "우리 (국민당 주도의) 민족주의자들에게는 비교할 수 없는 영광일 뿐만 아니라 애석하면서도 동시에 영웅적인 중국 인민의 서사"였지만[18] "승리의 열매를 러시아인들과 중국 공산주의자들이 움켜쥐게 되었다"라고 평가한다.[19]

후화에 따르면, 항전 과정에서 중공은 전쟁에서 승리한 후 중국에 민주적 연합 정부를 수립하라는 중국 인민의 요구를 귀담아듣고 결국 받아들였는데, 마침내 이것이 1949년 중화인민공화국의 수립으로 구체화되었다고 한다.[20] 중국의 항전 승리를 마르크스주의-레닌주의로 무장한 중공의 지도력 덕분으로 돌리듯이 후화는 프롤레타리아 계급과 프롤레타리아 정당의 정확한 지도를 강조하면서, 중공에게 그런 지도력이 없었다면 전쟁을 위해 민중을 동원하는 일, 즉 민족통일전선에 의지하면서 인민전쟁을 이끌 수 없었을 것이라고 주장한다. 결론적으로 그가 주장하는 바는 항전에 대한 중공의 전적인 공헌과 그에 따른 중국의 최후 승리에 대한 중공의 공헌이다. 더구나 중공이 지도한 항전 승리는, 당시 중국같이 국력이 약한 국가가 일본 같은 강력한 제국주의 국가를 물리침으로써, 인류 역사에서 비슷한 종류의 승리로서는 최초라는 것이다. 따라서 중국의 승리가 결국 민주적 연합 정부로서 중화인민공화국의 수립으로 가는 길을 만들었다는 것을 증명한다고 그는 보았다.[21] 즉, 중화인민공화국은 옌안에 근거지를 두고 일본에 저항한 중공의 8년 전쟁의 노력이 만들어낸 결과이며, 나아가 100여 년 동안 중국의 혁명적 계급이 끊임없이 싸워온 민주혁명이 결국 승리했다는 선언을 의미하는 것으로 이들 역사학자는 보았다.[22]

중공 중심의 항전 역사 해석과 중국혁명 중심의 역사 이해를 만들어내기 위해 1980년대까지 중국의 역사학자들이 유용하게 적용해온 기본적인 분석 틀은 구체적으로 말하면 "혁명 패러다임*revolution paradigm*"이다. "혁명사관"이라고 명명되기도 하는 이 패러다임은 "근대 중국 역사 속에서 혁명이 진보적인 현상으로서 중심적 단계를 점했다"라고 설명한다.[23] 혁명 패러다임에 따르면, 중국에서 서구의 근대화론(자본주의)이 실패하고 1949년에 사회주의가 왜 승리했는지를 설명할 수 있게 하는 중요한 두 요소는 제국주의 침략과 중국 내 계급 관계다. 사실상 많은 비중국인 학자조차 혁명 패러다임을 받아들였다. 나아가, 특히 1960년대 말에는 혁명 패러다임이 전 세계적으로 강력한 설득력과 인기를 얻기도 했다. 중국혁명에 우호적이지 않은 많은 학자조차 당시 자신들의 중국 분석에 이 패러다임을 적용해야 한다고 느낄 정도였고, 나아가 혁명 자체가 자본주의적 근대화의 대안이라는 것을 인정하기도 했다.[24] 프랑스의 저명한 중국역사학자 장 셰노*Jean Chesneaux*는 중화인민공화국의 역사를 개관한 책의 서문에서 다음과 같이 평가했다.

1949년이라는 해는 현재 중국의 역사적 발전에서 이루어진 급진적 단절을 상징한다. 또한 그해는 역사적 발전에서 (이전 시기와는) 완전히 다른 역사적 접근이 시작되었다는 것을 표시한다.[25]

최근, 중국 학자들의 항전에 관한 글을 편집해 한 권의 책으로 출판한 정치학자 제임스 C. 슝*James C. Hsiung*조차 중일전쟁이 근대 중국의 역사에서 "결정적인 한 장章"[26]이자 "중화인민공화국의 탄생에 결정적"이었다고 결론을 내린다.[27] 이런 평가는 일본 학자들에게서도 나타난다. 즉, 일본 학자들 역시 중화인민공화국의 성립을 중국의 항전 승리라는 맥락에서 평가하는 것이다. 이들 학자 모두 항전을 중공의 승리와 그에 따른 중화인민공화국의 성립을 이끌어낸 근대 중국 역사상 가장 결정적인 전환점으로 평가한다. 이케다 마코토池田誠에 따르면, 이러한 역사적 접근과 평가는 1980년대 중순경까지도 일본 역사학자들 사이에서 광범위하게 공유되던 해석이었다.[28] 역사학자 이시지마 노리유키石島紀之는 전쟁기에 중공이 획득한 경험은 1949년 이후 사회주의 중국을 건설하는 과정에서 구체화되었을 뿐만 아니라, 나아가 항전의 역사를 이해하는 것은 1984년 당시의 중국을 이해하기 위한 전제 조건이라고 주장하기까지 했다.[29]

항전이 중국의 민족해방전쟁이었다는 데는 의심의 여지가 없다. 1949년 중국혁명의 성공과 그 결과인 중화인민공화국의 수립은 중공의 사회주의적 이상뿐만 아니라 중국 인민의 민족주의적 열망을 이해하면서 동시에 그 열망을 결집해낸 결과물이었음이 명백하다. 이런 시각에서 보면, 중국혁명은 당시 중국이 직면했던 두 가지 큰 문제를 마침내 해결한 것이라고 볼 수 있다. 그것은 사회 문제와 민족 문제였다. 그리고 바로 이런 사실이 신민주주의라는 원칙 아래 중공이 주도한 중국혁명의 성격을 정의한다. 요약하면, 중공의 정통성은 중공이 항일민족통일전선이라는 정책 아래 전쟁기에 옌안에서 얻은 경험을 통해 추구되었으며, 궁극적으로 1949년 중공의 승리는 중공 정부에 정통성을 부여했다. 이 정통성은 마오쩌둥의 신민주주의와 연합 정부론에 기반을 둔 1937년 이래 중공의 정책이 '정확'했음을 입증하는 것이기도 했다.

중국의 항전은 지금까지 설명한 중공 주도의 중국혁명이이라는 맥락 속에서만 오랫동안 기억되고 연구되어왔다. 다시 말해, 중화인민공화국 탄생과 항전 시기에 고조된 중국 민족주의 사이에는 뗄 수 없는 관계가 있었지만 후자의 측면이 오랫동안, 적어도 1970년대까지는 저평가되었던 것이다. 1980년대 이후 이런 평가에 변화가 일어났다. 1949년의 중화인민공화국 수립에 대해서 "제2차 세계대전 이래 아시아에서 일어난 변화 가운데 반식민과 반제국주의 투쟁의 맥락"에서 보면 "지극히 중대한" 것으로, "세계의 식민지와 반식민지 국가들을 위한 가장 찬란한 예를 만들었다"라고 보는 해석은 항전을 넓은 시각에서 평가하려는 것이지만 여전히 혁명을 중심에 놓고 있다.[30] 타이완의 학자들조차 항전이 중국 인민의 운명뿐만 아니라 아시아 인민의 운명에도 변화를 일으킨 "커다란 역사적 사건"이라고 주장하면서 기본적으로 이런 평가에 동의한다.[31] 하지만 이제 항전에 관한 혁명 중심의 평가는 1976년 마오쩌둥의 사망 이후, 특히 1980년대에 들어서면서 서서히 돌이킬 수 없는 변화를 시작한다.

2. 혁명에서 근대화론으로: 1980년대 개혁과 개방 이후

역사학자 모리스 마이스너가 지적하듯이, 1976년 마오쩌둥의 죽음은 그것이 "반드시 그 원인을 제공한 것은 아니지만, 중국혁명의 전면적인 탈급진화"를 알리는 계기였다.[32] 1980년대 이후 혁명에 대한 해석도 탈급진화를 시작했다. 이내 1990년대에 들어서면서 학자들은 중국혁명을 거부하고 만다. 마오쩌둥의 뒤를 이어 1980년대부터 새롭게 중국을 이끈 덩샤오핑은 "최고의" 지도자로서 "사회주의의 목적은 국가를 부유하고 강하게 만드는 것이다"라고 말하기에 이르렀다. 이런 그의 언급은 "사회주의의 수단과 목적을 뒤바꿔놓았을 뿐만 아니라 사회주의를 민족주의와 혼동하게"까지 만들어버렸다는 비판을 받는다. 그 결과 "중국식 사회주의"라는 깃발 아래 "사회주의 자체조차 (그 의미가) 엄격한 경제적 견지에서 정의되고 순전히 경제적 기준들에 의해 평가되는 경향"을 초래하게 되었다.[33] 이런 배경에서 1980년대 들어 추진된 덩샤오핑의 개방·개혁 정책 아래 중국의 항전은 역사적으로 재평가를 받게 되었다. 이제 항전은 혁명과의 관계보다 제2차 세계대전과의 관계, 즉 세계대전의 일부라는 측면이 강조되어 점차 평가되었다. 물론 중국의 항전에 대해서 여전히 민족주의적 성격이 강조되고 있었으며, 기본적으로 중공 중앙도 항전을 중국혁명의 맥락 속에서 계속 이해하면서 항전 승리를 기념하고 있었다. 특히 항전은 중공 주도 아래 이루어진 신민주주의 혁명 발전 과정의 세 번째 단계로 여전히 이해되고 있었다. 1920년대의 실패한 "대혁명"과 1930년대의 중공 주도 아래 이루어진 "토지혁명"은 각각 중국혁명의 첫 번째와 두 번째 단계로 간주되고 있었다.[34]

그러나 결국, 1978년 이후 덩샤오핑의 지도 아래 추진된 중화인민공화국의 근대화는 중국 역사가들의 역사 인식에 매우 중대한 영향을 주었다. 사실상 그들 사이에는 중국혁명을 점차 거부하는 경향이 조금씩 생기기 시작했다. 그리고 중국 근대사를 이해하는 주요한 분석 틀이었던 혁명사관은 1980년대 시작한 개혁·개방정책 아래에서 그 기능을 점차 잃어가고 있었다. 지금으로부터 20여 년 전 저명한 역사학자 아리프 딜릭*Arif Dirlik*이 관찰했듯이, 1980년대 중화인민공화국에서 "가장 중대했던 사건"은, 근대화라는 그럴싸한 명목에 따라 이루어진 중국혁명에 대한 거부 또는 자본주의 근대화라는 이름으로 추진된 "사회주의 혁명에 대한 거부"였다. 그동안 혁명이 중국을 경제적으로 발전시키는 데 실패했다는 점을 근거로 혁명에 대한 거부는 많은 사람의 지지와 동조를 이끌어냈다. 특히 혁명이 민주주의적 가치 같은 주요한 전제나 진보를 막았으며, 문화대혁명(1966~1976)의 경우에서 보듯이, 결국 "중국 사회에 전반적인 윤리적 퇴행"을 초래했다고 이들 비판자들은 보았다.[35]

미국의 조나단 머스키Jonathan Mirsky 같은 일부 학자들은 여기서 한 걸음 더 나아간다. 조나단 머스키는 중국혁명을 평가하면서 중국혁명 속에는 "축하할 만한 것이 하나도 없다"라고 주장하며 혁명의 역사성을 거부하기에 이르렀다. 이들이 보기에는 1949년 이후 중국이 사회주의 길을 결정하고 걸어옴으로써 그동안 "불행"했다는 것이다. 이런 평가 속에서 이들 학자는, 1980년대 이후 마침내 중국이 전반적인 서구식 근대화의 길을 걷게 되었으니 결국 중화인민공화국이 성립된 1949년 이후 50주년이 되는 1999년까지 중국은 사회주의 아래에서 그야말로 "반세기를 낭비"했다고 주장한다.[36] 1949년 이전에 자본주의 근대화로 갈 수 있었는데도 그런 길을 버리고 사회주의 길을 걸어옴으로써 경제 발전을 이루지 못하는 등 시간을 낭비했다는 것이 그들의 논리다.

이런 주장과는 반대로 윌리엄 힌턴William Hinton 같은 학자들은, 서구의 대중매체가 주장하듯이, 중국의 개혁과 개방을 공산주의에 대한 '민주주의'의 승리를 의미하는 것으로 생각해서는 안 된다고 주장한다. 그들은 오히려 다음과 같이 평가한다. 즉, 1980년대 "공산주의의 마지막 숨쉬기"의 결과가 중국의 개혁과 개방이 아니라 1978년 이후 "혁명에 대한 배반을 한" 결과가 덩샤오핑의 근대화 정책이다.[37] 요컨대 그 혁명은 "정치에서 사회적인 것"이 중요했다는 것을 알려준 중요한 과정이었는데, 이제 그런 지향을 하던 혁명은 중국에서 배반당했다는 것이다.[38]

혁명에 대한 전반적인 부정은 서구 학자들뿐만 아니라 중국 학자들 사이에서도 만연하기 시작했다. 이런 사정을 이해한다면, 유럽 중심적 시각에서 제2차 세계대전의 역사를 연구해온 서구 학자들에 의해 그동안 중국의 항전이 차지하는 역사상의 위치가 과소평가되어 왔다고 1985년부터 중국 역사학자들이 불평하기 시작한 것을 보게 되는 것은 결코 우연이 아니라는 것을 알 수 있다. 중국 역사학자들이 주장하는 바는 서구 중심적인 제2차 세계대전의 역사 이해를 극복할 수 있다면 중국의 항전 역사도 더 큰 역사적 맥락에서 재평가될 수 있다는 것이다. 그런데 이들 중국학자는 중국의 항전 승리라는 맥락 속에서 국민당이 행한 긍정적 역할, 공헌과 관련해서 문제 제기를 하는 학자들이기도 했다.[39]

중국에서 항전에 관한 재평가가 이루어지기 시작하던 1980년대 중반부터 많은 중국 역사학자는 중국 항전의 국제적 측면을 강조하기 시작하고, 이에 따라 제2차 세계대전의 승리라는 큰 맥락 속에서 중국의 항전이 행한 공헌도 강조하기 시작했다. 이제 그들은 중국 항전의 의미를 세계 반파시스트 전쟁의 일부로 승격해버렸다.*[40] 일본학자 이케다 마코토는, 1980년대 중국 역사학자들의 새로운 역사적 접근은 그동안 중공 주도 아래 신민주주의 혁명이라는 틀 속에서 오랫동안 지배적으로 인정되어왔던 "신민주주의 혁명사관"이라는 역사 인식과 모순되는 것이라고 일찍이 지적한 바 있다. 그가 지적하는 것은 1980년대에 시작된 새로운 역사적 접근이 중공이 주도한 혁명이라는 역사적 틀에서 항전의 의미를 이탈시켜버리는 결과를 초래한다는 것이다. 간단히 말해서, 제2차 세계대전 속에서의 항전의 의미라는 새로운 역사적 해석과 접근이 그동안 지배적이었던 혁명사관과 맞지 않다는 것은 분명했다. 그렇지만 이것이 "연구의 새로운 물결"을 의미한다는 사실을 이케다 마코토는 인정했다.[41]

새로운 분석이 시도되는 상황에서 중국 역사학자 가운데는 머스키의 의

---

* 중국의 항전이 전 세계 반파시스트 전쟁의 일부였는지의 여부가 까다로운 문제인 것은 무엇보다 일본이 1930~1940년대에 파시스트 국가였는지의 여부와 관련 있다.

견에 동조하는 학자마저 생겨났다. 그들이 보기에도 중국혁명은 "역사적 일탈"[42]이었을 뿐만 아니라 나아가 불필요했던 것이기도 했다. 『혁명에게 고별告別革命』이라는 제목으로 출판된 리쩌허우李澤厚와 류짜이푸劉再復의 책이 이런 경향을 대표하는 사례다. 이 책은 인류의 진보라는 역사의 측면에서뿐만 아니라 구체적으로는 중화인민공화국의 탄생과 근대 중국의 역사에서 혁명이 일반적으로 행한 역할을 거부하려던, 당시 학자들 사이에서 대두하기 시작한 학문 경향을 대표했다. '혁명에게 고별'이라는 도발적인 책 제목은 이 책이 그러한 학문 경향을 대표한다는 사실을 명백하게 보여준다. 그런데도 그들은 근대 중국의 운명과 중국이 20세기에 이룬 모든 면에 가장 큰 영향을 미친 것이 혁명이라는 사실만큼은 인정한다. 하지만 그들은 혁명을 급진적 방법이나 행동의 신호와 동일시하면서 이해한다. 나아가, 혁명을 중국의 기존 체제나 정권을 뒤엎은 대중적 폭력을 의미하는 것으로 이해한다. 그렇기 때문에 민족혁명을 생각할 때 그것이 나타내는 의미에는 혁명의 부정적 의미가 포함되어서는 안 된다고 주장하면서 이런 전제에 따라 이제 중국에게 필요한 것은 혁명이 아니라 (폭력의 의미를 갖지 않는) '개혁'이라고 주장한다.

이들이 '개혁'으로 선호하는 것은, 그 의미에서 보면, 영국의 '명예혁명the Glorious Revolution' 같은 방식의 '무혈적 개량'이라는 것을 알 수 있다. 프랑스혁명 같은 폭력과 혁명이 동시에 수행된 프랑스식의 혁명은 그들에게 더 이상 바람직한 것이 아니었다. 결론적으로 이들의 주장은, 계급투쟁 등을 통한 혁명이라는 폭력적 과정을 거치지 않아도 사회에 존재하는 계급 사이의 모순은 계급 사이의 화합, 타협, 상호 양보, 더 나아가 협력을 통해서 해결될 수 있다는 것이다. 이에 따라 그들은 프랑스혁명, 러시아혁명, 1911년 신해혁명, 중국혁명 그리고 모든 형태의 혁명을 향해 영원히 고별인사를 해야 한다고('혁명에게 고별') 제시하는 것이다.[43] 엄격히 말하면, 중국혁명을 포함한 모든 혁명에 고별인사를 하자는 것은 결국 그동안 중국혁명에 그 뿌리가 있다고 강조되던 중화인민공화국 자체를 부인하는 것이나 다름없는 것이었다.

혁명 거부라는 학문 경향과 더불어, 학자들 사이에 중국이 항전을 승리로 이끄는 데 국민당도 어느 정도 공헌을 했다는 새로운 역사 인식이 점차 등장하게 되었다. 이런 견해는 시작부터 몹시 미묘하면서도 혼란스러운 것이었다. 우선, 이제 중국의 공산주의 학자들은 국민당이 '반동 세력'이었다는 주장을 하기보다 항전 기간에 '약간'의 공헌을 했다는 점을 인정했다. 나아가 항전 초기에는 국민당이 항전을 활발히 했다는 점도 지적한다. 동시에 이들 학자는, 항전 과정에서 장제스 아래의 국민당 지도자들은 여전히 민족을 위해 희생한 대다수 국민당원과는 격리되어 있었다고 지적한다.[44] 국민당에 대한 미묘한 재평가는 중공 주도 아래 매우 조심스럽게 시작되고 다루어졌다. 그 예가 바로 1995년 항전 승리 50주년을 기념하는 과정에서 학자들에 의해 제기된 항전 시기 국민당 역할에 대한 과대 긍정을 비판적으로 보는 지적이다. 일군의 학자들은 항전에서 행한 국민당의 역할이 지나치게 과장되어 강조되어서는 안 된다고 지적했다.[45] 항전 과정에서 행한 국민당의 역할이 언젠가는 중화인민공화국에서 재평가를 받을 수 있는 것처럼 보였던 것은 항전 승리에 대한 국민당의 공헌이 사실상 어느 정도 긍정적이었기 때문이다.

이제 중국 역사학계에서 국민당에 대한 재평가는 어느 정도 주요 흐름이자 경향이 되었다. 중화민국사에 대한 권위를 갖는 저명한 중국 역사학자인 장셴원의 경우를 보자. 그는 1988년에 출판된 그의 저서에서 항전 당시의 상황을 지적하면서 국민당의 "소극 항전"을 "부저항"과 뚜렷이 구별했다. 그에 따르면, 국민당은 국민당 통치 지역인 "정면항전 지역"에서 일본과의 전투를 소극적으로 진행했다.[46] 비록 소극적이었지만, 전체 항전이라는 관점에서 보면, 국민당의 항전은 "영웅적"이었고 또 "애국적"이었다는 것이 그의 주장이다. 따라서, 국민당의 항전을 "왕징웨이汪精衛 괴뢰정권偽政權"과 왕징웨이의 "매국적"인 행위였던 일본과의 합작과는 구별해야 한다는 것이다. 장셴원은 이런 사실을 기초로 해 항전 시기 국민당에 대한 평가는 "공평하고 타당"해야 한다고 주장했다. 이와 같은 새로운 시각에서 본다면, 국민당과 합작한 중공은 팔로군八路軍, 신사군新四軍, 항일유격대와 함께 "적후전장敵後戰場"에서 항전을 적극적으로 이끌었던 것으로 묘사된다. 결국 장셴원이 주장하는 바는 항전 기간에 두 전장(정면전장과 적후전장)이 서로 의지하고 협력하는 관계를 유지하고 지속했다는 것이다.[47]

앞서 언급한 1980년대 이후 나타난 역사 인식에 관련된 학자들 사이의 변화를 이끈 것은 사실 중화인민공화국 지도자들의 역사 인식의 변화다. 역사 인식의 면에서 보면, 1990년대 이래 중화인민공화국의 최고 지도자들은 오히려 혁명에서 더 멀어지기 시작하면서 혁명을 근대화로 적극 대체하기 시작했다. 이에 따라 항전의 역사는 앞서 밝힌 대로 역사가들에 의해 새롭게 해석되고 읽히게 되었다. 1990년대 당시 중화인민공화국 국가주석이었던 장쩌민江澤民의 경우를 살펴보자. 1995년 9월 3일 거행된 중국의 대일항전 승리 50주년 기념식에서 그는 연설을 통해 항전을 새롭게 설명했다. 그는 기본적으로 항전을 제국주의에 대항한 중국의 민족해방전쟁으로 묘사했다. 동시에 항전을 전 세계 반파시스트 전쟁의 일부분, 즉 중국이 반파시스트 전쟁의 과정에서 동아시아에 존재한 전장이었다고 지적했다. 또한 항전 기간에 중국을 승리로 이끈 가장 기본적인 동력은 중공이었다는 점을 재차 강조했다.[48]

비록 그가 연설에서 노동자 계급에 기반을 둔 중공의 지도력이 중국뿐만 아니라 중국 내 계급 역시 구할 수 있었다는 것을 재확인했지만, 사실상 그가 더욱 강조한 점은 중화인민공화국의 탄생에서 항전이 중요했다는 사

실보다 중화 민족 대단결의 상징으로서, 중화 민족의 '생명력', '응집력', '전
투력'의 상징으로서 항전이 중요했다는 것이었다. 그런 전제에서 그는 "항
일전쟁에서의 승리는 중화 민족이 쇠퇴에서 진흥으로 향해 가는 중대한 전
환점이 되어 국가의 독립과 민족의 해방을 위해 기초를 세웠다"라고 강조
했다.[49] 앞서 설명한 바와 같이 이제 중공은 항전 승리라는 결과를 독점하
지 않으려 했는데, 항전의 승리라는 열매를 특히 국민당 같은 1930~1940
년대 중국 사회 내의 다른 구성 요소들과 공유하려 했던 것이다.[50] 물론 이
런 역사의 공유에는 중공이 노리는 정치적 의도가 숨어 있었다.

　이어진 연설에서 장쩌민은 마오쩌둥으로 대표되는 중공의 집단지도 체
제 아래에서 중국은 제국주의, 봉건주의, 관료 자본주의라는 반동적 정치
를 분쇄했고, 이를 바탕으로 신민주주의 혁명의 승리를 이끌어 마침내 중
화인민공화국을 수립했다고 강조한다. 다시 말해, 항전의 승리는 결국 중
화인민공화국의 수립으로 이어진 것이고, 이어서 사회주의 체제와 사회주
의를 공고하게 만드는 위대한 업적으로 이어졌다는 점을 장쩌민은 재확인
했다.[51] 즉, 그는 기존의 혁명 패러다임을 긍정한 것이다. 나아가, 항전의
승리가 1949년 중화인민공화국의 수립과 그 후 중국의 사회주의적 발전으
로 가는 길과 직접적으로 연관된다는 이전부터 인정되어온 해석을 하고 있
는 것이다. 하지만 이런 해석보다 더 중요한 것은 이런 주장 이후 그가 언
급한 내용이다. 장쩌민은 중국이 '사회주의적 근대화'를 완성하기 위해 필
요한 가장 중요한 두 가지 주제主題로 '평화'와 '발전'을 제시했다. 그는 전
세계의 반파시스트 전쟁에서 얻은 교훈이 바로 국가의 주권을 지키는 일,
민족의 독립을 지키는 일, 전 세계 인민의 단결 아래에서 세계 평화를 지키
는 일의 중요성이라고 지적한다. 나아가, 세계가 함께 발전(근대화)하고
'패권주의'와 '강권 정치'에 대항하는 불굴의 투쟁을 증진해야 할 중요성 또
한 여기에 있다는 것을 지적한다.[52]

그의 연설에는 항전과 관련해 그동안 중공이 취해온 공식 입장이나 역사적 해석을 뒤집는 듯한 대반전은 없었다. 그렇지만 그의 연설은 항전에 대한 중공의 평가가 변하고 있음을 알려준다. 항전에 대한 공식적 기억과 평가의 내용이나 중국이 항전을 통해 얻게 된 교훈의 내용 등이라는 차원에서 보면, 그의 연설은 당시 중공 지도자들 사이에서 중요한 역사 인식의 변화가 일어나고 있다는 것을 나타낸다. 물론 연설에서 여전히 볼 수 있는 것은 항전 시기에 중국 인민이 영웅적이고 애국적인 저항을 했다는 사실이다. 하지만 이제 그런 사실도 여러 역사 연구서나 문학에서 선택적으로 기억된다. 구체적인 예를 들면 항전 기간에 이루어진 악명 높은 일본군의 여러 잔혹 행위, 대대적 공습 행위 등을 포함해 중국인이 항전 기간 내내 견뎌야 했던 여러 고통, 어려움 등과 관련한 내용은 이제 중국인의 기억에서 점차 사라져버리거나 선택적으로 기억되기 시작한 것이다.[53] 1980~1990년대 중국에서 볼 수 있던 역사 내용의 전환 가운데 역사에서 중공이 차지하는 역할과 위치에는 아무런 변화가 없었다. 다만, 중화 민족의 자부심을 그대로 유지하면서 경제적 근대화의 중요성을 강조하려던 중공의 아주 조심스러운 정치적 계산이 역사 연구서나 문학 속에 깔려 있었다.[54] 중공 지도자들은 사회혁명을 수행할 임무를 갖는 중화인민공화국의 탄생보다 근대화를 이끌 중화인민공화국이라는 그림을 그리기 시작했다. 그러다 보니 제국주의와 부르주아지에 대한 평가도 긍정적으로 바뀌었고, 이에 따라 중국 사회의 진보적 발전 속에서 근대화를 위해 그들이 행한 역할도 긍정적으로 바뀌기 시작했다.[55]

이러한 새로운 평가 속에서 1980년대 중반 애국 교육 캠페인이 시작되었고 1990년대 중반에는 '역사를 위한 활동*history activism*'이 시작되는 등 역사 인식의 변화를 반영하는 주요한 두 현상 또는 운동이 등장했다.[56] 그리고 마침내 1990년대 중반부터 중화인민공화국은 항전의 승리를 제2차 세계대전 또는 세계 반파시스트 전쟁이라는 조금 더 넓은 문맥 속에서 본격적으로 기념하기 시작했다. 그 과정에서 항전 기간에 중공과 국민당이 공동으로 노력했다는 점이 강조되기도 했는데, 아서 월드론*Arthur Waldron*은 이런 변화를 "새로운 기억*new remembering*"이라고 명명했다.[57] 이 "새로운 기억"은 항전 기간에 국민당은 "여전히 혁명적 성격을 보지하고 있었다"라는 결론을 내렸다. 그렇지만 동시에, 국민당이 자신들의 독재적 성격을 강화한 결과 "대자산 계급"과 대지주 계급의 영향 아래에서 놀아날 수밖에 없었던 한계가 있었다고 지적했다.[58] 역사학자 양성칭楊聖淸은 1994년 출판된 그의 저서에서, 국민당이 일당독재와 독재적 정치력을 행사한 것에 견주어 보면 중공은 옌안에서의 경험이나 그 결과인 중화인민공화국의 성립에서 보듯이 인민의 민주 전정을 주장했다고 지적한다.[59]

중국의 역사학자들조차 항전에 관한 그들의 연구가 1980년대 이전에는 "강력하게 정치적 영향력 아래에" (이 경우, 혁명 패러다임 아래에) 있었다는 사실을 인정한다.[60] 1990년대에 들어서도 그런 정치적 요인에는 전혀 변화된 바가 없는 듯하다. 1980년대 이래 개혁·개방정책 아래에서 일부 중국 역사학자들은 중국의 근대화 역사를 재구성하려는 노력을 시작했다. 그들은 근대 중국의 역사가 중공의 1990년대 당시 경제 정책을 뒷받침할 수 있도록 새롭게 구성하려 했다. 가장 극명한 예로는 역사가 쉬지린許紀林과 첸다카이陳達凱의 경우를 들 수 있다. 이들은 1800년대부터 1949년 사이 중국에 완전히 새로운 발전 구도가 나타났다고 주장한다. 그리고 그것이 근대화의 열기를 환영하면서 한편으로는 중국이 '전 지구적 성격'을 지닐 수 있게 몰아갔다고 주장한다. 두 학자가 쓴 책에는 혁명에 관한 언급이 전혀 없으며 책 제목 역시 『중국현대화사中國現代化史』다. 결국, 이 책에서 근대 중국의 역사는 '근대화론'을 통해 진행되어온 것으로 다시 구성된다. 두말할 필요도 없이 이 책은 이제 중국 역사학자들이 중국 근현대사를 해석하는 분

석 틀로서 혁명사관을 버리고 근대화론을 채택한 대표적인 경우다.[61]

1990년대에 등장한 항전에 대한 "새로운 기억"은 확실히 중국의 개혁과 개방 이후 이루어진 역사 연구에 등장한 새로운 경향을 반영한 것이다. 더욱 중요하게 그것은, 당시 중공의 새로운 지도부가 비민주주의적으로 사회주의를 실행하면서 발생한 여러 사회적·정치적인 딜레마, 이에 따른 이데올로기적 혼란 같은 '정치적 영향' 때문에 생겨난 여러 곤경에서 벗어나기 위한 노력을 반영한 것이기도 하다. 내부적으로 여러 정치적·사회적·경제적 문제가 발생하면서 중공의 정치적·이념적 정당성이 위기에 직면하자, 1990년대 이래 중공이 중국의 통치자라는 것을 정당화하기 위해서는 사회주의 대신 민족주의가 더 유용하다는 것을 중공이 알아차린 것이다. 그 결과, 비민주주의적이고 탄압적인 방법을 통한 중공의 사회주의 실현을 정당화하는 목적을 위해 민족주의가 이용되기 시작했다. 만약 중국 사회주의나 중공이 이끌었던 중국혁명이 중국의 '부강' 실현이라는 '민족주의적 추구'라는 문맥에서만 이해되거나 '중국의 낙후성을 영속화 또는 더 악화한' 주범이라고 지적하는 의미에서만 이해된다면, 이는 중국혁명이 제기했던 주요 정치적·역사적 문제의 중요성과 혁명의 결과물인 중화인민공화국이 시행하려던 사회적인 문제 등 여러 문제를 해결하려는 노력을 무시하는 것이다.

3. 제2차 세계대전 속의 항일전쟁:
사회주의에서 애국주의와 민족주의로, 그리고 혁명에서 평화 발전으로

앞서 지적한 대로 1990년대 이래 중화인민공화국에서는 중국의 항전 승리를 제2차 세계대전 또는 세계 반파시스트 전쟁이라는 넓은 문맥 속에서 기념해왔다. 비록 이렇게 확장된 문맥 속에서 항전을 기념한 것이 처음은 아니었지만, 이제 그러한 기념이 나타내는 의미는 달라졌다. 왜냐하면 21세기에 들어서면서 중화인민공화국의 지도자들이 그들의 '힘에 대한 새로운 감각'을 익혀 가고, 그에 따르는 책임 의식을 느끼게 된 것이 국제정치 속에서 중국이 차지하는 위치 변화에 따른 결과와 관련 있기 때문이다.

21세기 진입 후 중국의 국가주석이었던 후진타오胡錦濤는 중국의 항전 승리 60주년과 세계 반파시스트 전쟁의 승리를 기념하기 위해 2005년 9월 3일 베이징의 인민대회당에서 열린 한 회의에 참가해 연설을 한 바 있다. 이 연설에서 그는 중국의 항전 승리가 "사악邪惡에 대한 정의의 승리, 어둠에 대한 광명의 승리, 반동에 대한 진보의 승리"였다고 선언했다.[62] 그리고 그런 승리는 "중국 인민과 전 세계 반파시스트 세력의 단결뿐만 아니라 모든 중국 민족과 동포의 연합 투쟁의 결과"였다고 역설했다. "전 세계 반파시스트 전쟁의 중요 부분"으로서 중국의 항전 세력은 "중국국민당과 중국공산당의 지도 아래에" 있었지만, 중공이야말로 항일민족전쟁을 승리로 이끈 기본적인 세력이었고 일본의 침략에 대항한 저항의 '핵심'이었다고 그는 강조했다. 이어서, 항전에서 "마오쩌둥 사상의 과학적 이론"이 중요한 이념적·전략적 지도사상이었다는 것을 다시금 인정했다.[63] 여기서 후진타오는 전쟁 기간에 국민당이 민족을 구하고 전쟁의 승리를 이끈 공을 공동으로 갖는다는 점을 공식적으로 인정하지만, 그런데도 여전히 항전 당시 중공이 전반적인 지도력을 갖고 있었음을 재차 확인했다. 나아가 마오쩌둥 개인이 아니라 마오쩌둥 사상이 항전의 승리에 중요하게 작용했다는 것역시 재확인했다.

이어서, 중국의 항전 승리가 "중국 민족의 각성에 영감을 주었고 중공의 지도에 따라 중국 인민이 완전히 독립하고 해방될 수 있던 중요한 기초를 만들었다"라고 지적하면서, 중국 민족의 부흥을 향한 전진이라는 관점에서 보면 이런 것들이 '역사적인 전환점'을 만들었다고 강조했다. 그런 상황에서 중공이 성립한 "중화인민공화국은 중국 역사에서 가장 위대하고 가장 심오한 사회변혁을 대변하는 신민주주의 혁명을 승리로 이끌고 (그 결과로) 중화인민공화국의 수립을 만들어나아갔던 것"이라고 주장했다. 후진타오는 여전히 항전의 승리와 중공 주도의 혁명이 만든 중화인민공화국 수립 사이에 있는 관계를 강조하고 싶어 했다. 그 혁명은 바로 마오쩌둥의 '신민주주의'를 통해 중국 사회에서 사회적 변화를 이끌어낸 혁명이었다.

하지만 그에 따르면, 이러한 위대한 업적에도 불구하고 사회주의 중국은 2005년 당시 아직 '사회주의 초급 단계'에 머물러 있었다. 따라서 그는 앞으로 사회주의 중국이 '경제 발전'에 집중해야 할 중요성을 강조했다. 그가 말하는 경제 발전이란 '중국식 사회주의 건설'이라는 궁극적인 목적만을 나타내는 것이 아니다. 오히려 사회주의적 경제, 정치, 문화를 만들려는 시도를 통해 종합적인 진보를 이끌어내는 일이 중요한 것이었다. 그의 발언이 의미하는 바는 중공 자체나 중공이 이끈 혁명에 대한 그의 높은 평가를 통해, 근대화와 더불어 성취될 사회주의 중국에 대한 그의 전망과 함께 과거와 현재의 중공의 지도력이 강화될 수 있다는 것이었다. 나아가, 이는 중국혁명에서 중공이 차지하는 배타적 위치도 강화할 수 있는 발언이었다. 하지만 그의 평가가 지닌 영향력은 오래가지 못했다. 그의 연설의 주제가 이내 애국주의와 '위대한 민족정신'에 대한 찬양으로 옮겨 갔기 때문이다. 특히 그는 "위대한 민족정신"을 중화 민족의 "가장 가치 있는 이데올로기적 보물"이자 "가장 강고한 이데올로기적 기초"로 보았다. 결론적으로 그는 이런 가치들이 전쟁에서 중화 민족이 승리할 수 있도록 강한 도덕적 지원을 제공했다고 주장했다.[64]

자신의 전임자였던 장쩌민과 비슷하게 후진타오도 평화와 공동의 발전에 기초한 "인간 사회의 진보"를 향한 길로 나아가는 과정에서 중국이 갖는 책임을 강조했다.[65] 후진타오가 평화와 발전을 강조한 이유는 당시 총리였던 원자바오溫家寶의 언급을 통해서도 알 수 있다. 후진타오의 연설이 있던 2005년에서 2년이 지난 2007년 일본을 방문한 원자바오는 일본 국회를 방문해 연설을 행했다. 그 연설에서 원자바오는 양국 사이에 벌어진 과거의 전쟁을 비롯한 여러 지난 일을 언급하기보다 중국과 일본의 친선과 협조를 강조했다. 이는, 그가 "느끼기에는 우리 (중화) 민족의 발전이 중대한 순간에 이르렀"기에 사회주의 근대화의 성공을 담보하기 위한 경제 발전을 지속하기 위해서는 평화롭고 나아가 평화를 촉진하는 국제 환경을 가질 필요가 있기 때문이었다.[66] 그의 발언은 혁명을 떠나서 또 과거 역사 문제와 관련한 일본과의 갈등을 뒤로하고 이제는 근대화(경제 발전)를 강조하겠다는 본인만의 생각이 아니라 분명히 후진타오를 중심으로 한 당시 중공 지도자들의 공통된 의견을 표현한 것임이 틀림없다.

원자바오의 발언이 궁극적으로 의미하는 것은 결국 혁명에서의 일탈이다. 21세기에 G2의 일원이 된 중국의 경제 발전과 이에 수반된 정치적 책임이라는 측면에서 보면, 이는 이제 중국의 지도자들이 '힘(권력)에 대한 새로운 감각'*을 성공적으로 소유하게 되었다는 사실을 반영한 것일 수 있다. 이러한 견지에서 보면, 혁명이라는 것은 때로는 폭력적이었고 대변혁을 겪었으며 나아가 빈곤과 싸웠던 국가라는 중국의 이미지와 연결되어 있기 때문에 원자바오뿐만 아니라 후진타오의 입장에서는 어떻게 해서든지 중국에 대한 그런 인상이 다시 생기지 않게 할 필요가 있었을 법하다. 더구나 중국이 일본과의 전쟁 기간에 벌어진 난징대학살 같은 처참한 경험

---

* 이는 아리프 딜릭이 일본에 대해서 사용한 표현인데, 최근 국제 관계와 경제 측면에서 중국이 새롭게 차지한 위치를 고려하면 현재의 중국 상황에도 이런 표현을 적용해 사용할 수 있을 것이다. Arif Dirlik, "Past Experience," p. 75를 참조하라.

을 통해 고통받은 민족의 국가라는 인상이 다시 생기는 것을 더욱더 피하고 싶었을 수도 있다. 후진타오의 입장에서는 국제사회에서 중국이 평화롭고 책임을 질 줄 아는 국가로 보이는 것이 중요했을 것이다. 그리고 그에 따라 사회주의와 관련 있는 혁명과 관련된 기억들이나 전쟁 중에 겪은 중국인의 고통과 연관된 전쟁의 기억들도 지워지기를 원했을 것이다. 그는 오히려 중국의 미래를 강하고 희망찬 것으로 그려내고 싶어 했기 때문에 이를 위해서는 혁명과 같은 단어들을 되도록 언급하지 않는 것이 중국의 새로운 이미지에 유리하다고 느꼈을 것이다.

하지만 그의 연설은 그의 전임자가 했던 것만큼이나 명백히 모순적이었다. 특히 혁명에 대한 언급을 거의 하지 않으면서도 중공과 중화인민공화국이 혁명적 과거를 가졌다는 사실을 부인하지 않았기 때문이다. 그렇지만 혁명이 중국 인민 사이에서 애국주의를 고조하는 데는 명백히 한계가 있었다.

10여 년이 지난 후 중국의 항전과 전 세계 반파시스트 전쟁에서의 승리는 2015년 9월 3일 '유례없는' 중국 정부의 대규모 열병식과 함께 제2차 세계대전의 종전을 기념하면서 축하되었다. 이 축하 행사는 현 중국 정부의 국가주석인 시진핑의 의도에 따라 진행된 것임이 틀림없다. 이 열병식은 '중국의 평화로운 굴기崛起'를 보여주면서 항전의 승리 과정에서 희생된 중국 인민의 희생과 미래 세계에 대한 평화로운 전망을 갖기 위해 중국이 짊어진 책임을 강조하기 위해 준비된 것이었다. 이런 점에서 중국의 열병식은 분명히 "매우 중대한 정치적 함의"를 갖는 것이었다.[67] 시진핑은 같은 날 행한 연설에서, 중국의 항전을 세계 반파시스트 전쟁의 일부로 규정하고 동시에 "정의와 악, 빛과 어두움, 진보와 반동 사이에서 있었던 결정적인 전투"로 규정했다. 이어서 그는, 항전의 승리는 중국의 5천 년 문명을 지켜주었으며 인류의 평화 추구를 위한 노력 역시 지켜주었다고 말하면서 이런 것들이 중국 민족의 위대한 발전에 대해 밝은 전망을 갖게 해주었다고 덧붙였다. 또 중국인들의 낡고 오래된 국가가 새로운 탄생을 찾게 하는 새로운 여정을 떠날 수 있는 가능성도 주었다고 지적했다.[68] 즉, 항전의 승리가 세계 반파시스트 전쟁의 동부 전장을 지키면서 결국 전쟁의 승리에 커다란 공헌을 했다는 것이다.

그의 연설에서 우리가 알 수 있는 점은 이제는 항전의 중요성이 근대화를 통한 중국 민족의 부흥으로 옮겨 갔다는 것이다. 1960년대에 이루어진 문화대혁명 경우같이 폭력적인 대변혁과 종종 연관된 혁명이 자취를 감춘 것과 함께 등장한 애국주의를 통해 항전의 중요성이 새롭게 정의되고 강조되는 등 인식의 전환이 일어난 것이다. 그렇다고 이런 전환이 곧바로 시진핑이나 다른 중공 지도자들의 중국혁명을 부인하는 양상으로 발전한 것은 아니다. 이는 오히려 근대 중국사에서 가장 중요했던 혁명 또는 혁명적 과정으로부터 항전이 점차 분리되기 시작했음을 알리는 신호임이 틀림없다. 이런 신호는, 19세기 중반 제국주의 침략 아래 태평천국 혁명운동과 함께 시작되고 20세기 신해혁명을 거치면서 중공의 창당으로 이어진다고 주장하던 혁명 패러다임에 따른 근대 중국에 대한 설명이 이제 부인되었다는 것을 의미한다. 더구나 명시적으로 확인할 수 있는바, 옌안을 중심으로 항전의 승리가 이루어졌던 중공의 전시 경험, 그리고 그 결과인 신민주주의라는 중화인민공화국의 이론적 지주로부터도 점차 분리되고 있다는 신호이기도 했다. 물론 그런 과정에서 공산주의 이념의 대체제로서 민족주의와 애국주의가 유용하게 이용되고 있는데, 이는 중공의 지도자들의 정치적 계산에서 나온 것이었다.

같은 연설에서 시진핑은 그의 전임자와 마찬가지로 반파시스트 전쟁의 동부 전선으로서 중국의 항전이 세계대전의 승리에 결정적인 공헌을 했다고 다시금 지적한다. 그가 항전을 제2차 세계대전의 일부로 그 성격을 격상하려는 것은 민족주의적인 과거 해석과 경제 발전을 통한 근대화라는 목적과 지향점을 추구하는 중국 공산 정부의 필요성 때문이다. 그런데 여기서 중요한 점은, 역사학자 모리스 마이스너가 주장하듯이, 마치 1980년대 이후 전 세계에 존재하던 시장 세력의 목적과 수단이 그러했듯이 중국의 근대화도 목적과 지향이 사회주의적인 것, 예컨대 사회정의 같은 가치의 실현에 맞춰져 있지 않았다는 것이다.[69] 시진핑이 스스로 지적하듯이, 전쟁의 경험은 사람들이 평화의 가치를 더욱 중시하게 만들었다. 그리고 중국이 세계 반파시스트 전쟁과 항전 승리 70주년을 기념하는 이유는 역사를 기억하면서 항전 당시에 생명을 던진 자들을 추모하고, 평화를 소중히 생각할 기회를 가지면서 동시에 평화로운 미래를 열기 위한 데 있었다. 이런 목적을 위해 시진핑은 모든 국가가 지혜롭게 역사에 근거해서 평화로운 발전을 추구하고 세계 평화를 위한 밝은 미래를 열수 있도록 함께 노력하기를 희망한다고 연설했던 것이다.

사회혁명의 대체물로서 평화와 발전이 다시 한 번 강조되었다. 그리고 오늘날 중공 정권의 정당성을 지탱하는 근거로서 평화와 발전이 1980년대 이후 이루어진 중국의 경제적 번영과 함께 추구되는 듯했다. 많은 학자가 지적했듯이, 이미 중국 인민 사이에서 중공은 인기와 정당성을 많이 잃었다. 현재 베이징 정권이 강력히 추구하는 근대화에 따른 경제적 발전 추구는 1980년대 이래 특히 티베트인 같은 소수민족 사회에 지속적으로 경제적 혼란을 야기해왔고, 그 혼란은 지속적으로 심각해져 갔다. 따라서 중국 내 빈부 격차, 당 간부와 인민 사이에서 이루어지는 소비와 삶의 질에서 생겨나는 격차들은 더 이상 인민이 현 정권의 정당성을 지지할 수 없게 만들고 있다. 중공이 커다란 궁지에 몰렸을 때 평화와 발전을 강조하는 것은 이런 내부 불만의 목소리를 잠재우려는 시도이기도 하다.

특히 시진핑이 평화를 강조하는 이유는 명백하다. 최근 들어 중국이 더욱 새로운, 전 지구적이며 지역적인 패권을 추구한다는 의구심이 증가하는 상황에 대처하기 위한 방편일 것이다. 시진핑은 다음과 같이 지적한다.

전쟁은 거울과도 같다. 전쟁을 바라보면 평화의 가치가 더욱 소중하다는 것을 깨달을 수 있다. 오늘날 평화와 발전은 이미 널리 유행하는 것이 되었지만 세계가 평화롭기에는 아직 갈 길이 멀다. 우리는 역사를 통해 교훈을 배워야 하고 평화를 위해 공헌해야 한다.

시진핑이 평화를 강조할수록 혁명의 의미는 점점 더 폭력과 파괴라는 차원에서 이해되어간다. 그 역사적 의미 또한 역설적으로 점점 감소되고 만다. 이어서 시진핑은 "우리 중국인들은 평화를 사랑한다. 중국이 얼마나 더 강해지더라도 중국은 패권이나 팽창을 추구하지 않을 것이다. 중국은 결코 과거의 고통을 다른 민족에게 강요하지는 않을 것이다"라고 분명히 밝힌다. 그러나 문제는, 과거 중국의 민족적이고 혁명적 투쟁에서 그 대상이었던 제국주의에 대한 언급도 없이, 사실상 중화인민공화국이 이웃 국가들과의 영토나 역사를 둘러싼 문제를 다루면서 그 태도가 점차 제국주의적으로 되어왔다는 지적을 애써 외면하면서 잠재우려고만 한다는 것이다.[70]

비록 중공의 지도자들이 그들의 강조점을 혁명에서 평화와 발전으로 옮겨 갔지만, 강조점의 전환 속에서도 절대로 움직일 수 없는 원칙이 하나 있었다. 그것은 바로 중공의 지도권이다. 시진핑 역시 중공의 지도권을 재확인하면서, 중국인이 행동을 취할 때 다른 무엇보다 고려해야 할 지침으로서 마르크스주의-레닌주의, 마오쩌둥 사상, 덩샤오핑 이론의 중요성을 재확인했다. 동시에 시진핑은 "중국식 사회주의의 길"을 중요하게 보면서 "애국주의와 함께 침략에 저항하는 위대한 (민족)정신"을, "우리의 목표에

도달하기 위해 하나가 되어 만들어가자"라고 주창한다.[71] 다시 말해, 그는 중공 지도 아래 애국주의와 민족적 단결을 중국인들이 항전의 승리를 통해 배워야 할 두 가지 주요한 특징으로 강조하고 있는 것이다.

지난 수십 년 동안 중공의 지도권과 중화인민공화국의 정통성이 약화되어왔다는 것은 널리 알려진 사실이다. 이미 지적한 바와 같이 중공 간부와 일반 중국인 사이의 수입 격차, 심각한 생태·환경문제, 사회의 불안정, 사회복지 제도의 몰락 등과 같은 여러 쟁점을 처리하는 데 중화인민공화국이 실패했을 뿐만 아니라 이제는 혁명 정당으로서의 무능력까지 노정했다는 것은 잘 알려진 사실이다. 이런 문제에 대처하기 위해 이제 중공은 유교라는 과거 중국의 전통에서 존재하던 문화적·정치적 유물을 지원할 정도다. 이미 중국에서 유교는 중국 사회를 퇴보시킨 것으로 낙인찍혀 과거에는 한때 그 자취를 감추었던 것이었다. 중공의 이와 같은 여러 시도는 중공이 과연 혁명 정당인지, 그렇다면 도대체 어떤 종류의 혁명 정당인지에 관한 의문을 제기하게 만든다. 미국의 저명한 중국학자는 중공을 "중국 공산주의적 유교주의적 마르크시스트적 마오이스트적 중상주의적Mercatilist 당"으로, 경멸적인 명칭을 만든 적이 있을 정도다.[72]

지금까지 최근 중화인민공화국에서 진행된 제2차 세계대전에 대한 기념이 중국혁명 그리고 그 혁명이 의미하는 사회변혁에 대한 '탈기억de-re-membering'과 얼마나 깊이 관련되어 있는지를 예시했다. 나아가 민족주의와 애국주의, 이어서 평화와 발전이라는 개념이 최근 중국의 경제 발전 속에서 사회주의와 혁명을 대체하기 위해 제시되었다는 점도 지적했다. 일부 학자들은 1990년대의 전환을 과거에 대한 '재기억re-remembering'이라고 지적했다. 하지만 당시의 새로운 현상을 중국혁명에 대한 '탈기억' 또는 '의미 축소downplaying'로 이해할 필요가 있다. 중공 지도자들의 기억에서 혁명이 완전히 사라졌다는 것이 아니다. 또 그들에 의해 혁명이 완전히 부인되고 있다고 주장하는 것도 아니다. 중요한 점은 중공 지도자들을 포함한 중국인들의 기억 속에서 혁명이 중요하고 의미 있던 중대한 현상이었다는 사실이나 그 중요성이 점차 상실되거나 축소되어간다는 것이다.

이제 혁명은 민족주의적 열망이나 애국주의의 광풍과 평화와 발전이라는 개념 앞에서 그 존재와 가치가 미미해져 버렸다. 이는 1980년대 이래 시도되어온 중국 사회주의의 탈급진화가 초래한 결과다. 나아가, 그러한 탈급진화는 국민당이 항전에 공헌했다는 평가를 중공이 적극 허락하게 되는 상황도 만들어냈다. 더구나, 항전에서 이루어진 국민당의 역할에 대한 중공의 긍정적인 평가는 중공의 지도와 주도를 통해 대륙과 타이완에 있는 두 정권을 통일하기 위한 통일전선의 확립이라는 정치적 목적에도 근원을 두고 있다.[73] 간단히 말해서, 역사 인식의 전환을 통해 중공은 적이었던 타이완 국민당과의 관계를 개선함으로써 타이완에 있는 '분리(독립)주의자들'의 목소리를 방지하는 효과뿐만 아니라 중공이 주장하는 '하나의 중국' 정책을 타이완 등에 강요하는 계기로 삼고 있는 것이다.[74]

2000년대에 이루어진 후진타오의 항전에 대한 재평가 후에 중국뿐만 아니라 다른 국가의 역사가들도 항전을 제2차 세계대전이라는 넓은 문맥에서 연구하려 한다. 예를 들면 중국, 영국, 미국, 일본에서 온 학자들이 조직한 2013년 9월의 한 국제 학술회의다. 학술회의에 참가한 한 토론자는, 항전 연구는 전 지구적 학자들의 참여와 함께 전 지구적 시각으로 연구되어야 한다고까지 주장했다고 한다.[75] 항전의 반파시스트 전쟁 관련 성격을 강조하는 것은 전쟁의 중요한 목적이 중국과 다른 아시아 민족의 반제국주의, 탈식민주의de-colonization였다는 것을 희석하고 그 의미를 최소화하는 결과를 초래한다. 최근 한국의 한 역사학자도 중국의 신화통신과 행한 인터뷰에서 항전에 관한 중국 내 역사적 이해의 전환이 한국의 중국근현대사 학자들의 (무의식적?) 지원을 받고 있다는 사실을 드러냈다. 그는 "중국의 항전은 세계적 차원에서 진행된 반파시스트 전쟁이라는 맥락에서 중요한 의미를 갖고 있었다"라고 지적하면서 "중국의 항전이 세계 반파시스트 전쟁에 무한한 공헌을 했다고 평가할 수 있다"라고 주장했다. 따라서 그는 항전이 '아시아'와 '아시아인들의 생명'도 '구했다'고 주장한다. 나아가 "지역내 평화를 보호했다"고도 지적한다. 이런 주장을 따르는 한국의 역사가들은, 무의식적이겠지만, 중공이 반민주주의적으로 진행해온 사회주의 실현과 항전에 대한 탈기억, 망각을 위한 지속적인 노력에 동조하고 마는 결과를 낳았다.

최근 들어 한국과 일본에 있는 역사학자들뿐만 아니라 중국의 역사학자들도 모두 한목소리로 이제 한 국가를 중심으로 과거를 바라보는 시각 또는 민족주의적 시각으로 과거를 이해하고 구성하는 전통적인 방법을 극복해야 한다고 주장한다. 이들은 "역사는 공유되어야 하고歷史共享", 또 "하나의 역사가 두 개의 목적에 봉사—史兩用"해야 한다는 주장에 기본적으로 동의해왔다.[76] 이와 관련해, 장쩌민에서 시진핑에 이르는 중국의 국가주석들 또한 중국의 항전 과정에서 비중국인들이 행한 공헌에 감사하다는 표현을 지속적으로 해왔다. 하지만 이런 감사 표현은 기본적으로 비중국인으로서 항전에 참여한 사람들이 항전과 반파시스트 전쟁에서 중국이 승리하는 데 공헌한 바를 강조하기 위한 것이었다. 따라서 중국 국가주석들의 긍정적인 평가는 중국인들의 민족적 자부심을 향상하기 위해 미리 조율된 상황에서 나온 언급이며, 항전 같은 과거(역사)가 공유되었다는 인식에서 나온 것은 결코 아니었다.

중국 항전의 역사는 중국인들이 배타적으로 소유하고 있다. 물론 중국 항전의 역사가 '중국 민족의 근대 민족 해방의 역사'라는 구도 속에서 재구성된다면 역사에 대한 중국인들의 배타적 소유 의식을 어느 정도 이해할 수 있다. 하지만 중국 항전은 많은 아시아인뿐만 아니라 서구에서 온 많은 급진주의자와 사회주의자가 함께 참여했던 반제·반전을 위한 전쟁이기도 했다. 이들이 당시 항전의 근거지이자 중국혁명의 근거지인 옌안에 집중했던 이유는 단지 중국인들의 '국제 친구' 또는 '국제 전사'가 되어 중국의 항전에 공헌하기 위해서만은 아니었다. 오히려 그들은 중국의 항전 속에서 자신들의 민족 역시 제국주의나 식민주의에서 해방될 수 있는 기회를 보았거나 뒷날 자국에서 반제운동을 통해 사회혁명을 일으킬 힘을 키울 수 있는 기회를 보았던 것이다.[77] 다시 말해, 그들에게 중국의 항전은 중국의 민족해방전쟁 또는 항일전쟁 이상의 의미를 갖는 것이었다. 항전은 곧 제국주의에 대항하는 세계 반제 혁명이자 침략과 착취의 식민 상태를 제거한다는 의미에서 더 큰 투쟁의 한 부분이기도 했다. 바로 항전이 지닌 이러한 초국가적인 면을, 역사가들은 관심을 갖고 바라보지 않았던 것이다. 중화인민공화국이 항전의 경험을 독점하려는 시도와 그 의미를 현재 중공의 정치적 목적을 위해 봉사하게 만들려는 시도를 포기하지 않는 한 항전의 초국가적인 면은 부각되기 힘들 것이다. 중국의 민족주의적 측면에서 항전을 강조하는 한 초국가적인 면은 부각될 수 없다.

4. 결론

이 장은 1980년대부터 1990년대에 걸쳐 중국에서 시작된 항전에 대한 기억, 특히 제2차 세계대전 속에서 항전을 새롭게 기억하려는 '새로운 기억'이라는 현상을 국민당에 대한 새로운 긍정적 평가 같은 확장된 역사 인식과 해석을 위한 것으로 간주하기보다 중국혁명과 그 유산으로서 탄생한 중화인민공화국의 정통성에 대한 부정과 깊은 관계가 있는 것으로 보아야 한다는 것을 입증하고자 했다. 중화인민공화국이나 사회주의 중국을 이해하는 데 그동안 중시되던 '혁명 패러다임' 또는 '혁명사관'을 대체한 것은 민족주의와 애국주의였으며, 이내 최근의 대체재로 근대화나 평화와 발전이 등장했다. 이제 중국의 항전은 민족주의적 사학과 세계대전의 역사라는 문맥 속에서 재해석되어, 경제성장과 함께 이루어진 중화 민족의 굴기에 중요한 전환점이었던 것으로 칭송되고 만다. 즉, 항전이 그 결과로 이루어진 사회혁명과 반제국주의적 민족혁명의 성공, 사회주의 중국이나 사회주의의 대두와는 관련이 없는 것으로 이해되기 시작한 것이다. 필자는 이런 현상을 중국혁명에 대한 '탈기억' 또는 '의미 축소'로 본다고 이미 언급했다. 특히 중화인민공화국의 혁명적 과거가 이제는 학자들에 의해 부정되거나 최소한 그 의미가 그들의 기억 속에서 축소되고 있다는 점은 필자의 주장을 뒷받침한다. '탈기억'의 결과는 중화인민공화국과 중국혁명의 관계를 모호한 것으로 점차 바꾸어버렸다. 중공의 지도자들이 중공과 중화인민공화국의 뿌리가 중국혁명에 있다는 것을 완전히 지워버리거나 망각하려는 것은 아니다. 하지만 이제 그들의 강조점이 근대화, 발전, 평화와 함께 민족주의와 애국주의로 옮겨 간 것만은 확실하다.

1978년 덩샤오핑이 중공의 권력 중심으로 복귀한 이래 그와 함께 중공의 지도부로 복귀한 대다수 지도자는 마오쩌둥의 지도 아래 진행된 문화대혁명 기간에 '주자파走資派, 자본주의 길로 중국을 이끌려는 자' 또는 '반反혁명 분자'라는 죄명으로 여러 고난과 모욕을 당했던 자들이다. 따라서 덩샤오핑을 포함해 이들은 같은 고초를 겪었던 여러 중공 당원의 목소리를 대변하고자 했다. 바로 이런 사실이, 이 중공 지도자들이 적극적으로 항전의 재평가를 주도하게 만들었다는 점은 의미심장하다. 즉, 이들이 중국혁명으로부터 중공을 점차 분리하려는 것이다. 우리가 "중국 사회주의 혁명의 결과 속에서" 특히 문화대혁명 시기에 어렵고 힘든 시간을 보내야 했던 많은 중국인의 이야기를 경청해야 하는 일은 몹시 중요하다. 하지만 다른 한편에서 보

면, 모리스 마이스너와 아리프 딜릭이 말하듯이, 우리는 "혁명이 갖는 역사
성을 부인하면서 혁명이 제기한 역사적 쟁점을 덮어 감추"려는 시도 역시
주시해야 한다. 나아가 "혁명(이라는 현상)을 역사적으로 필요했던 것으로
끌어냄으로써, 역사 속에서 나타난 넓은 의미의 비극 속에서 이루어진 하
나의 행동으로 그런 (혁명이 만들어낸) 비극을 이해해야만 한다". 모리스 마
이스너와 아리프 딜릭이 지적하듯이 "망각이 비극으로 나타난 고통을 풀
어줄 수는 있"지만, 그렇게 하는 것은 "더 큰 비극을 감추고 만다"는 것을
자각할 필요가 있다. 그리고 중국 사회주의가 제시했던 여러 쟁점을 기억
하고 다시 생각하는 것은 그 쟁점들이 "조용히 지나쳐버릴 수 있거나 그렇
게 해서는 안 되는 것"이기 때문에 중요하다는 사실 또한 거듭 기억할 필요
가 있다.[78]

아리프 딜릭이 지적하듯이, 최근에 이루어지는 중국혁명과 문화대혁명
에 대한 재평가는 "근대성의 현상들로서 혁명의 일반적인 문제"와 관련된
여러 문제점을 제기한다. 또한 그런 재평가는 "혁명의 역사와의 단절뿐만
아니라 혁명의 부산물이었던 만큼 혁명을 생산해내기도 한 근대성과의 단
절을 스스로의 이미지에서 요구하는 후혁명의 시대postrevolutionary age"에 '역
사가들은 혁명을 과연 어떻게 이해하고 다루어야 하는가'라는 매우 중요한
문제와도 관련이 있다.[79] 최근 중화인민공화국에서 전개되는, 사회주의 중
국과 사회주의 혁명 과정에서 발생한 과거 경험들이 갖던 관련성을 단절하
려는 시도들은 중화인민공화국 자체가 중국혁명의 직접적인 결과물이었
다는 것을 생각할 때 '과연 중국혁명이 필요했었는가'라는 의문까지 제기
하게 만든다.[80] 나아가 관련 쟁점은 중화인민공화국에 대한 역사적 이해와
관련이 있다. 만약 혁명의 중요성이 계속해서 덜 강조되고 나아가 부정되
기까지 한다면 1949년부터 개혁과 개방이 시작된 1980년대 사이의 시기
는 중국근현대사에서 '과도기' 또는 '공백기'로 남게 된다. 즉, 중화인민공

화국 자체가, 역사적 일탈(사회주의 체제)에서 1980년대 이래 중국의 근대
화와 함께 정상화(자본주의 체제)로 전환되어가는 과정으로 묘사되는 과도
기적 시기로 등장한다는 것이다. 결국 근대 중국의 역사는 맨 처음부터
1980년대 개혁과 개방으로 향하고 있었다는 목적론적*teleological* 역사 인식
을 만들고, 그 사이에 존재하던 시기는 이내 역사적 의미가 별로 없는 '과
도기' 또는 '공백기'로 그려지고 만다. 이러한 비역사적인 이해가 중국이
50년 이상을 '낭비하면서' 결국 자본주의 근대화라는 정상적인 역사 궤도
에 복귀했다는 조나단 머시키의 귀납적 해석을 옹호하는 결과를 초래한
다. 1980년대 덩샤오핑의 개혁·개방정책 이래 중화인민공화국은 역설적
으로 중국 인민이 사회주의에 대한 신념을 떨쳐버리게 하는 충분한 여러
이유를 제공해왔다. 따라서 민족주의와 애국주의가 점진적이지만 결정적
이고 의도한 대로 사회주의를 대체해버린 것이다. 항전이 "애국주의적이
고 민족주의적인 서사로 창안된 것"은 바로 이런 맥락을 따른 것이다. 그리
고 이런 새로운 구도에 맞지 않거나 바람직하지 않은 쟁점이나 사건들은
엄격히 제한되거나 덜 강조되고 연구도 덜 되었던 것이다.[81]

　혁명적 과거는 이제 불필요한 것으로 생각되고 이해될 뿐만 아니라 심
지어 지워지기까지 했다. 그 이유 가운데 하나는 중화인민공화국이 자본
주의 세력이 지배하는 세계 속으로 뛰어든 이래 경제적 성공을 이루었다는
데 있다. 특히 자본주의 세계경제와의 연결을 통해 생산된 여러 결과물과
이득이 중공 간부와 지도자들의 손으로 돌아갔기 때문이라는 것이다. 그
런데 이들은 사회주의적 이상을 통한 평등한 사회 건설을 약속했던 혁명과
혁명의 유산을 상속한 자들이자 그 유산을 굳게 보지해야 하는 자들이다.
그러나 이들은 그들 자신의 권력과 이득을 지키는 것을 더 중요하게 생각
하면서 이제는 스스로 자신들 이익의 터전을 지키는 문지기가 되어버렸
다. 그들은 중국이 전 지구적 경제와 연결되는 연결선을 적극 방어하려는

특권계급이 되어버렸다. 이런 관점에서 볼 때, 모쁘 가오Mobo Gao가 지적하듯이, 그동안 덩샤오핑의 개혁·개방정책을 열렬히 지지해온 중국 내 정치적·지적 엘리트들이 오늘날 중국에서 점점 더 심각해지는 환경문제뿐만아니라 사회경제적 문제들을 대하면서 이제는 덩샤오핑과 그의 추종자들이 추구해온 정책들에 의문을 제기하고 있다는 사실을 알게 되는 것은 결코 놀라운 일이 아니다.[82] 근대화에 대한 이들의 점증하는 의문들을 잠재우기 위해서 중화인민공화국 지도자들은 혁명과 사회주의보다 애국주의와 민족주의를 증진한 것이고, 전 지구적 맥락에서 발전과 평화라는 개념을 사용해 항전을 경축하려고 시도해왔던 것이다. 물론 1949년 이후 진행된 중공 주도의 혁명에 기반을 둔 항전과 관련된 혁명에 대한 서술이 그동안 항전의 전체 그림이나 중국 근대사의 복잡함을 오랫동안 "확실히 못 보게" 가려왔던 것도 사실이다.[83] 이제 더 중요한 것은 중공이 소유하던 "과거 혁명과 관련한 구체적인 믿음credentials"이 더 이상 유효하지 않게 되었다는 것, 그리고 혁명과 그 유산을 보지한 자들에게서도 거부되고 있다는 사실이다.[84] "우리는 …… (더 이상) 중국에서 '혁명역사서'가 출판되는 것을 거의 보지 못했다"라는 언급이 증명하듯이[85] 이제 혁명은 중화인민공화국의 정통성을 지지할 수 없게 되었고, 이에 따라 중공의 지도력 역시 지지받을 수 없게 되었다.

중국의 항전을 전 지구적 반파시스트 전쟁과 미국, 영국, 소련과의 반침략 동맹이라는 폭넓은 맥락 속에 위치시키면서 중화인민공화국 정권은 항전이 갖던 반제국주의 전쟁의 의미, 제국주의의 침탈에서 중국을 해방하고 1949년 사회주의 중국을 탄생하게 한 중국혁명 과정의 중요한 단계라는 의미 모두를 최소화하려고 시도해왔다. 일본에 항거한 항전의 역사라는 민족적 차원의 서사가 전 지구화된 형태로 바뀐 것은 1990년대 이래 베이징 정권이 추구한 '탈기억'의 부산물이다. 이런 전환은 결국 파시즘에 대항한 전 지구적 항거라는 이야기 속에서만 다양한 지역이 행한 역할을 인정하게 만드는 결과도 초래했다. 따라서 이런 시도는 지역이 중앙과는 다르게 항전을 어떻게 기억하고 경축할 것인지와 관련된 문제에도 영향을 주었고, 나아가 민족적이고 전 지구적 이야기 속에서 전쟁과 관련한 서사를 지역이 구성해가도록 하는 데도 영향을 미쳤다.[86] 만약 중국의 항전이 전 지구적 의미를 갖고 이에 따라 세계사 속에서 신기원을 이룬 하나의 사건으로 본다면 중국의 항전은, 전쟁의 경험과 신민주주의를 통해 중화인민공화국의 탄생으로 이끈 중국의 승리와 1945년 이후 많은 식민 사회에서 민족해방운동을 일으키게 한 불꽃이었다는 문맥 속에서만 기본적으로 존재하는 것이다.[87] 전쟁의 승리를 축하하는 과정에서 혁명과 그 역할의 의미가 최소화되거나 실종되는 것은 중국 인민의 기억과 민족적 차원뿐만 아니라 지역 차원의 기억 속에서도 실행되었다. 중공 지도자들이 강조하려는 분석 틀 속에 존재하는 전쟁의 서사가 갖는 전 지구적 형태를 지원하기 위해 전쟁의 기억은 표준화되었다. 이런 모든 변화는 결국 중국 사회주의가 탈급진화한 결과이며, 결국 중공 지도자들의 지도력과 정통성의 위기를 초래했다. 중국혁명에 대한 '탈기억'과 경제 발전을 근간으로 한 근대화라는 그들의 기획 사이에 갈등과 모순이 계속 존재하는 한 그들의 지도력과 정통성에 대해 점증하는 의구심은 지속될 수밖에 없다.

제 4 장

'좋은 전쟁', 그리고 희미해지는
태평양전쟁에 대한 기억

G. 커트 피엘러*

제2차 세계대전의 성격에 관해 국제적인 대화를 지속적으로 이어가는 일은 매우 중요하다.
필자는 풀브라이트 장학생으로 일본에서 보낸 짧은 기간에 전쟁을 기억하고 기념하는
방식이 매우 복잡하다는 사실을 배웠다. 아시아에서 제2차 세계대전은 여전히 논란이 많은
전쟁이다. 미국인은 제2차 세계대전이 '좋은 전쟁'이었다는 미국인의 지배적인
관점과 충돌할 수도 있겠지만 더 나은 새로운 관점을 갖는 일이 필요하다.

1. 머리말

필자는 20년 전에 『미국식으로 전쟁 기억하기*Remembering War the American
Way*』라는 책을 출간했는데, 이 글에서는 이 책에서 제기한 일부 쟁점들을
다시 한 번 다루고자 한다.[1]

이 글에서 필자는, 지난 20년에 걸쳐 유럽에서의 제2차 세계대전에 대한
미국의 기억에 비교하면 아시아와 태평양 지역에서의 전쟁에 대한 기억이

---

* 미국 플로리다 주립대학교 역사학부 부교수(Dept. of History, Florida State Univer-
  sity, U.S.A.), 제2차 세계대전과 인류의 경험 연구소 소장.

상대적으로 희미해지고 있다는 주장을 펼친다. 이러한 주장을 하는 근거
는 기억 보존을 위해 사용되는 문화적 형태, 즉 공휴일을 기념하는 기념행
사들과 대규모 기념일들, 기념물 건립, 전문 또는 아마추어 역사학자들이
양산한 학술 및 대중 저작물의 수, 그리고 특히 영화를 비롯한 예술 작품에
대한 대중의 관심이 줄어들고 있다는 사실이다. 역사학자는 미래 예측에
조심스러운 태도를 취해야 한다. 하지만 필자는 전쟁의 기억을 부추기는
제2차 세계대전 참전용사들도 더 이상 생존해 있지 않은 이 시점에 아시아
태평양에서의 전쟁에 대한 기억보다 유럽 전쟁에 대한 기억이 대중의 기억
속에 왜 더 크게 자리하게 된 것인지에 대한 이유를 제시한다.

2. 희미해져 가는 태평양전쟁에 대한 관심

태평양전쟁의 기억이 희미해지고 있다는 필자의 인식은 2003년 ≪뉴욕
타임스≫에 실린 "태평양 디데이D-Day의 참전용사들, 공로 인정받기 위해
싸워"라는 제목의 기사를 읽고 촉발되었다. 신문의 첫 번째 구역 중간에 나
온 이 기사는 미국의 정치·군부 지도자들이 태평양 지역에서 열리는 종전
60주년 기념행사에 참석해달라는 초대를 어떻게 거절했는지를 설명했다.
사이판 섬 상륙 60주년 기념식에 "워싱턴 인사들은" 아무도 참석하지 않았
고 심지어 "미 해병 밴드는 다른 일정이 예정되어 있었다". 언론의 관심에
대해서도 단지 괌의 ≪퍼시픽 데일리 뉴스≫만 행사장에 있었다고 신문은
전했다. 괌의 관료들은 미국 영토에 속하는 괌의 해방을 기념하는 다가올
행사들에 주목하며 "전국적인 언론의 관심과 고위 관료의 방문"에 대해 별
로 기대하지 않았다.[2]

태평양에서의 주요 전쟁들을 기념하는 일에 이처럼 공적인 관심이 부족

한 현상은 유럽에서의 제2전선 개막 60주년 기념행사와 극명한 대조를 보인다. 2004년 6월 6일 조지 W. 부시 대통령은 영국, 프랑스, 캐나다, 러시아 등 여타 제2차 세계대전 동맹국의 수반들과 함께 프랑스 노르망디에서 열린 국제적인 디데이(노르망디상륙작전 기념일) 60주년 기념행사에 참석했다. 독일 총리까지 참석하면서 이 기념행사는 1984년과 1994년에 개최된 비슷한 기념행사들과 뚜렷한 차이를 보였다.[3]

이와 유사한 불균형은 그다음 해의 유럽전승기념일(V-E day)과 대일전승기념일(V-J day) 기념행사에서도 뚜렷하게 나타났다. 2005년 5월 부시 대통령은 나치 독일에 대한 승리 60주년을 축하하는 기념식에 참석하기 위해 모스크바로 갔다. 이와 대조적으로, 부시 대통령은 미국 본토 밖으로 나가 대일전승기념일을 기념하지 않았고 대신 캘리포니아 주 샌디에이고에 있는 해군 기지에서 열린 기념행사에서 연설을 했다. 더구나, 기념식의 날짜인 2005년 8월 30일은 항복 선언을 한 1945년 8월 14일 또는 15일이나 일본 도쿄 만에 정박한 미국 전함 미주리호 선상에서 공식 항복 행사가 열렸던 1945년 9월 2일과도 일치하지 않았다. 태평양전쟁의 종식을 기념하는 이 행사에 부시 대통령과 함께 참석한 외국 지도자는 한 명도 없었다.

유럽에서의 전쟁에 비해 상대적으로 태평양전쟁 관련 기념행사에 보인 적은 관심에서는 버락 오바마 대통령도 부시 대통령과 별반 다를 게 없었다. 2011년 12월 7일 오바마 대통령은 진주만 공격 70주년을 기념하는 성명서를 발표했다. 그달 말, 오바마 대통령은 전통적인 연말 휴가 기간에 하와이에 머물면서 미국 전함 애리조나호 기념비에 헌화했다. 오바마 대통령은 어떤 공식 문건도 발표하지 않았고 2011년 12월 29일에 열린 기념식은 비교적 조촐하게 진행되었다. 로널드 레이건, 빌 클린턴, 조지 W. 부시 등 그의 전임자들처럼 오바마 대통령도 프랑스로 가 노르망디상륙작전 65주년과 70주년을 기념했다.

필자가 『미국식으로 전쟁 기억하기』 책 집필을 한참 마무리하고 있던 1990년대 초까지만 해도 태평양전쟁에 대한 미국 대중의 인식 수준은 꽤 높았다. 일본의 진주만 공격을 기념하는 행사들, 특히 이 사건의 50주년 기념행사는 언론의 큰 관심을 끌었다. 하와이로 떠난 조지 H. W. 부시 대통령은 1991년 12월 7일 진주만에서 제2차 세계대전의 유산에 초점을 맞춘 대규모 대중 연설을 했다. 제2차 세계대전 기간에 해군 조종사였으며 전쟁에서 가까스로 살아남았던 부시는 자신의 연설에서 일본과 미합중국의 화해의 필요성을 강조했다. 부시는 제2차 세계대전 기간에 미 해군 소속으로 태평양전쟁에 참여한 다섯 번째 미국 대통령이었다. 존 F. 케네디, 린든 B. 존슨, 리처드 M. 닉슨, 제럴드 R. 포드는 모두 대통령이 되기 전에 태평양전쟁 참전용사들이었다. 1952년 대통령에 선출되어 1961년 1월까지 연임한 드와이트 아이젠하워는 유럽 전선에서 싸우고 대통령에 선출된 유일한 제2차 세계대전 참전 군인일 것이다.

1995년 출간된 필자의 책에서는 그해에 있었던, 미국 워싱턴 D.C.에 있는 항공우주박물관에서 전시회를 개최하려던 스미스소니언 협회의 계획을 둘러싼 뜨거운 논란을 미처 다루지 못했다. 전시회의 원래 취지는 1945년 일본에 원자폭탄을 사용한 것을 놓고 이런저런 질문들에 대해 한번 생각해보자는 것이었다. 그 전시회가 개최되었다면, 제2차 세계대전이 태평양에서 어떻게 종식되었는지 설명했을 것이며 히로시마에 원폭을 투하하는 데 사용된 (미국 B-29) 폭격기인 에놀라 게이도 전시했을 것이다. 원자폭탄을 사용하는 것 말고 다른 대안들이 있었다고 제시한 한 역사학회가 전시회에 영향을 미쳤다는 점 때문에 의회의 공화당원들, 참전용사 그룹들, 보수적인 정치 전문가들이 이 전시회를 공개적으로 반대했다. 결국 전시회는 취소되었고 항공우주박물관장이 사임하기에 이르렀다.[4]

스미스소니언의 전시를 둘러싼 논란은 1990년대에 태평양전쟁에 대한 대중의 기억이 얼마나 강력했는지를 상징적으로 보여주었다. 이는 제2차 세계대전 참전 세대가 이 시기에도 미국 사회에 얼마나 지속적으로 영향력을 행사하고 있었는지를 여실히 보여준다. 1990년대에는 이 세대 가운데 가장 젊은 사람들마저 은퇴 연령에 진입하고 있었는데도, 그들은 여전히 정치적·경제적·문화적으로 매우 큰 영향력을 발휘하고 있었다. 미국에서 대통령직이 베이비붐 세대에 이양되기 시작한 시점이 1993년부터였는데, 제2차 세계대전 기간 이탈리아에서 보병으로 싸웠던 밥 돌 미국 상원의원은 1996년에 빌 클린턴에게서 백악관을 다시 빼앗으려고 시도했다. 여전히 너무도 생생하게 남아 있는 기억을 가지고 있던 태평양전쟁 참전용사들은 더욱더 자신들의 경험을 외부인들과 기꺼이 나누고자 했다.

3. 태평양 전쟁에 대한 관심이 쇠퇴한 이유

그러나 이제는 상황이 많이 바뀌었다. 부분적으로 그 변화는 제2차 세계대전 세대의 쇠퇴 때문일 수 있다. 그러나 이것이 사실이라면 왜 유럽에서는 아직도 전쟁이 그렇게 생생하게 기억되는 것일까? 필자는 여러 복잡한 요인이 기억의 변화를 야기했다고 생각한다. 가령, 지난 50년 동안 국제주의 및 국방비 지출을 옹호한 사람들은 진주만을 안보불감증의 위험 사례로 들어왔다. 핵(무기) 시대에 핵 전략가들은 종종 또 다른 진주만 사태의 재발을 피해야 한다는 점을 강조했다. 2001년 9월 11일 발생한 테러 공격이 다양한 이데올로기적 관점을 가진 정치인들에게 안보불감증의 위험을 보여주는 대표적인 역사적 사건이 되면서 이제 이 사건이 진주만을 상당한 정도로 대체하고 있다. 하지만 특히 새로운 전쟁의 출현으로 유럽 전쟁에 대한 기억이 전혀 희미해지지는 않았기 때문에 9·11 테러만으로 태평양전쟁의 기억이 희미해지는 이유를 설명할 수는 없다.

이러한 기억의 변화를 이해하기 위해서는 제2차 세계대전을 좀 더 광범위한 역사적 상황 속에 놓고 그 전쟁이 전후 미국에서 왜 그렇게 오랫동안 중대하게 여겨졌는지를 이해해야 한다. 아마도 미국이 경험한 제2차 세계대전의 가장 두드러진 특징은 특히 중국과 소련, 그리고 다른 교전국들에 비해 확실히 국내 전선이 상대적으로 안전했다는 점이다. 미국 본토는 한 번도 전쟁터가 된 적이 없었고 어떤 대규모 공습에서도 안전했다. 마찬가지로 눈에 띄는 점은 보통의 미국인들이 느끼기에 미국은 전쟁 기간에 오히려 부유해졌다는 점이다. 자칭 민주주의의 병기창으로서 미국은 1500만 명이 넘는 남녀 군인을 지속적으로 무장시키고 무기 대여를 통해 미국 동맹국들, 특히 영국연방, 소련, 대영제국, 중국에 엄청난 양의 보급품을 보낼 수 있을 정도로 충분한 물품과 서비스를 생산했다. 하지만 이렇게 엄청나게 많은 물품과 서비스를 제공했는데도 미국 시민들은 1940년보다 1944년에 더 많은 물품과 서비스를 사용할 수 있었다.[5]

미국인들은 종종 제2차 세계대전의 유산을 설명하기 위해 '좋은 전쟁'이라는 용어를 사용한다. 대부분의 교전국은 그들 나라에 미친 전쟁의 영향을 설명하기 위해 결코 이 수식어를 붙이지 않지만 미국으로서는 몇 가지 측면에서 이 용어를 붙일 수 있다. 소련과 중국, 독일, 일본의 사상자 명부에 비해 미국 시민들 가운데 이 전쟁에서 사망하거나 부상당한 사람들 수는 훨씬 적었다. 당시 필리핀이라는 미국 식민지 밖에서의 민간인 사망자 수는 연합국과 추축국을 포함한 대부분의 다른 교전국에 비해 무시할 수 있을 정도로 적었다. 대영제국, 프랑스, 네덜란드 입장에서는 이 전쟁 때문에 아시아에서의 제국 건설이 갑작스럽게 끝이 났으며, 또 일본에 대한 승리 이후에 온 권력의 공백은 이 지역에서의 유럽 식민주의의 종언을 앞당기게 되었다. 반면, 미국은 전쟁으로 번성해 전후 군사적·경제적으로 세계 최대 강대국으로 부상했다. 또 일본 제국과 나치 독일을 물리치기 위해 미국이 참전하는 게 타당했다고 하는 중요한 합의를 이끌어냈다. 그 결과 냉전 시기에 미국은 고립주의가 아닌 국제주의를 채택해 활발한 외교정책을 펴나가게 되었다. 즉, 제2차 세계대전은 왜 미국이 세계 문제에 개입해야 하는지를 설명하는 지표가 된 것이다. 그 지표는 바로 안보불감증의 위험을 피한다는 것이었다.

4. 미국인들이 전쟁을 기념하는 방식

제2차 세계대전의 기념을 이해하기 위해서는 미국인들이 과거의 전쟁들을 기억하고 기념하는 방식의 광범위한 유형을 먼저 이해해야 한다. 미국은 비록 전쟁을 통해 독립된 나라가 되었지만 처음에는 전쟁 기념관을 건립하거나 참전용사들에게 그들의 복무에 따라 어떤 특별한 지위를 주려 하지는 않았다. 미국 헌법 체계에서 연방주의는, 특히 미국 남북전쟁 이전에, 전 국가적인 전쟁의 기억을 조장할 수도 있는 정책들을 추진하지 못하도록 미국 정부의 역할을 제한했다. 19세기와 20세기 많은 국가의 국가 건설 프로젝트와 대조적으로 냉전 시대 이전까지 연방 정부는 국립대학을 설립하거나 대학 이전 교육과정에 상당한 지원을 제공하는 것을 삼갔다. 제퍼슨 공화파들은 조지 워싱턴 사망 이후 국가가 그의 기념비를 세우는 것을 반대했고, 장교들로 구성된 참전용사 조직인 신시내티 협회의 주장들을 미심쩍게 여겼다. 남북전쟁 이전에 의회는 조지 워싱턴의 주택을 국립사적지로 개조하는 것이 전례가 될까 봐 이를 거부했다. 민간단체들이나 지방정부는 미국 독립 전쟁, 1812년 전쟁, 멕시코-미국 전쟁에 대한 기념물들을 압도적으로 많이 건설했다.

미국 남북전쟁은 주 정부들의 권한과 비교해 연방 정부 권한의 본질에 관한 다수의 논의에 종지부를 찍었다. 이 전쟁을 기념할 목적으로, 남부의 반란에 맞서 싸우다 전사한 군인들을 위해 미국 정부는 역사상 처음으로 곳곳에 국립묘지를 그물망처럼 건립했다. 이 전쟁으로 최초의 참전용사 전국 조직인 남북전쟁 참전 북군 육해군 군인회와 남군 재향 군인회가 설립되었다. 남북전쟁 참전 북군 육해군 군인회의 경우 특히 새로운 국경일, 즉 전몰장병 추모일*Memorial Day*을 준수하도록 장려해 독립 전쟁의 기억을 촉진할 뿐 아니라 전쟁에서 싸운 이들에게 상당히 많은 혜택을 보장해주는 단체로서 역할을 수행했다. 1890년대를 기점으로 미국 정부는 여러 남북전쟁 장소들과 이후에는 독립 전쟁 전장에 국립 군사 공원을 건립하기 시작했다.

수천 개의 남북전쟁 기념비들이 세워졌으며, 이로써 미국에서 이 전쟁은 제1차 세계대전과 베트남전쟁보다 더 많이 기념하는 전쟁이 되었다. 미국 정부는 국가적 차원에서 남북전쟁을 기억하도록 만들기 위해 온갖 노력을 다했는데도, 지역주의 정서들이 팽배했다. 이 전쟁을 기념하기 위해 국립묘지나 군사 공원에 세워진 기념비들의 대부분도 민간단체나 참전용사 그룹의 지원을 받았으며 정도는 덜하지만 지역 및 주 정부에게도 기금 지원을 받았다. 20세기에도 이러한 경향은 동일하게 지속되어 연방 정부는 대체로 기념비의 건립을 민간단체와 지방정부에 맡겼다. 심지어 제2차 세계대전, 한국전쟁, 베트남전쟁 기념비들처럼 워싱턴 D.C.에 있는, 국가가 승인한 기념비들 역시 민간의 기부로 자금을 조달했다. 미국에는 20세기에 발생한 전쟁들을 기념하기 위한 국립 군사 박물관이나 공공 박물관이 없다. 예를 들어, 캔자스시티에 있는 제1차 세계대전 국립 박물관과 루이지애나 주의 뉴올리언스에 있는 제2차 세계대전 박물관도 민간단체의 지원으로 유지되고 있다.

미국인들이 실제로 기념해온 전쟁들 사이에, 즉 가장 많은 기념비가 세워진 미국 남북전쟁과 제1차 세계대전, 베트남전쟁 사이에도 불균형이 존재한다. 이들 전쟁은 미국인들 사이에 가장 큰 분열을 초래한 전쟁들로서, 이 전쟁을 기념하는 것은 전쟁에 참여한 전후 세대에게 카타르시스를 제공하는 역할을 했다. 미국 남북전쟁과 제1차 세계대전을 기념하기 위해 전쟁의 기억과 연관된 두 가지 대규모 시민의 날도 제정되었다. 즉, 전몰장병 추모일은 원래 미국 남북전쟁 사상자들을 추모하기 위해 제정되었지만 시간이 지나면서 모든 전몰자를 기리는 날로 확대되었고, (제1차 세계대전의) 휴전 기념일Armistice Day은 원래 제1차 세계대전 종식을 기념하는 날이었지만 지금은 모든 참전용사의 전쟁 참전을 기념하는 참전용사의 날Veterans Day 로 진화했다.

제2차 세계대전과 관련해서는 두 개의 주가 대일전승기념일을 주 공휴일로 지정했지만 국가 차원에서는 기념일이나 공휴일로 지정하지 않았다. 남북전쟁과 제1차 세계대전을 기념하기 위해 수천 개의 기념비가 세워진 데 비해 제2차 세계대전에 대해서는 비교적 적은 수의 기념비가 세워졌다. 1940년대와 1950년대에 지역사회가 기념비들을 설립하긴 했지만 그들은 공원과 병원, 학교, 경기장 및 다른 실용적인 건물들을 건립하는 것을 선호하는 경향을 보였다. 필자의 책『미국식으로 전쟁 기억하기』에서 언급했듯이, 이 전쟁을 둘러싸고 이루어진 상대적 합의는 이 전쟁을 기념하는 것에 대한 상대적인 관심 부족을 어느 정도 보여준다. 제2차 세계대전 참전용사 단체를 대규모로 새로 조직하려는 계획들은 1940년대에 좌충우돌했다. 그 결과, 참전용사 단체에 가입한 미국인 남녀 군인들이 1919년에 설립된 미국 재향 군인회나 더 오래된 해외 전쟁 참여 군인 협회에 가입하는 일들이 벌어졌다.

제2차 세계대전을 기념하기 위해 취한 가장 중요하면서도 오래 지속된 기념 방식은 미국 전쟁 기념비 건립위원회에서 세운 국립묘지와 기념비들이었다. 1945년 이후 트루먼 정부와 의회, 미국 전쟁 기념비 건립위원회는 해외 묘지를 건립하는 데 제1차 세계대전 이후에 확립된 선례들을 따랐다. 이를테면, 제1차 세계대전 이후 전몰장병의 유가족들은 그들의 자녀 또는 배우자가 미국 전쟁 기념비 위원회가 유지하고 관리하는 해외 묘지에 묻히기를 원하는지 아니면 국내로 송환되기 원하는지를 결정할 수 있는 권한을 부여받았다. 그 결과, 제1차 세계대전 이후 그러했던 것처럼 대일 승전 이후에도 전몰장병의 유가족들은 전몰장병의 시신을 본국으로 데려오는 것을 선택했다.

1945년 이후 미국 전쟁 기념비 건립위원회의 전쟁 기념 활동들을 살펴보면, 유럽 중심의 기념 활동에 다소 치우친 경향을 보인다. 제2차 세계대전 기간에 미군이 참전한 전투가 벌어진 유럽의 전역에 해외 묘지들이 건립되었다. 즉, 튀니지, 이탈리아, 영국, 프랑스, 네덜란드 지역에 미군 장병들의 영구 묘지가 설치된 것이다. 이와는 매우 대조적으로 태평양 지역에는 단 두 군데의 해외 묘지만 건립되었다. 하나는 미국의 전 식민지였던 필리핀에, 또 다른 하나는 당시 미국의 영토였던 하와이에 설치되었다.

미국의 전쟁 기념 양식을 보면, 영국의 왕립 전쟁 묘지(뒷날 영국연방 전쟁 묘지로 개명됨)의 영향을 받았지만 몇 가지 점에서 차이를 보였다. 우선 영국은 두 차례 세계대전의 경우 유가족들에게 전몰자의 송환권을 부여하지 않고 국가가 이를 결정하는 권한을 가졌다. 영국 정부는 전사한 군인들을 전장이나 전장에서 가능한 한 가까운 곳에 묻는 정책을 고수했다. 그 결과, 제2차 세계대전과 관련된 영국 전몰장병의 묘지는 일본을 비롯해 세계 전역에 설치되었다.

대일전승기념일 직후에 시행된 또 다른 중요한 기념사업은 미 해군과 관련이 있는 별도의 기념비들을 만드는 것이었다. 조 로젠탈이 이오지마

섬에서 미국 국기를 들고 있는 군인들의 사진을 찍어 배포한 지 몇 주 만에 급하게 제작된 조각상이 워싱턴 내셔널 몰을 장식했다. 그 기념비는 시간이 흐르면서 단순히 제2차 세계대전을 상징하는 기념비에서, 대일 전쟁뿐만 아니라 미국 독립 전쟁 이후 해군이 싸워온 모든 싸움에서 미 해병대의 역할을 기념하는 존재로 바뀌었다. 그리고 비록 미 의회에서 기념비 건립을 인가했지만 이 기념비는 민간의 모금으로 지어졌다.

최근 몇 년 사이에 태평양전쟁의 기억이 희미해졌다고 말했지만 잊지 말아야 할 중요한 사항들이 있다. 태평양전쟁, 특히 1941년 12월 7일에 일본이 행한 치명적인 진주만 공격은 여전히 진주만을 찾는 많은 사람 때문에 하와이인들의 기억 속에는 지속적으로 자리 잡을 것이다. 엘레나 M. 프리엇_Elena M. Friott_이 곧 발표할 논문에서 보여주겠지만, 뉴멕시코에서의 바탄 죽음의 행군은 제2차 세계대전 기념행사의 핵심 요소였으며, 이는 이 전쟁에 대한 관심이 아직도 줄어들지 않고 있다는 것을 말해준다.[6] 원자폭탄 제작에 필요한 물질을 제조하는 마을로 새롭게 조성되었던 테네시 주의 오크리지에서는 아직도 사람들의 기억이 원자폭탄(투하)과 태평양전쟁의 종식과 긴밀하게 연결되어 있다.[7] 미 해병대에게는 태평양전쟁에 대한 기억이 오래도록 남아 있을 것이다. 그것은 해병대가 역사를 활용해 제도적 기억을 계속 만들어내기 때문이다. 해병대 신병 훈련소에서는 신병들에게 해병대의 역사를 가르치고, 특히 제2차 세계대전의 전투들을 중요하게 부각하고 있다. 이는 제2차 세계대전 덕분에 해병대는 전후에도 미 육군에 통합되지 않을 수 있었기 때문이다.

미국에서 기념비를 건립하는 등 제2차 세계대전을 기념하는 일에 상대적으로 관심이 부족했던 것은 나치 독일에 대항해 전쟁을 벌인 미국의 결정에 의문을 제기하는 역사수정주의 운동이 거의 없었기 때문이다. 냉전 시대의 상황 때문에 제2차 세계대전의 기억은 '좋은 전쟁' 또는 필요한 전쟁이었다는 이미지가 강화되었고, 냉전주의자들은 유화 정책과 이를 옹호하는 자들, 특히 영국의 네빌 체임벌린 총리와 조종사 찰스 린드버그를 악마처럼 여기게 되었다. 냉전주의자들은 제2차 세계대전에서 얻은 교훈으로 국제주의를 포용해야 하는 것과 또 다른 전체주의 지도자의 요구를 절대로 들어주지 않아야 한다는 것 등을 강조했다. 윈스턴 처칠 영국 총리는 서구에 나치 독일과 소련의 위험성을 경고한 사실 때문에 유명해지고 승리를 거머쥐었다. 하버드 대학생 시절에는 불간섭주의자로서 미국의 우선을 주장했던 존 F. 케네디도 대통령이 되어서는 처칠에게 미국 명예시민권을 부여했다. 1970년대에는 독일의 유럽 유대인 말살 행위를 중단하는 데 개입하지 않았다는 이유로 미국 정부, 특히 프랭클린 D. 루스벨트 대통령을 비판하는 공개 논의가 갈수록 더 많아졌다.

5. 제2차 세계대전은 '좋은 전쟁'인가

필자가 럿거스 구술사 아카이브의 설립 책임자로서 제2차 세계대전 참전용사들을 인터뷰하기 시작했을 때 얼마나 많은 사람이 이 전쟁 이야기를 시작하면서 진주만을 언급하고 싶어 하는지를 알고 깜짝 놀랐다. 이 인터뷰를 시작하면서 필자는 그들의 부모와 1930년대와 1940년대 초 유년 시절 및 성년기에 대해 물어보는 생애사적 접근 방식을 선택했다. 그런데 그들 대부분은 참전을 둘러싸고 미국인들을 양분한 격렬한 논쟁들을 반드시 언급했다. 그리고 전쟁에 대한 그들의 생각은 제2차 세계대전을 암암리에 '좋은 전쟁'이라고 생각한 필자의 관점과도 완전히 상치되는 것이었다. 전쟁을 목격한 많은 미군에게는 '좋은 전쟁'의 '좋은' 것은 전혀 없었다. 필자는 육체적·정신적으로 지속적인 상처를 남긴 전쟁의 엄청난 충격에 대한 이야기를 끊임없이 들을 수밖에 없었다.

언론인, 정치 지도자, 할리우드 감독과 같은 제2차 세계대전 세대가 유명해질수록 제2차 세계대전을 둘러싼 논란의 기억은 더욱더 희미해졌다. 이를테면, 톰 브로커는 대단히 영향력 있는 그의 책 『가장 위대한 세대The Greatest Generation』에서 전쟁 개입을 둘러싼 논쟁을 스쳐 지나가듯이 언급했을 뿐이다. 『가장 위대한 세대』에 언급된 여러 이야기 가운데 그 어떤 것도 전쟁에 개입할지 개입하지 말지에 관한 논쟁을 부각하지 않았다. 이는 책의 서사를 복잡하게 만들고 역사적 정의를 모호하게 만들기 때문에 의도적으로 생략되었을 것이다. 그러나 이 책은 이런 질문을 제기할 수도 있었다. "그렇게 위대한 세대가 나치 독일과 일본 제국주의의 위협을 인식하는 데 왜 그렇게 오랜 시간이 걸렸습니까?"[8]

많은 측면에서, 미국이 제2차 세계대전에 가장 늦게 참전한 강대국이었다는 점은 전혀 놀랍지 않다. 비록 미국이 1940년 이전에 특히 중남미와 아시아에서 활발한 외교정책을 펼쳤지만 미국의 지배적인 정서는 고립주의 또는 좀 더 정확하게는 비개입주의로 특징지을 수 있었다. 전략적으로, 미국은 외부의 침략으로부터 국가를 지켜낸 대규모 해군을 보유하고 있었다. 그러나 1941년까지 또 다른 해외 전쟁에 참전하는 것에 국민들의 상당한 반대가 있었다. 필자의 견해로는, 미국의 제2차 세계대전 개입은 불가피한 것이 아니었다. 만일 대통령이 다른 사람이었다면 역사는 다른 방향으로 전개되었을 수도 있다. 이 시대에 대한 필립 로스의 반*사실적 역사 소설 『미국을 노린 음모The Plot Against America』는 역사학자들에게 과거를 이해하는 과정에서 역사적 필연성에 주의하라고 상기시킨다.[9]

프랭클린 루스벨트 대통령은 미국이 나치 독일에 대항한 전쟁에 개입하는 데 중추적인 역할을 했다. 비록 역사학자들은 루스벨트 대통령이 미국의 파병을 피하기 위한 방편으로 영국연방과 소비에트연방에 대한 아낌없는 지원을 제공하기로 했는지에 대해 논의하고 있지만, 루스벨트 대통령이 유럽 전쟁에 동정심을 갖고 있었다는 것은 의심의 여지가 없다. 독일 유대인 마을을 겨냥한 나치의 테러 조직을 목격한 사건인 1938년 크리스탈나흐트*Kristallnacht, 수정의 밤* 이후, 루스벨트 대통령은 이러한 행위들을 공공연하게 맹렬히 비난했고 자문을 구하기 위해 주독 미국 대사를 소환했다. 이 대사는 결국 독일로 돌아가지 않았고 전쟁이 발발할 때까지 미국은 대리대사를 통해 외교를 수행했다. 1941년 8월 루스벨트 대통령과 윈스턴 처칠 영국 수상이 발표한 대서양헌장은 두 나라가 재앙 덩어리인 나치의 패망을 기필코 보고야 말겠다고 다짐한 것이었다. 참전을 몇 달 앞두고 독일을 겨냥한 루스벨트의 어조는 더욱 단호해졌고, 북대서양에서의 선전포고 없는 해전의 강도가 거세지고 있음을 보여주었다.

이와 대조적으로, 루스벨트 대통령은 대일 전쟁 개입 가능성에 대해서는 양면적인 태도를 계속 취했다. 1930년대 내내, 중국의 대일 전쟁과 관련해 수사학적·물질적 지원은 계속 최소한도에 머물러 있었다. 일본이 독일, 이탈리아와 공동전선을 펼치기로 결정한 것과 아시아에서 보여준 일본의 행동, 특히 일본의 프랑스령 인도차이나 반도 점령을 보고 미국의 정책 결정자들의 입장은 근본적으로 바뀌었다. 1940년 6월 프랑스의 몰락이후 루스벨트 대통령은 그가 지명한 국무장관 코델 헐을 주요 정책 결정과정에서 대부분 배제하면서 독일 내 전쟁에 관한 미국의 외교정책을 총괄했다. 이를테면, 코델 헐 국무장관은 심지어 루스벨트 대통령과 처칠 영국 수상의 1941년 8월에 이루어진 만남에 대해서도 미리 알지 못했다. 이와 대조적으로 코델 헐 국무장관과 하급 관료들은 대일 석유 금수 조치를 비롯한 경제제재를 가하는 숙명적인 결정 등 진주만 공격 직전 미국의 정책 방안들을 마련하는 데 중추적인 역할을 했다.

일본의 진주만 공격 결정은 미국 국민을 충격에 빠뜨렸고 미국의 전쟁 참전을 둘러싼 국가적 논쟁에 종지부를 찍었다. 일본을 향한 적의가 미국인들의 뼛속 깊이 박혔다. 존 다우어는 『자비 없는 전쟁War without Mercy: Race and Power in the Pacific War』에서 이와 같은 증오가 인종주의에 의해 촉발되었다고 설명했다. 대독 전쟁에 관한 미국의 선전 내용은 종종 '사악한 나치'와 '선하지만 오도된 독일인' 사이의 뚜렷한 차이를 강조했다. 이와 대조적으로 미국의 공식적·비공식적 선전은 대개 일본인을 인간 이하의 유인원이나 기생충 같은 존재로 그렸다.[10]

미국의 제2차 세계대전 참전을 둘러싼 극심한 분열을 뭔가 의도적으로 잊게 하려는 듯한 행태들이 있었다. 우선 제2차 세계대전에 관한 기억을 날조해, 베트남전쟁과는 너무나 다르게, 이 전쟁이 합의에 따른 또는 국가를 통합한 전쟁인 것처럼 생각하도록 만들었다. 역설적으로, 1940년 대영제국과의 '군사기지 대용 구축함 거래', 평시 징병제 채택, 무기대여법, 1941년 나치에 맞서 갈수록 단호해지던 루스벨트 대통령의 수사(레토릭) 문제 등을 다룬 공청회, 특히 의회 공청회보다 1964년과 1965년 미국의 베트남전쟁 참전에 대한 초기 논쟁들에 관련된 공청회 횟수는 훨씬 적었다. 베트남전쟁에 관해 강의할 때마다 필자는 종종 1964년 베트남에서의 군사 행동을 인가하는 통킹 만 결의에 대해 하원의원은 전무하고 오직 상원의원 두 명만 반대표를 냈다고 지적한다.

진주만은 제2차 세계대전 참전 세대의 기억 속에 뚜렷이 자리 잡고 있다. 실제로 필자가 럿거스 구술사 아카이브를 위해 인터뷰한 사람은 모두 이 사건을 기억하고 있었고, 진주만 사건 소식을 들었을 때 그들이 있었던 곳에 대해 저마다 할 이야기들이 있었다. 그러나 진주만 공격에 대한 대응을 둘러싼 논의들은 논쟁을 불러일으켰고, 그 논의들은 한 세대 넘게 이어졌다. 역설적으로, 1941년 가을 북대서양에 선전포고 없이 전쟁을 개시한 루스벨트 대통령의 호전적인 행동은 진주만 공격만큼 분열을 조장하지는 않았다. 심지어 전쟁이 끝나기 전에 공화당의 비판론자들은 진주만 공격에 대한 조사를 요구했고, 트루먼 대통령은 그들의 입을 다물게 하기 위해 1947년 12월 1일에 일본의 진주만 공격 사건 조사를 위한 위원회를 설립했다. 그 위원회는 진주만이 공격을 받게 된 책임을 주로 진주만에 주둔했던 육군과 해군 지휘관에게 전가했다. 종전 직후 시작된 대규모 의회 조사는 파괴적인 공격을 받게 된 주요 책임을 지역 지휘관들에게 전가했을 뿐만 아니라, 임박한 전쟁 위협에 대해 적절히 경고하지 않았다며 워싱턴 관료들에 대해 비판적인 태도를 계속 견지했던 (소수파의) 반대 의견서도 조사 대상에 포함했다.[11]

비평가들에게 진주만은 불행한 사건의 대명사였다. 비록 과거의 비개입주의자들이나 고립주의자들이 대부분 1941년 12월 7일 이후 전쟁을 지지했지만 1945년 이후에는 반대의 목소리도 나오기 시작했다. 대일승전일 이후에는, 분열된 나라를 대독 전쟁에 끌어들이기 위해 프랭클린 루스벨트 대통령이 대일 전쟁을 획책했다고 강력하게 주장하는 사람도 소수 있었다. 비개입주의자였던 찰스 비어드는 전쟁 발발에 관해 설명하면서 프랭클린 루스벨트 대통령은 진주만을 전쟁의 뒷문으로 사용했다고 주장했다.[12] 다른 역사학자들은 루스벨트 대통령이 좀 더 사악한 동기를 갖고 있었다며 존 F. 케네디 사살 관련 음모에 필적할 만한 20세기 최고의 음모 이론 가운데 하나를 만들어냈다. 일부 존경할 만한 역사학자들은, 특히 존 톨런드는 프랭클린 루스벨트 대통령이 진주만이 공격받을 것이라는 사실을 미리 알고 있었는데도 이를 막기 위한 아무런 조처도 하지 않았다고 주장했다.[13]

음모 이론은 차치하더라도, 학자들 사이에서도 태평양전쟁에 관한 수정주의 학파가 등장했다. 대독 전쟁 참전에 관한 논쟁은 거의 없었던 데 비해 일부 학자들은 대일 전쟁 참전이 과연 타당했는지에 대해 의문을 제기했다.[14] 미국과 제국주의 일본의 관계에 비해 미국과 독일의 관계를 생각할 때 이와 같은 수정주의자들이 등장했다는 사실은 전혀 놀랍지 않다. 1941년 무렵 미국 정부는 근본적으로 나치 정권과의 대화를 중단했다. 반면 일본과의 관계의 경우 일본이 중국의 주권을 회복시켜주고 유럽의 식민지들을 확실히 지켜주며 일본 시장을 개방한다는 합의에 도달할 수 있으리라는 희망이 있었다.

태평양전쟁을 둘러싼 또 다른 중요한 쟁점은 제2차 세계대전에서 핵무기를 사용하려 한 해리 S. 트루먼 대통령의 결정이었다. 제2차 세계대전 참전용사 대부분이 원자폭탄의 사용을 지지했고 대다수는 그것이 자신들의 생명을 지켜주었다고 확신한다. 그런데도 특히 전쟁 직후 몇 년 동안 이러한 행동이 남긴 유산을 둘러싼 상반된 의견이 존재했다. 과학자들과 종교 지도자들, 사회 참여 지식인, 수많은 정계 인사는 이 새로운 무기가 인류의 미래에 미칠 영향에 대해 우려를 표했다. 냉전 때문에 역사상 유례없는 군비 확장 경쟁이 벌어지기 전까지 아주 짧은 시기에 미국인들은 국제적인 핵무기 관리 조직을 창설하려는 노력을 지지했다. 심지어 미국의 대다수 대중은 세계정부를 창설하는 생각까지 내놓기도 했다. 냉전 기간에 평화운동은 원자폭탄의 사용을 목소리 높여 비난했다.[15]

1995년 실패로 끝난 스미스소니언 전시회를 둘러싼 논란과 관련해 상당히 많은 글이 발표되었다. 몇몇 관점들은 전쟁에 대한 미국인의, 특히 참전용사의 편협함을 부각하기 때문에 살펴볼 가치가 있다. 우선 전시회에 관여한 역사학자들이 종종 핵무기 사용을 대일 전쟁을 종식한 결정적인 요인으로 보는 이분법적 태도를 피했더라면 훨씬 좋았을 것이다. "원자폭탄을 왜 사용했나?"라는 질문 대신에 덜 미국 중심적인 "일본은 왜 항복했나?"라는 식의 질문을 던졌어야 했다. 전시회를 지지한 역사학자들과 전시회를 반대한 참전용사들 양쪽 모두 대체로 소련의 대일 전쟁 참전의 중요성과 일본의 제국 체제의 생존을 보장하려 한 결정을 회피했다. 얼마나 많은 참 전용사와 여타의 미국인이 원자폭탄 사용을 지지했는지는 여전히 수수께 끼로 남아 있지만, 히로히토(쇼와) 일왕을 왕좌에 계속 머물도록 허용한 것 이 타당했는지에 대해서는 한 번도 문제 삼지 않았다. 이 같은 결정은 편의 적으로 이루어진 것이었다는 것 외에도 대단히 문제가 많았고 도쿄 국제군 사재판이라는 업적에도 먹칠을 했다.

제2차 세계대전 참전용사들이 점차 세상을 뜨면서 원자폭탄 사용에 대 한 분노의 감정도 희미해지고 있다. 미국의 지도자들은 원자폭탄 사용에 대해 국가적 사과를 원하는 일본의 바람에 부응하지 않을 듯하고, 전쟁의 다른 국가적 기억을 부각하는 쟁점에도 신경 쓰고 싶지 않은 듯하다.

미국인들에게는 전쟁의 당혹스러운 또 다른 측면이 있었다. 그것은 전 시에 일본인에게 보여준 인종차별적인 행태들이다. 적인 일본인을 유인원 이나 인간 이하의 기생충으로 묘사한 미국의 선전은 노골적이었다. 적을 향한 이런 인종차별적 시각은 1942년 미국의 서부 해안에 살았던 일본계 미국 시민들을 억류한 중요한 배경이 되었다. 1950년대 무렵 놀랍게도 이 러한 행동이 잘못되었다고 평가한 공공의 합의가 존재했다. 고등학교 교 과서는 억류 사실을 무시하거나, 이러한 집단 수용소는 무고한 사람들을 처벌한 불의한 처사였다는 매우 비판적인 입장을 취했다.[16] 미국 영화 〈전 부를 걸다Go For Broke!〉(1951)에서, 할리우드는 일본계 미국인의 전쟁 활약 상을 긍정적으로 그렸다. 영화 〈블랙 록에서의 하루Bad Day at Black Rock〉 (1955)는 일본계 미국인을 향한 미국인들의 증오를 혹독하게 비난했다. 그 영화에서 스펜서 트레이시가 분한 존 J. 맥크리디는 전쟁 중 자신의 목숨을 구해준 군인 니세이(1세대 일본계 미국인)의 아버지를 찾기 위해 서부의 외 딴 마을을 방문한다. 맥크리디는 곧 이 일본계 미국인이 진주만에서 살해 당했다는 사실을 알게 되고, 이내 자신의 생명이 위험에 처했다는 사실을 깨닫는다. 영화는 이 사실을 관계 당국에 고발하려는 맥크리디를 죽이려 드는 악인들과 방관자들로 가득 찬 한 마을을 중심으로 펼쳐진다. 제럴드 F. 포드 대통령은 1976년에 억류를 인가한 행정명령을 공식적으로 무효화했고, 로널드 레이건 대통령은 억류된 일본계 미국인에 대한 보상을 인가하는 법안에 서명해 강제 억류의 부당함을 인정했다.[17]

제2차 세계대전에 대한 미국인의 기억은 승전의 날 이후로 점점 편협해지고 있다. 전쟁 기간에 프랭클린 루스벨트 대통령과 미국 관료들은 추축국을 물리치기 위한 연합국 동맹의 중요성을 강조했다. 많은 미국인, 특히 미군은 동맹국의 필요성을 잘 알았고 유럽에 있던 미군은 소련에 호의적이었다. 시간이 흐르면서 이러한 인식은 희미해졌다. 연합국이 승리한 이유를 제대로 이해하는 미국인은 줄어들어갔다. 군사 역사학자 러셀 와이글리는 자신의 고전적 연구인 『미국식 전쟁*American Way of War*』에서 미국은 결코 대규모 독일군 병력이나 일본군 병력과 맞선 적이 없었다고 언급했다. 유럽에서는 소련이 지상전에서 가장 큰 타격을 입었고, 아시아에서는 중국이 이러한 부담을 졌다.[18]

미국인들의 편협한 생각에도 불구하고 그들은 유럽 전쟁에 대한 기억을 통해 이 전쟁의 초국가적 성격을 잘 인지하고 있다. 미국 대통령들과 고위 관료들은 영국과 프랑스를 비롯한 유럽 지도자들과 함께 기념행사를 축하하기 위해 기념식에 정기적으로 참석했다. 로널드 레이건 대통령을 시작으로 버락 오바마 대통령에 이르기까지 미국 대통령들은 1944년 6월 6일 서방 연합국들이 제2전선을 개방한 것을 기념하기 위해 정기적으로 노르망디를 방문했다. 노르망디 기념식은 제2차 세계대전의 본질에 관해 미국과 독일을 비롯한 유럽의 광범위한 합의를 반영한다. 독일은 나치의 폭압을 중단하기 위해 제2차 세계대전이 필요했다는 관점을 받아들였다. 이 주제는 1985년 유럽전승기념일을 맞아 서독 의회에서 리하르트 폰 바이츠제커 서독 대통령이 한 연설의 핵심 내용이었다. 그곳에서 서독 대통령은 제2차 세계대전 당시 독일이 자행한 범죄에 대한 명확한 기소장을 제시했다.[19] 좀 더 최근에는 독일 메르켈 총리가 이스라엘 총리 앞에서 홀로코스트에 대한 독일의 책임을 최소화하려는 어떠한 시도도 거부한다는 내용의 연설을 했다.

물론 냉전 기간에 미국인과 서유럽인들은 유럽에서의 승리에 기여한 소련의 주요 역할을 거의 기념하지 않았다. 냉전 때문에 서독은 서방 진영으로, 동독은 소련 진영으로 신속하게 통합되었다. 양쪽 진영 모두 나치 전범을 추적하는 일에 소극적이었다. 1940년대 말과 1950년대 초 전범 재판에 관해 일부 서독 관료들과 많은 국민이 승자의 정의에 맞서 시위를 벌였지만, 서독 정부가 주권을 되찾은 직후 이스라엘에 배상금을 지불한 점은 주목할 만하다. 게다가 서독 법정에서는1950년대 말부터 죽음의 수용소에서의 가해자를 중심으로 전쟁범죄자들을 적극적으로 추적해왔다.[20] 지금도 독일은 전범을 계속해서 추적하고 있고, 이는 마지막 가해자가 사망할 때까지 지속될 것으로 보인다.

제2차 세계대전에 참전한 미국인들 대부분은 1941년에 유럽의 유대인을 구하기 위해서 전쟁에 나서지 않았다. 그러나 시간이 흐르면서 정치적·종교적 지도자들과 심지어 많은 참전용사는 갈수록 미국이 전쟁에 참전한 본질적 이유들 가운데 하나로 홀로코스트를 꼽았다. 1960년대 말부터 홀로코스트 관련 연구들이 쏟아져 나오기 시작했고 1970년대와 1980년대에는 수많은 기념비가 세워졌다. 심지어 미국이 제2차 세계대전 기념비를 건립하기 이전에 워싱턴 D.C.의 워싱턴 기념비와 링컨 기념관 같은 대규모 역사적 상징물에서 얼마 떨어지지 않은 곳에 미국 홀로코스트 기념관이 세워졌다.

뉘른베르크 전쟁 재판과 정의를 실현하기 위한 노력들에 대한 반대의 목소리가 일부 있었지만 일반적으로 미국인들은 이를 긍정적으로 인식했다. 뉘른베르크는 죄인들에게 책임을 물어 전후 시대에 대한 중요한 선례를 확립함으로써 정의를 실천한 사례로 간주된다. 이는 〈뉘른베르크에서의 정의 _Justice at Nuremburg_〉(1961) 같은 할리우드 영화에도 반영되었다. 향후육군 장교가 될 사람들도 종종 참여하는 필자의 군사사 강의에서는 군인들이 전쟁법규를 위반하는 어떤 불법적인 명령에도 불복종해야 하는 것이 얼마나 중요한지에 대해 토론한다. 뉘른베르크 재판에 대한 연구는 도쿄 전범 재판에 관한 연구와 극명하게 대조될 정도로 풍부한 연구 성과를 낳았다. 수 년 동안 이 주제에 관해 리처드 마이니어가 쓴 몇몇 저작물들 가운데 하나는 이러한 재판이 승자의 정의를 보여주는 사례였다고 주장했다.[21]할리우드에서 난징대학살, 군대가 인가한 위안소에 성 노예로 강제로 끌려간 여성들, 생체 실험 같은 일본의 잔혹 행위에 초점을 맞춰 제작한 영화는 상대적으로 적었다. 일본군에 억류된 미국인 전쟁 포로의 운명을 다룬영화 제작도 비교적 적었다. 〈그레이트 레이드 _The Great Raid_〉(2005)와 〈언브로큰 _Unbroken_〉(2014)은 예외적인 작품에 속한다. 이와는 매우 대조적으로홀로코스트에 관한 영화는 1960년대부터 꾸준히 제작되었다.

한창 전쟁 중일 때나 종전 직후와 비교하면 할리우드 영화의 한 장르로서 전쟁 영화는 사라지고 있지만, 전쟁 영화가 만들어질 경우 주로 유럽에서의 전쟁에 초점을 맞추는 경향이 있었다. 태평양전쟁을 다루는 영화들도 미국인의 참여를 크게 부각하지 않았다. 전쟁 기간에는 대일 전쟁에서필리핀인과 중국인을 동맹으로 부각한 영화들이 많았다. 이러한 유형에예외가 있다면 일본의 역할에 대해 좀 더 미묘한 차이를 보여주는 영화들,예컨대 〈도라 도라 도라 _Tora! Tora! Tora!_〉(1970), 〈미드웨이 _Midway_〉(1976), 그리고 좀 더 최근에는 〈이오지마에서 온 편지 _Letters From Iwo Jima_〉(2006) 등이있다.

태평양과 아시아에서의 전쟁에 관련해서 일본의 진주만 공격의 디데이를 기념하는 행사 정도의 국제적인 기념행사는 없었다. 과거 대일 전쟁의 동맹국들이 대일전승기념일을 기념하기 위해 워싱턴 D.C., 베이징, 뉴델리 또는 런던에서 모이는 일은 없었다. 필자는 이러한 국제적 합의가 부족하기 때문에 미국 내에서 태평양전쟁에 대한 사람들의 기억이 희미해지고 있다고 생각한다. 지정학적 현실에서 보면 일본은 태평양 지역에서 가장 중요한 미국의 전략적·경제적 동지다. 최근 몇 년 사이에 미국의 관료들은 과거의 전쟁을 기념하는 데 어조를 한층 더 완화했다. 이와 대조적으로 중국과 미국의 관계는 1949년부터 1972년까지 지속된 수교 단절의 시대와 비교해볼 때 여전히 모호한 상태에 있다. 블라디미르 푸틴은 2015년 9월 3일 베이징에서 열린 대일전승기념일을 축하하는 대규모 기념식에 참석했지만 버락 오바마 대통령은 여전히 참석하지 않았다.

제2차 세계대전에 대한 미국인의 기억을 만들어내는 데는 역사학자들이 중요한 역할을 했다. 예컨대 코르넬리우스 라이언, 스티븐 E. 앰브로스 같은 역사학자들은 제2차 세계대전에 대한 미국인의 기억에서 핵심적인 것 가운데 하나인 노르망디상륙작전에 대한 집단기억을 형성하는 데 도움을 주는 저작물을 만들어냈다.[22] 이들의 학문은 〈지상 최대의 작전The Longest Day〉(1962) 같은 대형 할리우드 영화의 토대가 되었고 영화감독 스티븐 스필버그의 〈라이언 일병 구하기Saving Private Ryan〉(1998)에도 큰 영향을 미쳤다.

유럽과 태평양 무대 사이의 이러한 불균형은 제2차 세계대전에 관한 역사학계의 학술적 연구에서도 나타난다. 대부분의 미국 학자는 대략 4 대 1의 비율로 유럽에서의 전쟁에 중점을 두고 있다. 심지어 태평양전쟁에 관해 연구한 사람들도 대다수가 이중 언어 사용자가 아니어서 아시아에 있는 문서 자료들을 그다지 활용하지 못했다.

제2차 세계대전에 대한 기억이 점차 희미해지고 있다는 사실을 제시하면서 필자는 이것이 반드시 불가피한 사실은 아니라고 말하고 싶다. 미국 사회가 계속해서 더욱 다양해지고 있고 미국인들 가운데 아시아계의 비율이 높아지면서, 태평양에서의 제2차 세계대전을 기억하는 일에 대한 사람들의 관심이 더 커졌을 수도 있다. 미국의 전쟁 수행에서 여성, 종족, 소수 인종의 기여를 인정하려는 시도가 1970년대 이후로 늘어나고 있다. 예컨대, 미국 의회는 최근 나바호 족의 암호 통신병과 터스키기 조종사에게 의회 명예 훈장을 수여했다. 암호 통신병들의 활약을 기린 일이 영화 〈윈드토커*Windtalkers*〉(2002)에 반영된 것은 일시적으로 태평양전쟁에 대한 관심을 증폭했다. 여러 일본계 미국인의 억류 지역들을 국립 역사 지구로 보존하고 워싱턴 D.C. 국회의사당 건물 가까운 곳에 국가 기념비를 세운다면 태평양전쟁의 유산을 다시 부각할 수도 있을 것이다.

6. 맺음말

냉전의 종식으로 독일과 유럽 대륙에서 제2차 세계대전의 마지막 잔재들을 공식적으로 청산한 과거 연합국들 사이에 최종 평화 합의에 대한 기틀이 마련되었다. 더 이상 베를린을 연합군의 독일 점령 지역으로 구분할 필요가 없었고 통일된 독일에게는 완전한 주권이 주어졌다. 유럽에서 도달한 것과 유사한 웅장한 합의가 아시아에서 곧 이루어질 것 같지는 않다. 일본과 러시아 사이의 근본적인 영토 분쟁들 때문에 최소한 가까운 미래에 공식적인 평화협정 체결은 불가능하다. 전쟁범죄, 특히 난징대학살과 '위안부 여성'의 폭넓은 사용에 대한 잘못을 인정하지 않는 일본 정부의 태도는 한국, 중국, 그리고 다른 아시아 국가들과의 사이에 긴장을 유발하는 요인이 되어왔다. 히로히토 일왕이나 그의 아들은 제2차 세계대전에서의 일본의 전쟁범죄를 분명한 용어로 명시하고 명백한 사과를 한 적이 없으며, 1985년 독일의 바이츠제커 대통령이 한 연설과 유사한 연설을 한 번도 한 적이 없다. 도쿄 중심에는 전쟁범죄자들의 유골을 포함한 전몰자의 유골을 안치한 야스쿠니신사와 일본의 제2차 세계대전 참가에 대해 사과를 하지 않는 일본의 모습을 잘 보여주는 군사 박물관이 있다. 반면에, 베를린 중심에는 독일계 유대인의 역사에 초점을 맞춘 대규모 박물관이 자리하고 있다.

제2차 세계대전의 성격에 관해 국제적인 대화를 지속적으로 이어가는 일은 매우 중요하다. 필자는 풀브라이트 장학생으로 일본에서 보낸 짧은 기간에 전쟁을 기억하고 기념하는 방식이 매우 복잡하다는 사실을 배웠다. 아시아에서 제2차 세계대전은 여전히 논란이 많은 전쟁이다. 미국인은 제2차 세계대전이 '좋은 전쟁'이었다는 미국인의 지배적인 관점과 충돌할 수도 있겠지만 더 나은 새로운 관점을 갖는 일이 필요하다.

제 5 장

소비에트연방 해체 이후
러시아에서의 '대조국 전쟁' 서사

박 노 자*

물론 파시즘의 침략을 격퇴한 소련 인민의 영웅적 모습에 긍지를 느끼는 것은
당연하다. 하지만 이미 혁명의 열기가 식은 소련을 통치하던 스탈린 관료 체제의
'적색 개발주의', 즉 대민 강제를 전제로 하는 초고속 공업화·근대화 정책이 안고 있었던
모순성을 아울러 인정하면서 이 체제의 피해자에 대해서도 긍정적인 관심을 가질 때
비로소 보다 객관적이며 미래 지향적인 역사 인식이 성립될 것이다.

1. 머리말

근대 사회에 나타나는 집단적 역사기억의 지형에서 분수령의 역할을 맡
고 있는 것은 '총동원' 전쟁들에 대한 서사다. 전 사회의 삶을 규정할 만큼
인력과 자원의 동원을 필요로 하고 커다란 인적 희생 등을 사회에 강요하
는 '총동원' 전쟁에 대한 이야기들은 보통 역사적 서사 전체의 기본 틀을 사
후적으로 제공해주는 개략적 서사 주형*schematic narrative template*[1]으로서 기능

---

* 본명은 블라디미르 티호노프(Vladimir Tikhonov). 노르웨이 오슬로대학교 인문학부 문
화 연구·동양언어학과 교수(Dept. of Cultural Studies and Oriental Languages, Uni-
versity of Oslo, Norway).

한다. 특히 해당 사회에 이미 '외침 격퇴의 전통'에 대한 민족주의적 의식의 틀이 존재한다면 개략적 서사 주형은 현재와 미래를 이해하기 위한 주된 프레임으로 기능하게 된다. 그런 의미에서 '총동원' 전쟁 기억에 대한 가치판단은 늘 정치적일 수밖에 없다. 오늘날 일본에서 극우들이 태평양전쟁의 '긍정성'을 여전히 모색하는 반면, 자유주의자 또는 좌파들의 신념 체계는 대체로 태평양전쟁에 대한 부정적인 평가를 여전히 기반으로 한다는 것은 '총동원' 전쟁 기억들의 중추적 역할을 잘 보여준다.[2]

집단기억 연구에서 보편적으로 인정되듯이 보통 한 사회의 역사기억들은 교육체계, 국립박물관, 국가적 기념 의례 등을 통해 국가(또는 지배층)에 의해 조형된다.[3] 하지만 그렇다고 해서 전쟁 기억이 만들어지는 과정이 전적으로 '위로부터'의 과정인 것은 아니다. 개개인이 갖고 있는 혈육, 친척의 참전 등에 대한 '밑으로부터'의 기억들도 국가가 주도하는 공식적 서사와 복합적으로 상호작용하면서 궁극적으로 다수가 갖고 있는 전쟁의 이미지를 만드는 데 유의미하게 기여하기도 한다.[4] 결국, 아무리 정치적인 고려들을 앞세워 '역사 만들기'에 나선다 해도, 어떤 국가도 민간의 '비공식적' 기억 형태들을 무시할 수 없다. 동시에, 민간인들도 본인의 기억을 정리해 발화하는 과정에서 알게 모르게 '공식' 부문에서 제공된 서사 주형을 참고하게 된다. 정치적인 의도에 따라서 계속 변모해가는 '공식' 기억과, 엄청난 희생에 대한 트라우마를 주된 내용으로 하고 현재 정치적·사회적 상황들을 적극적으로 반영하는 '비공식' 민간 기억 사이의 복합적인 상호작용 과정을, 소련 해체 이후 '대조국 전쟁(독소 전쟁, 1941~1945)'을 둘러싼 '기억 정치'를 사례로 들어 분석해보는 것이 이 장의 주된 의도다.

2. 독소 전쟁과 '대조국 전쟁' 서사 만들기

'전쟁'은 신생 소비에트연방을 당초부터 따라다닌 '유령'이었다. 새 나라의 탄생 과정은 내전(1918~1921)으로 점철되어 있었으며, 내전이 공산당 정권의 승리로 끝났다고 해서 전쟁 위협이 사라진 것은 전혀 아니었다. 열강들은 신생 공산 정권을 표면상 외교적으로 인정하면서도 기본적으로 반공주의적 노선을 일관했다.[5] 더욱이 1933년 독일에서의 파시스트 집권이나 스페인 내전(1936~1939)은 파시스트의 대소련 공격의 현실적 가능성을 웅변적으로 시사해주었다. 이러한 분위기 아래 소련 국내에서 '전쟁 대비'의 분위기가 강하게 작동했다는 것은 충분히 납득이 가능하다. 그런데 소련의 대對인민 선전·선동 전문가들이나 일반 인민은 대개 이 미래의 전쟁을 자본주의 세계와의 최후의 결전쯤으로 상상했다. 이 전쟁이 계급 사이의 전쟁이라고 예상되었던 만큼 당시 일반적인 분위기는 식민지의 피지배민은 물론이고 서방 열강의 피착취 대중의 상당 부분도 소련의 편에 설 것으로 예상되었다.[6]

1935~1938년 국외적으로는 프랑스 같은 일부 열강들과의 반파쇼 공동전선에 대한 협상이 본격화되고 국내적으로는 과거에 좌파적 입장에서 스탈린의 노선에 반대했던 정통 볼셰비키 베테랑들이 숙청당했다. 이 과정을 겪고, 보수화되던 사회에서* 혁명전쟁의 발상이 쇠퇴하는 만큼 전통적

---

* 스탈린주의는 매우 복합적인 현상이었다. '위로부터의 혁명'이라는 방식으로 비시장적('적색') 개발을 추구하거나 '사회주의형 신인간의 창조'를 지향하며 적어도 이념상으로 (교조화된) 마르크스주의를 고수하는 차원에서 스탈린주의는 사회주의 혁명과의 계승성 관계를 지니기도 했다. 동시에 스탈린주의는 대부분의 볼셰비키 혁명가들을 숙청하고 관료 체제에 보다 적합한 기술 관료로 교체했으며 혁명의 평등주의 이상과 거리가 먼 개발주의적 색채의 사회정책을 추구하기도 했다. 따라서 종합적 판단의 차원에서는, 스탈린주의를 혁명을 명분으로 이용하는 관료주의적(비시장적 또는 '적색') 개발주의로

인 '러시아 애국주의'가 부활하기 시작했다. 애국주의적 입장에서 본 미래의 전쟁은 계급 사이의 전쟁이라기보다 우선 '우리나라'와 '외세' 사이의 전쟁, 구체적으로는 또 하나의 외세 침입 격퇴였다. 「러시아인들이여, 일어나라!Вставайте, люди русские!」라는 주제곡으로 유명한 1938년의 명화 〈알렉산드르 네브스키Александр Невский〉는 향후에 일어날 새로운 전쟁의 비전을 잘 보여준다. 이 영화 어디에서도 '계급'은 보이지 않는다. 영화는 매우 단순한 선악 이분법으로 '착한 우리(러시아인)'와 '나쁜 저들 침략자·부역자(독일인과 슬라브계 친독 부역자)'의 대전투 그리고 '선의 대승리'를 보여준다.[7] 알렉산드르 네브스키 공작(1221~1263) 같은 봉건귀족들은 몇 년 전만 해도 교과서에서 계급적 적대자 또는 착취자로 분류되었지만 이제는 일약 민족 영웅으로 변모했다. 이와 같은 전통 애국주의의 호명은 오히려 독소 전쟁 시기에 뚜렷해지고 강화되었다.

전쟁이 개시된 1941년부터 소련공산당 기관지 ≪프라우다≫는 이 전쟁을 '소련 인민의 대조국 전쟁'으로 명명했다. '조국 전쟁Отечественная война'이란 19세기 러시아역사학에서 항상 쓰였던, 나폴레옹 군대의 침략을 격퇴한 사건(1812)을 가리키는 명칭이었다. ≪프라우다≫는 이 명칭을 재활용하면서 새로운 전쟁을 러시아 민족의 오랜 외침 격퇴사의 일부분으로 규정했다.[8] 동시에 수보로프(1730~1800)나 쿠투조프(1745~1813) 같은 러시아 민족사의 명장들의 명예가 복원되고 그 이름을 딴 훈장들이 최전선의 용사들에게 수여되기에 이르렀다. 러시아 민족주의의 보루라고 할 수 있는 정교회의 위치도 합법화되어 종전에 이루어졌던 종교에 대한 탄압도 이제 중지되었다. 이와 같은 대중적 민족주의로 향한 양보가 전시의 일정한

보는 것이 적합할 듯하다(Henry Reichman, "Reconsidering 'Stalinism'," *Theory and Society*, vol.17, No.1, pp. 57~89).

민주화(일부 정치범들의 석방과 입대 허용, 보다 넓은 비판의 허용 등)와 궤도를 같이했던 만큼 대중의 호응을 얻은 것으로 이해된다.[9] 결국 이러한 호응은 농촌 소농과 도시 영세 수공업자 등 무산계급과 다른 계층들이 인구의 다수를 점하는 사회에서 '계급'만을 배타적으로 내세웠던 종전 정권의 수사가 풀뿌리 차원에서 수용되는 데 한계가 많았다는 점을 역으로 반증한다. 더구나 스탈린을 정점으로 한 관료 체제의 기틀이 이미 공고화되어 혁명의 급진주의적·평등주의적 분위기가 다소 쇠락한 1930년대 중후반[10] 이후에는 '계급'의 수사와 갈수록 가시적으로 비혁명적인 현실 사이의 괴리가 시간이 흐르면서 더욱 가시화되었던 점도 간과해서는 안 된다. 이런 상황에서 전쟁에 대한 민족사적 이해는 오히려 더 자연스럽게 받아들여질 수도 있었다. 하지만 동시에 세계 공산주의 운동과의 협력 관계나, 러시아 민족주의를 곱게만 볼 리 없었던 소련 내 소수자들의 시선도 고려해야 했기 때문에 전쟁에 대한 민족사적 해석에만 집착할 수는 없었다. 이 해석과 함께 '대조국 전쟁'을 자본주의 세계(의 가장 반동적인 경향을 내포한 파시즘 체제)와 사회주의 세계 사이의 싸움으로 해석하는 정통적인 계급적 서사[11]도 병존했다.

이미 전시에 어느 정도 기본 틀이 잡힌 전쟁에 대한 공식적 해석은 1960년대에 이르러 거의 완성된 것으로 보인다. 이 공식적 해석의 학술적 표현은 바로 여섯 권짜리의 정사正史 격인 ≪대조국 전쟁의 역사*История Великой Отечественной Войны*≫다.[12] 이 외에는 문학 차원에서 소련의 '전쟁문학 정전正典'이라고 할 수 있는 시모노프(1915~1979)나 본다레프(1924~), 차코프스키(1913~1994) 등의 소설에서 대체로 유사한 해석이 문학적 서사의 형태로 구체화되었다. 나아가, 영화 차원에서도 1970~1971년에 만들어진 총 다섯 편의 대작 영화 ≪해방*Освобождение*, 본다레프의 대본≫에서 이 해석은 영상화되기도 했다.[13] 공식적 해석의 주요 주장들은 다음과 같다. '대조국 전쟁'은 그 최악의 형태인 노골적인 군국주의적 독재로 전락한 자본주의와 미래를 향한 사회주의의 대결이었으며, 인류의 미래를 대표하는 사회주의의 승리는 합법칙적이었다. 이 승리의 밑바탕에 깔려 있는 것은 민족 사이의 경계선을 넘을 수 있었던 소련적 애국심이었다. 동시에 특히 러시아인들의 경우 러시아의 오랜 외침 격퇴사에서 추가적인 영감을 받았다. 공산당의 영도가 전승을 위한 총동원과 대중적 애국심의 앙양을 담보했다. 그덕분에 파쇼 독일 침략의 격퇴는 동유럽의 해방과 이들 국가에서의 사회주의적 건설로 이어졌다. 한마디로, 소련의 승전은 목적론적으로 자본에서의 해방을 향해 발전해가는 인류사의 하나의 핵심적인 일화로 설명되었다.[14]

소련이라는 대안적 근대의 긍정성을 부각하는 점에서 이러한 해석은 정당하다고 할 수도 있다. 하지만 동시에 전쟁의 수많은 현실은 전혀 해명되지 않고 은폐되기만 했다. '우리' 사회주의가 '저들'의 자본주의 또는 파시즘보다 진보적이고 민중적이라면 왜 120만 명에 가까운 숫자의 소련 공민들[15]이 히틀러 군대에 부역하게 되었는가? 공식적 해석의 틀을 떠나 객관적인 이해를 시도해본다면 소련적인 대안적 근대성의 진보성을 인정하더라도 이와 같은 현상을 설명할 수 있다. 대부분의 인구가 소농으로서 소규모의 사유지를 가지고 있던 나라에서 국유 공업의 대규모적 건설은 부득불 다수에 대한 다양한 폭력과 강제(농업의 집단화 같은 형태로)로 이어질 수밖에 없었다. 게다가 스탈린 시절의 보수화와 중앙집권화가 초래한 소수자 자치구 자치권의 축소, 민족 간부 숙청 등이 수많은 소수 종족의 반러시아적 반발을 촉발할 여지를 제공했다. 결국 민족분리주의 이념을 지닌 친독일적인 소수 종족(우크라이나인, 발트 3국의 국민 등)이나 농업집단화의 과정에서 손실을 보고 박해를 받은 부농 출신들이 친파시스트 부역의 길로 접어드는 경우가 많았다. 아직 충분히 자본주의화되지도 못한 사회에서 반

자본주의적 혁명이 성공하는 경우에 필연적으로 생기는 각종 역사적 비극에 따른 현상들은 마음만 먹으면 소비에트적 입장에서도 충분히 설명될 수 있었다. 하지만 1960년대에 공고화된 전쟁의 공식적 해석은 이런 부분들을 단순히 묵살하고 은폐했다. 이러한 전쟁 해석의 단순화가 결국 1990년대에 일어난 공식적 해석에 대한 반발이 출현할 여지를 만들어준 것이다.

공식적 해석의 권위와 영향력은 그 해석을 뒷받침해야 했던 수많은 문학, 미술, 영화 작품의 가시성을 통해 배가되기도 했다. 특히 '대조국 전쟁'을 주제로 삼았던 영화들이 이미 1940년대 말부터 소련 영화의 상당 부분을 차지하게 되었다. 1950년대 초까지 개봉된 영화들은 주로 정형화된 '우리 영웅들의 위업'과 '파쇼 범죄자들의 악행'을 매우 단순한 방식으로 영상화하는 데 그쳤다. 스탈린의 사망과 해빙기(1953~1964) 개시 이후에는 개인의 고통과 손실에 따른 내면세계의 변화에 초점을 더 맞추는 등 전쟁이라는 집단 체험을 어느 정도 개별화하는 데 성공하기도 했다. 예컨대, 타르코프스키(1932~1986)의 명화 《이반의 아동기Иваново детство》(1962)는 집단 체험 본위의 장르적 특성을 넘어 전쟁 통에 부모를 잃으면서 전쟁으로 일그러진 한 아이의 깊은 내면을 들여다보게 해준다. 이런 영화에서 전쟁이란 '외침 격퇴의 신성한 전역'이라기보다 인간이라는 존재에 내재된 본질적인 고놂의 표현이다. 동시에, 적군의 침략을 격퇴하는 해방군과 독일 침략자들의 만행을 대조했던 '대조국 전쟁' 관련 영화들은 전쟁을 직접 겪지 않은 차세대의 정체성 형성을 돕고, 한편으로는 소비에트 정권의 통치 명분을 보강해주는 역할을 맡기도 했다.[16] 이런 영화를 보면서 자란 사람들에게 소비에트 체제는, 어떤 부차적인 문제점에도 불구하고, 일차적으로는 히틀러를 물리친 해방자였다.

3. 페레스트로이카와 그 후: 공식 서사의 동요

전쟁의 해석이 극도로 정치적인 만큼 정치적 변동들은 바로 전쟁의 해석에 변화를 초래할 수밖에 없었다. 페레스트로이카라는 이름의 위에서부터 추진된 제한적 민주화는 비주류의 전쟁 서사들이 공식적인 전쟁 서사에 반영될 수 있는 가능성을 열었다. 예를 들어, 제2차 세계대전을 앞두고 소비에트연방에 강제로 편입된 발트 3국에서는 그 편입의 배경에 있었던 독소불가침조약(1939)의 비밀 각서에 대한 관심이 처음부터 높았다. 소비에트연방과 독일이 각자의 영향권을 확정지은 그 조약의 비밀 각서에 의해 발트 3국이 소련에 편입되었기 때문이다. 오랫동안 소련은 1948년 서방에서 출판된 그 각서의 존재를 부정했다. 하지만 1989년에 발트 3국 국민들의 민심을 달래는 차원에서 이를 인정하고 스탈린의 이러한 조약 체결을 공식적으로 비판했다. 소련의 문서보관소에 소장되었던 각서의 원본은 1993년 학술지에 게재되고 출판되었다.[17] 이와 같은 불편한 진실의 인정은 발트 3국 국민들의 민심을 달래기는커녕 오히려 그들의 독립 의지를 더 자극한 것으로 평가된다. 그렇지만 소련의 '대조국 전쟁' 서사에서 이 비밀 각서 공개의 영향은 컸다. 대표적인 제국주의적 영향권 분할인 이 각서의 내용은, 소련은 비록 파시스트 독일에 대해 방어적 전쟁을 수행했지만 처음부터 제국주의적 면모도 지녔다는 점을 보편적으로 인식시켰다.

'제국주의'란 발트 3국의 병합 같은 국제적 행동을 의미했지만 내치內治에도 해당되었다. 전쟁을 앞두고 연해주 고려인 같은 과계跨界 민족들의 강제 이주나 크림반도의 타타르족이나 캅카스의 체첸족 등 '친독 부역附逆 종족'의 징벌성 강제 이주 강행 등은 혁명 직후의 좌파적인 소수자 우대 정책에 대한 보수적인 수정과 전통적인 대러시아 민족주의의 복원을 의미했다. 강제 이주 같은 소수자에 대한 대규모 국가 폭력에 관한 이야기들은

'우리 편'을 절대적인 선으로 만든 '대조국 전쟁'의 담론을 교란할 여지를 지녔다는 이유로 페레스트로이카 이전까지 공론장에서 철저한 검열 대상이 되었다. 이후 페레스트로이카는 소수자 강제 이주 사실에 대한 공개 토론과 국가적 차원의 피해 민족 명예 복원*을 가능하게 해 '대조국 전쟁'이 단순한 절대 선과 절대 악의 대결이 아니었음을 국내외에 드러냈다. 비록 파시스트 독일과 비교될 수 있는 차원은 아니지만, 혁명 시대의 유산을 일부 수정해 제국의 면모를 다시 드러낸 소련이 단지 인류 진보의 화신이 아니었다는 것은 이제 소련의 교양인들에게 명백해졌다.

절대 악이라 할 수 있는 파시스트와의 전쟁이라고 해도 '과연 전쟁이 오로지 선할 수 있는가'라는 본질적인 질문 역시 검열제도가 완화된 이 시기에 본격적으로 제기되었다. 소련에서 대문호로 칭송되는 톨스토이는 그의 절대적인 비폭력 논리나 전쟁 부정론이 혁명전쟁까지 부정의 범위에 포함하면서 소련에서 공식적으로 비판의 대상이 되었다. 그런데 바로 페레스트로이카 시기에 톨스토이적 전쟁관을 계승한 일군의 작가들이 그 인본주의적 전쟁론으로 독자들의 주목을 끌어 '대조국 전쟁'에 대한 인식을 보다 복잡하게 만들었다. 가장 대표적으로, 스베틀라나 알렉시예비치Светлана Александровна Алексиевич(1948~) 같은 여성 작가는 ≪전쟁은 여자의 얼굴을 하지 않았다У войны не женское лицо≫(1985) 등의 책에서 비록 선한 목적(조국 방어, 파시즘 격퇴)을 위할지라도 전투 중에 인간의 체질에 본질적으로 맞지 않은 사살 등을 하게 된 여군들의 체험담을 내놓으면서 전쟁 행위 그 자체의 본원적인 반인간성을 강조했다.[18] 2015년에 노벨 문학상까지

---

* 이 명예 회복을 선포하는 법률은 1989년에 제정, 공포되었다[Nikolai Bougai, *The Deportation of Peoples in the Soviet Union*(NY: Nova Science Publishers, 1996), pp. 207~208].

수상한 알렉시예비치의 엄청난 인기는 애국 서사의 맹목성을 상대화할 만한 사고의 깊이를 이미 축적한 후기 소련 사회의 성숙함을 보여주었다.

전쟁 중의 소수자 집단이나 개인의 비극성에 초점을 맞춘, 페레스트로이카 시대에 이루어진 전쟁 서사를 개조하기 위한 시도들은 '대조국 전쟁' 서사의 핵심까지 바꾸려 하지는 않았다. 알렉시예비치 같은 인본주의적 지식인들 또는 스탈린 시절에 피해를 입은 소수자들의 대표자들은 파시즘의 해독성을 과소평가하거나 반파시스트 전쟁의 명분 자체를 의문에 빠뜨리려 하지는 않았다. 그들은 단순히 소련의 검열제도가 은폐해온 부분들을 부각해 '대조국 전쟁' 서사를 보완하고자 했다. 소련의 몰락 이후, 즉 1991년 이후에는 상황이 본격적으로 달라졌다. 소련이 몰락하고 신생 러시아연방이 급진적인 자본화(국유 기업 민영화 등) 정책을 실시하는 상황에서 1990년대 옐친 정권의 이데올로기를 통해 거의 냉전 시기 수준의 반공주의가 기능하게 되었다. 소련과 공산주의가 악마화되어야지만 주민 다수가 경제적 희생을 강요당하는 시장 자본주의로 향한 과도기가 합리화될 수 있었기 때문이다. 동시에 옐친 정권에 대한 주된 제도권 반대 세력이 연방공산당KPRF이었던 만큼 반공주의는 옐친 정권의 주요 '담론 투쟁'과 정치 투쟁의 도구가 되었다. 사실상 이러한 거의 광적인 반공주의의 파도는 1990년대 동유럽 각국에서도 일어났다. 단, 동유럽의 경우 공산주의와 함께 러시아 제국주의도 부정적 타자의 모습을 띠게 되는 반면, 러시아에서는 반대로 공산주의에 대한 비난과 함께 제국적 과거에 대한 향수가 한층 강화되었다.[19]

반공주의의 파도를 타고 '대조국 전쟁'이라는 종전의 '공식' 서사뿐만 아니라 대부분의 구소련 주민들이 갖고 있었던 제2차 세계대전에 대한 상식 그 자체에 도전하는 책들이 연이어 출판되어 베스트셀러 반열에 올랐다. 가장 대표적인 사례는 영어판, 독어판 등으로 먼저 출판된 바 있는, 소련

군첩보부GRU 출신의 망명가 빅토르 수보로프의 저서 『쇄빙선Icebreaker』이 1992년 모스크바에서 출판되어 100만 부가 넘게 팔린 일이다.[20] 수보로프에 따르면, 제2차 세계대전 발발의 진정한 원흉인 스탈린이 히틀러를 유럽 자본주의 세계 질서를 — 쇄빙선이 얼음을 자르듯이 — 먼저 파괴해줄 '쇄빙선'으로 삼아, 히틀러의 유럽 침략이 절정에 달하는 순간 히틀러를 뒤에서 쳐서 유럽 전체를 정복하고 지배할 흉계를 꾸미고 있었다는 것이다. 이런 주장의 틀 안에서 보면 히틀러의 소련 침공은 단순히 잠재적 침략자인 스탈린에 대한 방어적 선제공격에 불과한 것이었다. 러시아 학계는 물론이고 서방 학계에서도 이 가설은 제2차 세계대전 발발 문제의 권위자에게서 비판받으면서 역사 왜곡으로 낙인찍힌 바 있다.[21] 하지만 1990년대 초중반 반공주의에 눈먼 옐친 정권은 수보로프 저서의 유통을 비공식적으로 장려하는 등의 방식으로 소련의 역사적 명분을 깎아내리고 소련 해체와 러시아 자본화의 정당성을 입증하려 했다. 반공주의에 편향된 역사 해석에 기반을 두고 스탈린을 히틀러보다 더한 악으로 규정해 파시즘을 '그나마 차악'으로 간주한 것은 1990년대 러시아에서 민간 파시스트(스킨헤드 등)들이 출현할 수 있는 하나의 배경이 되기도 했다.[22]

반공주의의 파도 속에서 나타난 또 하나의 '대조국 전쟁' 서사에 대한 정면 도전은 바로 전시 친독 부역자들에 대한 전향적 해석이었다. 스탈린을 히틀러보다 더한 악으로 간주하면서, 스탈린을 떠나 히틀러 편에 서서 반스탈린 투쟁을 했다는 전시 부역자들도 올바른 선택을 한 반공 투사로 재조명을 받을 논리적 근거가 생겼다. 앞서 논했듯이 소련의 공식적인 전쟁 담론은 120만 명에 가까운 수의 소련 공민의 친파시즘 부역 사실을 대체로 은폐했다. 이를 설명하기 위해서는 소련식 압축 근대화(농촌에서의 집단농장화, 초고속 공업화 등)와 레닌의 소수자 우대 원칙에서 벗어난 스탈린의 민족 정책 등을 비판적으로 해부해야 했기 때문에 소련 시대 서적들은 대부분 이 주제 자체를 피했다. 그러나 소련 몰락 직후부터 반공주의가 위에서부터 장려되는 분위기 속에서 친독 부역자들에 대한 객관적인 분석을 넘어 친독 부역의 영웅화가 빠른 속도로 진행되었다.[23] 물론 '조국 배신'을 수긍하면 곤란하다는 군의 입장 같은 것이 있었기 때문에 정권이 스스로 나서 친독 부역을 찬양할 수는 없었지만 정권의 비호 아래 이와 같은 식의 주장들이 널리 유포되어 '대조국 전쟁'에 관한 종래의 공식 서사와 정면충돌했다. 물론 이러한 주장들이 유포되었다고 해서 독소 전쟁의 상이병에 대한 국가적 예우(특별 연금 등) 등 소련 시대의 관련 규정들이 없어진 것은 아니다. 1990년대의 옐친 정권은 상이병을 우대하는 소련 시대의 기본 사회정책을 본격적으로 바꾸는 식의, 즉 사회적 반발을 크게 살 수 있는 정치적 행동을 극도로 자제했다. 어디까지나 단순히 반공주의 이데올로기 공고화 차원에서 소련·사회주의 이념과 결부된 '대조국 전쟁' 관련 서사에 대한 공격을 용인했을 뿐이다.

공격의 주체가 반드시 옐친 정권과 결탁한 우파 자유주의자들이었던 것은 아니다. 사실 '대조국 전쟁' 서사에 대한 일부 공격은 국외 세력, 보다 정확히는 러시아 국민들의 '공산주의적 사고방식'을 확실하게 해체하려는 구미권의 각종 재단 등이 맡았다. 이와 같은 러시아 국민 정신 개조 공작에 가장 많은 자원을 투자한 기관은 조지 소로스의 '열린 사회 재단Open Society Foundation'이었다. 소로스 재단의 후원 아래 편찬, 출판된 대부분의 교과서는 상당히 반공주의적인 편향을 보였다. 특히 크료데르의 현대사 교과서[24]가 가진 문제는 심각했다. 냉전 시대의 미국식 근대화 이론을 거의 전적으로 채택한 이 교과서는 제국주의 열강들의 식민지 침략까지 근대화 차원에서 합리화했다. 나아가, 독소 전쟁에 대해서는 사유제를 부정한 소련보다 자본주의를 철폐하지 않았던 히틀러의 독재가 차라리 차악이라고 그 성격을 규정했다. 1990년대의 반공주의적 분위기 속에서도 '스탈린의 승리가 동유럽의 공산화라는 대재앙으로 이어진 만큼 소련의 승전은 바람직하지 않았다'는 식의 크료데르의 논리는 지나쳤다는 평을 종종 받았다. 몇 군데의 지역 의회들이 크료데르의 교과서를 관할 지역 학교에서 사용하지 못하도록 금지처분을 내릴 정도로 크료데르의 교과서는 문제적이었다.[25]

히틀러와 파시즘에 대한 차악론을 단순히 외세 개입의 결과로만 보는 것도 맞지 않다. 러시아 내부에서도 친親옐친 반공주의적 지식인들의 반소적인 지향은 종종 히틀러에 대한 '내재적 이해' 방향으로 나아갔다. 예컨대 히틀러의 사생활에 초점을 맞춘 유명 감독 알렉산드르 소쿠로프의 영화 〈몰로크Молох〉(1999)에서 히틀러의 범죄들은 은폐된 채 사실상 히틀러는 그저 부하들의 아부 속에서 외롭게 지내며 현실 감각을 점차 잃게 되는 인간으로 묘사되었다.[26] 이 영화에서 히틀러 사상의 반인도적 성격에 대한 암시 같은 것은 찾아보기 힘들고, 히틀러의 문제성은 결국 한 인간의 '인격 문제'로 치환된다. 즉, 소로스 재단뿐만 아니라 적지 않은 수의 러시아 우파 자유주의자들에게도 히틀러는 스탈린에 비해 차악으로 보인 셈이었다.

1990년대의 반공주의 붐 속에서 과거의 '대조국 전쟁' 담론은, 반드시 정면 도전을 받지는 않더라도, 여러 방식으로 우회되는 경우가 종종 있었다. 전형적인 우회 방식은 전쟁이라는 비극의 개인화, 즉 사회 또는 전체가 아닌 개인 그리고 개인들 사이의 관계에 초점을 맞추는 것이었다. 특히 멜로드라마적인 요소가 많은 영화 산업에서 '대조국 전쟁'은 연애, 우정, 이별의 비애 등 개인감정이 표출될 수 있는 무대로 변모했다. 예를 들면, 보리스 바실리예프(1924~2013)의 소설 『명단에 빠진 자В списках не значился』(1974)를 원작으로 한 영화 〈나는 러시아의 군인이다Я-русский солдат〉(1996)는,[27] 비록 이미 '대조국 전쟁'과 관련된 과거의 공식 서사에서도 많은 조명을 받은 전쟁 장면(브레스트 성채의 사수, 1941~1942)을 무대로 삼으면서도, 무엇보다 혼자가 되어서도 독일군과 영웅적으로 싸우는 한 젊은 장교와 나중에 홀로코스트의 희생자가 된 그의 애인 사이의 사랑 이야기에 초점을 맞춘다.[28] 물론 영화 제목이 시사하듯이 이 영화는 러시아인으로서의 소련군의 민족적 정체성도 강조한다. 마찬가지로 영화 〈죽음의 천사들 *Ангелы смерти*〉(1993)도 비록 스탈린그라드 전투라는 유명 전쟁 일화를 배경으로 선택하지만 주로 두 남녀 저격수 사이의 사랑과 사별에 주목한다.[29]

여전히 전쟁 시절의 소련군에 대한 경외심을 가지고 있는 대중을 상대로 하는 만큼 영화 제작자들이 아무리 전쟁을 개인화하더라도 소련군에 대한 부정적인 언급은 자제하는 편이었다. 비교적 덜 대중적인 역사 소설 부문에서는 '대조국 전쟁' 담론에 대한 우회보다 정면 도전이 더 흔했다. 예를 들어, 반공주의적 민족주의자이자 베테랑 농촌 작가 빅토르 아스타피예프(1924~2001)의 장편소설 『저주받고 살해된 이들 *Прокляты и убиты*』(1994)[30]에서 전쟁 자체는 그저 무의미한 살육으로 묘사되는 한편, 소련군은 장교의 잔혹 행위와 전횡이 자행되고 징집병 사이의 관계가 약육강식과 적자생존 방식으로 이루어지는 생지옥으로 형상화된다. 더 나아가, 소련 시절 말기의 재야 출신 망명자 작가 게오르기 블라디모프(1931~2003)는 그의 소설 ≪장군과 그의 군대 *Генерал и его армия*≫(1995)[31]에서 독일군 장군 구데리안(1888~1954)을 경건하고 성실한 군인으로 묘사하고 친독 부역으로 악명을 떨친 블라소프(1901~1946) 장군에 대해서도 비교적 긍정적인 형상화를 하는 한편, 소련군에 대해서는 보안기관들의 횡포가 심한 오합지졸로 묘사했다. 이러한 묘사 태도는, 종전 소련이 제시한 공식 서사의 골자를 고수해야 한다는 입장을 취한 유명 전쟁 작가 보고몰로프(1926~2003)의 혹독한 비판을 받은 바 있다.[32]

이미 1990년대 말에 반공주의의 열기는 냉각되기 시작했다. '소로스 교과서'나 수보로프 『쇄빙선』의 수정주의적 논리, 아스타피예프나 블라디모

프식의 소련군에 대한 악마화를 교양 대중은 쉽게 받아들이려 하지 않았다. 게다가 시장 자본주의가 어느 정도 공고화된 시점인 1990년대 말에 옐친 정권은 다수에게 다소 상징적인 양보를 하여 소련 시대의 '대조국 전쟁' 서사를 다시 긍정할 여유를 어느 정도 가지게 되었다. 그 대신 이 서사에서 좌파적(계급론적) 요소들이 걸러지고 단순 민족주의적 '위대한 승리에 대한 자긍심'이 강조되기 시작했다. 때마침 소로스 재단이 러시아에서 퇴출되고, 국가는 교과서 검인정 제도를 정비해 교과서 시장에 대한 장악력을 제고했다.[33]

4. 1990년대 말 이후: '대조국 전쟁' 서사의 민족주의적 부활

러시아연방이 1990년대에 이루어졌던 것과 같은 소련 시대의 서사를 과감하게 해체하는 시도를 접을 만한 이유들은 국내외에 충분히 있었다. 국외의 경우, 1999년 미국 등 나토NATO의 유고슬라비아 공습 사태는 유일한 초강대국이 된 미국이 발칸 등지에서의 러시아의 지정학적 이해관계를 배려해줄 리가 없다는 점을 러시아 지배층에게 깨닫게 했다. 대중도 주권 국가에 대한 서방 세력의 침공에 경악할 수밖에 없었다. 이와 같은 상황에서 다소 방어적인 색깔이 강한 반反패권적 민족주의는 임시적으로나마 관·민·상·하가 공유할 수 있는 이데올로기적 공통분모가 되었다.[34] 동시에 동유럽은 제2차 세계대전 때처럼 다시 한 번 러시아와 서방 세력이 각축하는 현장이 되었다. 1990년대 말에 이루어진 헝가리, 폴란드, 체코 같은 구소련 동맹 국가들의 나토 가입은 특히 러시아 보안기관이나 군에게 심각한 도전으로 받아들여졌다. 나토 가입과 함께 동유럽 또는 발트 국가들의 친서방 민족주의적 지도자들은 제2차 세계대전과 관련해 러시아를 상대로 각종 배상 또는 사과 등을 지속적으로 요구해왔다.[35] 이와 같은 요구에 대한 근거 있는 배격을 위해서 제2차 세계대전 당시 소련의 행위에 대한 강력한 역사적 명분 부여가 요청되었다. 이 배상 요구의 주된 논거는 바로 소련군에 의한 '점령'인 만큼 러시아로서는 이 요구를 배격하기 위해 '점령'이라는 것이 바로 파시즘에서의 '해방'이었음을 강조할 필요도, 수많은 발트·동유럽 우파 민족주의자의 친독일 전시 부역의 사실을 부각할 필요도 있었다. 다소 단순하게 이야기하면, 독소 전쟁 상황에서 소련군의 행위의 정당성은 구미권 국가들과의 각축 속에서 나름의 독자적인 영향권을 구축해야 하는 2000년대 러시아의 주된 역사적 대의명분이 된 셈이다.

  '대조국 전쟁'의 서사를 소환할 만큼의 국내적 상황도 존재했다. 이미 1990년대 말기에 상당한 세력을 얻어 2000년 이후 러시아에서 권력을 완전히 장악한 푸틴 중심의 보안기관 출신 그룹들은 소련 시대의 군이나 보안기관에 대한 강한 계승 의식을 지녔다. 그들 입장에서 '대조국 전쟁' 공식 서사에 대한 1990년대의 다양한 도전은 바로 그들의 출신 기관, 즉 자신들의 정당성과 명예에 대한 도전으로 받아들여졌다.[36] 더욱이 푸틴을 정점으로 한 보안기관 출신 그룹이 권력을 장악하게 되는 역사적 배경이 바로 제2차 체첸 전쟁(1999~2009)이었다는 점을 잊어서는 안 된다. 체첸 전쟁의 본질은 결국 서방 세력에 의해 고립되어 이슬람 종교 근본주의로 방향을 전환한 민족 분리 독립운동이다. 하지만 푸틴 등 러시아 지도부는 체첸 민족주의를 러시아연방을 해체하려는 서방 세력들의 도구로 그리려고 노력했다.[37] 이렇게 해야지만 '서방의 대對러시아 침략, 러시아의 조국 방어'라는 개략적 서술 주형에 체첸 전쟁의 이야기가 들어맞기 때문이다. 이렇게 체첸 전쟁을 배경으로 하는 상황에서 '조국 방어'의 가장 교과서적인 사건이 바로 '대조국 전쟁'이었기 때문에 '대조국 전쟁'에 대한 종래의 '공식' 서사를 부활할 이유가 생겨났다. 물론 옛날 그대로의 부활은 전혀 아니었다.

소련 승전의 원천을 사회주의 지향의 체제가 갖는 우월성이나 당 중심의 인민 단결에서 찾으려 했던 과거의 서사는 흔적 없이 사라지고, 그 대신 승전 기념물에 러시아정교회의 교회를 비롯한 각종 종교 시설이 점차 포함되기 시작했다.[38] 계급이나 사회주의 담론을 뺀 자리에 종교적 색채가 강한 보수적 민족주의가 첨가되고, '대조국 전쟁'은 (구소련의 여러 다른 민족과 함께) 신의 축복을 받은 '러시아 민족의 위대한 승리'로 의미가 전이되었다.

민족주의 열풍을 위에서 주도한 여론 조작의 결과로 보는 시각은 사회과학 부문에서 상당한 힘을 갖는다. 물론 (관제적) 민족주의적 의식 유형들이 언론과 교육 등을 통해 주민들에게 하달되어 착근되는 것은 부정할 수 없는 사실이다. 어떤 의미에서 민족주의라는 것은 애당초부터 매체와 교육체계, 박물관 관리, 언어 표준화 등의 문화 정책에 관한 결정권을 장악한 근대 사회 엘리트들에 의해 발명 또는 창조된다고 할 수도 있다.[39] 그렇지만 위에서 주도한 '만들기'만으로는 민족주의가 갖는 호소력을 충분히 설명할 수 없다. 경우에 따라 다르지만 어떤 상황에서 대중은 민족주의 이념에 그들의 좌절감이나 억압에서 벗어나려는 해방 지향성도 얼마든지 투여할 수 있다. 동시에 밑으로부터의 민족주의는 사회 원자화, 개개인의 고립, 사회적 아노미 현상을 뛰어넘을 수 있는 유용한 도구로 보일 수도 있다.[40] 푸틴 정권이 추진한 '대조국 전쟁' 서사의 부활을 열렬히 반겼던 러시아의 대중적 민족주의는 대단히 자기모순적이며 복합적인 현상이었다. 한편으로는 군사주의적·배타적 측면도 지니고 있었지만* 동시에 소련이라는 비시장적 체제가 이루어낸 승리에 대한 긍지 속에서 시장경제의 도입이 다수

----

* 자유주의 성향의 '레바다 센터'의 여론조사에 따르면 2002년에 '러시아인만을 위한 러시아'라는 민족 배타주의적 구호를 지지했던 러시아인들은 무려 55%나 되었다[http://www.levada.ru/2016/10/11/intolerantnost-i-ksenofobiya/(검색일: 2016.12.13)].

에게 가한 고통[41]에 대한 피해 의식도 내재되어 있었다. '대조국 전쟁'이라는 정치적 신화[42] 속에서 절대 악으로 등장하는 히틀러와 파시즘은 러시아 민중의 고통 속에서 돈벌이에 열중하고 유고슬라비아 등지에서 자신들의 패권을 무력으로 공고화하려 했던 서방 세력 또는 나토 등과 동일시되었다. 즉, '대조국 전쟁' 서사에 대한 긍정은 분명히 반헤게모니적 민족주의로서의 특징도 가졌다. '대조국 전쟁' 서사에 대한 새로운 긍정과 함께 전시 소련의 수령이었던 스탈린에 대한 긍정적인 시각도 1997년 19%에서 2003년 53%까지 급상승했다.[43] 스탈린에 대한 긍정적인 태도는 시장 자본주의에 대한 피해 의식의 확산과 연결된 것으로 보인다. '대조국 전쟁' 서사를 기반으로 하는 민족주의의 확산을 오로지 푸틴 정권에 의한 조작으로 보는 것은 힘들다. 즉, 자본주의 세계 체제 주변부로 편입된 러시아 평민들의 각종 좌절감과 불만들이 이러한 민족주의가 유포될 수 있는 밑바탕이 되었다고 보아야 한다.

물론 민족화된 '대조국 전쟁' 서사의 부활을 견인한 것은 어디까지나 국가의 이념 및 기억 정책이었다. 2001년 11월 1일 러시아 대법원의 군사부는 전후 모스크바에서 교수형에 처해진 블라소프 장군을 비롯해 여러 주요 친독 부역자들의 명예 복원에 대해 불가 결정을 내렸다.[44] 즉, 블라디모프나 수보로프의 친(親)블라소프적 태도는 법이 뒷받침하는 공식적인 접근이 아니라는 것을 대법원이 확인해 널리 알린 것이다. 2000년대 초반 (1965년부터 공휴일이 된) 5월 9일 '승전의 날'은 사실상 러시아의 최고 명절이 되었다. 소련 시대의 명절인 11월 7일(10월 혁명 기념일)이 국가에 의해 취소되고 5월 1일 '노동의 날'의 의미가 축소된 가운데 5월 9일은 이념성을 띤 가장 중요한 명절로 부상했다.[45] 이 명절을 기념하는 방식도 한층 장엄해졌다. 소련 시대를 상기한다는 명목으로 그다지 행해지지 않았던, 승전의 날에 이루어지는 모스크바 붉은 광장에서의 열병식은 2000년대에 들어 연례

행사가 되었다. 2008년부터는 이 열병식에 군의 중장비와 전투기 등을 포함해 공군까지 가세했다.[46] '대조국 전쟁' 관련 방송(전체 방송 시간의 평균 5~8%), 서적 발행, 영화 촬영, 교육 시간 증가 등 기억 정치 차원의 국가 시책들은[47] '대조국 전쟁'에 대한 기념화의 밀도*commemorative density*[48]를 유례없이 높여놓았다. 민주주의가 형식에 불과하고 인권이 국권에 종속되며 자본주의적 시장이 다수에게 기회보다 고통으로 인식되는 2000년대의 러시아에서 '대조국 전쟁'이라는 정치적 신화와 매년 5월 9일마다 반복되는 '승전 기념'을 위한 광경은 국가 주도의 사회 통합에서 주축이 된 셈이다.

대대적인 기념화 밀도의 제고와 동시에 '대조국 전쟁'에 대한 해석도 국가에 의해서 일원화되었다. 2007년에 대량으로 발행된 자국 역사 교사를 위한 근현대사 교수 매뉴얼은 '사회주의'를 성공적인 근대화를 위한 하나의 방편으로 이해하는 한편 '조국의 근대화'를 이루었다는 스탈린을 '효율적인 기업 지배인'에 비유하며 대숙청 등을 '근대화의 불가피한 대가'로 처리했다. '대조국 전쟁'에서의 승리는 스탈린식 근대화 성공의 시금석이자 상징으로 묘사되며 러시아 근현대사의 핵심적인 사건으로 서술되었다. 즉, '사회주의와 진보, 당을 중심으로 한 인민의 단결'이라는 소련 시대의 '공식' 해석의 서사는 이제 민족주의적·개발주의적 언어로 교체된 것이다. 물론 새로운 교육 지침서에서 소수 종족의 강제 이주나 발트 3국에 대한 1939~1940년의 강제 편입 등은 묵살되거나 주변화되었다. 좌파적 수사가 민족주의적 또는 근대주의적·개발주의적 수사로 교체되었지만 '무결한 절대선'으로서의 '대조국 전쟁'에 대한 유사 종교적 태도는 여전했다.[49] 이러한 태도에 대한 심각한 도전은 행정·사법 차원에서 원천적으로 제한을 받았다. 2009년에 만들어진 대통령 산하 '러시아의 국익을 침해하는 역사 왜곡 대처를 위한 역사학자 위원회'라는 특별 기구는 주로 친서방·반러시아적 경향의 동유럽 민족주의자들의 주장을 공식적으로 논박해 러시아 안에서의 유포를 막는 기능을 맡았다.[50] 나아가 2014년 4월 23일 러시아 국회는 '나치 범죄 사실을 부인하거나 모국 방어와 관련된 기념행사에 대한 불경스러운 정보 유포' 등을 불법화하는 새로운 법률을 채택했다.[51] '대조국 전쟁'에 대한 심한 수위의 부인이나 '불경'은 이제 사법 처리의 대상이 되고 말았다. 이와 같은 일련의 시책들은 국고보조금으로 제작되는 여러 영화 등 대중문화의 흐름에 의해서도 뒷받침된다. 2000년대와 그 후에 할리우드의 특수 효과 기술 등을 적극 차용해 제작된 수많은 전쟁 영화는 한편으로 '대조국 전쟁'을 시각적으로 소비할 수 있게 하면서도, 다른 한편으로는 이 전쟁을 당시 존재했던 국가인 소련과는 거의 무관한, '우리 조상'의 문제와 러시아의 유구한 역사상 가장 커다란 규모의 외세 격퇴 사건으로 그린다.[52] 공산주의를 지향하는 사회가 거둔 당연한 승리라는 소련 시대 정치적 신화의 이념적 내용이 퇴색되고, 그 대신 시작과 끝이 보이지 않는 '우리 민족의 외침 격퇴사'라는 서사 주형이 가시적으로 부각된다.

이와 같은 기억 정치의 대중성은 의심할 여지가 없다. 러시아가 세계 체제의 주변부로 전락했다는 모욕감이나 공동체적 관계를 고통스럽게 단절하는 시장경제 속의 정신적 고통, 상당수 러시아인(특히 노인층과 노동자층)의 빈곤화 등의 열악한 상황 속에서 착취와 소외에 노출된 개개인에게는 '숭고함'이 필요했다. 2000년대의 상대적 호경기가 가져다준 도시 중산층 중심의 소비 붐[53]과 대조를 이루었던 '대조국 전쟁'의 이야기는 바로 그 숭고함이 될 수 있었다. 1996년만 해도 여론조사에서 '대조국 전쟁 승리'를 '우리 역사상 가장 자랑스러운 일'이라고 응답한 사람의 비율은 44%였다. 2003년에 그 응답은 무려 87%나 되었다. '승리' 속에서는 어떤 다른 연합국도 잘 보이지 않는다. 67%의 응답자들은 소련이 영국, 미국 같은 연합국들의 지원 없이도 승리할 수 있었을 것이라고 생각한다.

'우리 승리'에 대한 무한한 자긍심이 반드시 독일 같은 과거의 적대국에 대한 반감을 불러일으키는 것은 아니다. 반독 감정은 일부 노인층 이외에는 거의 존재하지 않는다. 반면 '파시스트 침략자'와 오늘날 '서방 세력·나토'를 본질상 같은 것으로 취급하는 것은 대단히 보편적이다.[54] 즉, '대조국 전쟁'이라는 정치적 신화는 일차적으로 반패권적이고 다소 방어적인 민족주의와 직결된다. 이 민족주의와 최근 자국 영향권 구축 차원에서 푸틴 정권이 추진하는 다소 자주적이고 강경한 대미 정책의 중첩이야말로 푸틴 정권에 대한 높은 지지율의 비결 가운데 하나일 것이다.

5. 결론

이 장에서는 소련 시대에 '대조국 전쟁'으로 불렸던, 제2차 세계대전의 일부인 독소 전쟁에 대한 서사가 소비에트연방의 해체(1991) 이후에 어떻게 변모했는지를 추적해보았다. 애당초, 즉 1930년대 말까지 소련에서는 '언젠가 일어날 전쟁'을 전 지구적 계급 대립의 모습으로 상상했다. 하지만 1930년대 말 스탈린 1인 독재의 공고화와 혁명의 형해화, 보수적 관료 체제의 안착과 함께 미래 전쟁에 대한 상상의 구도는 '계급'에서 '국가' 또는 '민족'으로 그 중심축을 옮겼다. 1938년의 명화 〈알렉산드르 네브스키〉는 '유구한 러시아 역사 속의 외침 격퇴'라는 개략적 서사 주형에 맞춰, 차후에 다가올 전쟁을 역사적인 (서방으로부터의) 외침 격퇴의 연장으로 상상해냈다. 보수화된 관료 체제의 다소 민족주의적인 성향은 전쟁 시절의 일련의 상징적 조치(과거 러시아 명장들에 대한 역사적 기억 소환, 정교회 같은 종교 세력과의 화해 등)에서도 재확인되었다. 하지만 다민족국가를 이끌며 세계적인 공산주의 운동이라는 국제적 흐름의 중심에 서야 했던 소련공산당 입장에서는 완전한 민족주의로의 회귀도 이데올로기적으로 불가능했다. 따라서 1960년대 소련 시대에 출판된 『대조국 전쟁의 역사』 같은 독소 전쟁사의 정전들은 스탈린주의적으로 해석한 마르크스주의적 역사 해석과 민족주의적 요소들을 적당히 배합해 소련의 승리를 해석했다. 인류를 공산주의적 미래로 인도하는 공산당의 영도도, 유구한 외침 격퇴사를 계승한 러시아 민족의 애국심도 함께 승전 요인으로 꼽혔다.

이러한 해석에는 소련에서 벌어진 전쟁 시절의 수많은 인간적 비극, 예컨대 특정 소수 종족에 대한 강제 이주나 급속한 공업화 정책이 부른 농업 집단화 등 때문에 반소적으로 돌아선 부농 출신을 포함한 상당수 소련 공민의 친독 부역 행위에 대한 객관적인 분석은커녕 단순 언급도 거의 결여되어 있었다. 따라서 1980년대 말의 페레스트로이카, 즉 개방·개혁 시기에 이 공식적 해석은 비판의 대상이 되었다. 페레스트로이카 시절에 발트 3국 국민 등의 불만을 무마하고 그들에게 진 역사적 죄과에 대해 책임지고 사죄하는 측면에서, 독소불가침조약의 비밀 각서 등 스탈린의 대외 정책의 제국주의적 일면을 보여주는 문서들이 공개되어 이 부분에 대한 국가 차원의 비판이 이루어졌다. 하지만 1990년대의 극도로 반공주의적 분위기 속에서 시도되었던 독소 전쟁 역사에 대한 전면적인 수정은 이미 이와 같은 인본주의적 접근과는 거리가 멀었다. 히틀러가 스탈린의 공격을 예방하기 위해 소련을 선제공격했다는 주장들이 난무했고, 소련보다 나치 독일이라는 '그나마 자본주의적' 사회가 더 우월했다는 시각이 팽배했으며, 히틀러의 침략보다 소련의 동유럽 영향권 구축이 더 큰 역사적 비극이었다는 견해가 일각의 자유주의 지식인 사이에서 힘을 얻었다. 이에 따라 친독 부역자들이 '자유의 전사'로 칭송되었으며, '대조국 전쟁' 서사는 거의 무너진 것 같았다.

하지만 '대조국 전쟁' 서사는 끝내 무너지지 않았다. 러시아 국민 대부분은 히틀러 군대와 친독 부역자에 대한 칭송을 긍정적으로 받아들이지 않았다. 나아가, 1990년대 말 점차 득세한 안보 기관 출신의 새로운 지배 그룹도 자신들의 정통성을 지키려는 입장과 사회 결합을 도모하려는 입장에서 더 이상 독소 전쟁 집단기억 관련의 공격들을 좌시할 수 없었다. 결국 친독 부역자 명예 복원을 위한 요구들이 단호히 거절되는 한편, 2000년대에 들어 푸틴 정권은 '대조국 전쟁' 서사를 기억 정치의 중심에 세웠다. 이제 '공산당 영도'나 '사회주의 진영의 합법칙적 승리'와 같은 부분들이 사라지는 대신, 보다 민족화된 '대조국 전쟁'의 서사는 훨씬 더 완전하게 '민족의 힘을 총동원해 외침을 격퇴한다'는 개략적인 서사 주형에 들어맞았다.

소련 시대의 이념에서 대독 전쟁의 승리는 체제 우월성의 확인이었다. 푸틴 시대의 이념에서 '대조국 전쟁의 승리'는 무엇보다 유구한 외침 격퇴사를 지니는 러시아 민족 역량의 확인이었다. 한 발 더 나아가 '대조국 전쟁'이라는 프레임은 현재와 미래에 대한 관제 민족주의적 비전을 제시할 수 있는 하나의 도구가 되었다. 예컨대 미국의 적대적인 대러시아 정책은 히틀러의 침략성과 종종 비교되고 러시아 내 친미 자유주의자의 '제5열' 등은 '대조국 전쟁' 시절의 친독 부역자에 비견된다.[55] 시장 자본주의가 가져다준 각종 고통과 좌절을 '서방 세력의 침투'와 쉽게 연결하는 대중의 반패권주의적 정서상 민족주의적 비전은 비교적 쉽게 받아들여진다. 그러한 의미에서, '대조국 전쟁' 관련 수사를 사용하는 것이 푸틴 정권의 인기 유지에 상당히 기여한다고 보아야 한다.

민족주의란 반드시 모든 경우에 동일한 것은 아니다. 서방의 열강 또는 패권 국가들에 대한 비서방 지역 주민들의 민족주의는 분명히 반패권적인 만큼 긍정적 측면도 지닐 수 있다. '대조국 전쟁'이 상징하는 스탈린 시대의 비시장적인 '적색 개발주의'나 파시즘과의 사투 속에서 이루어진 '인민 단결' 등에 대한 향수와 긍정은, 서방식 시장 자본주의에 의해 고통받고 미국 등 서방 국가들의 유고슬라비아 공습이나 이라크 침략(2003)에 위협을 느끼는 러시아 민중 입장에서는 당연할 수도 있다. 그러나 이러한 민족주의는 자국의 문제성을 직시하지 못하게 만들 수 있다. 나아가 자국의 일개 '제국'으로서의 모습을 비판적으로 보지 못하는 방향으로 대중을 이끌 수도 있다.

푸틴 정권은 '대조국 전쟁' 서사에 대한 대중적 향수를 십분 활용한다. 하지만 푸틴이 운영하는 러시아는 비시장적 '적색 개발주의'와 질적으로 다른 관료 주도의 시장 자본주의 국가다. '대조국 전쟁' 프레임의 보편적인 적용과 푸틴 정권의 시리아 내전 무장 개입에 대한 매우 높고 지속적인 지지(약 60%)[56]는 과연 무관한 것일까? 러시아가 관련된 모든 갈등에 '대조국 전쟁'의 프레임을 무비판적으로 적용하는 한 자국의 국제적 행동에 내포된 문제성을 직시하기는 거의 불가능할 것이다.

물론 파시즘의 침략을 격퇴한 소련 인민의 영웅적 모습에 긍지를 느끼는 것은 당연하다. 하지만 이미 혁명의 열기가 식은 소련을 통치하던 스탈린 관료 체제의 '적색 개발주의', 즉 대민 강제를 전제로 하는 초고속 공업화·근대화 정책이 안고 있었던 모순성을 아울러 인정하면서 이 체제의 피해자에 대해서도 긍정적인 관심을 가질 때 비로소 보다 객관적이며 미래지향적인 역사 인식이 성립될 것이다. 긍지는 쉽게 부정하기 어려운, 자연스러운 감정일 수 있다. 하지만 역사 인식이 올바르게 자리 잡기 위해서는 그 근저에 반성과 비판 정신이 깔려 있어야 되지 않을까? 이제 조국 방어 관련 기념행사에 대해 '불경스러운 정보를 유포'하면 범죄가 되는 러시아에서 그런 반성과 비판이 자유롭지 않게 된 것은 매우 안타까운 일이다.

21세기 초 영국의 제2차 세계대전에 대한 문화적 기억: '평범한 영웅주의'

루 시 녹 스*

21세기 초 영국에서는 제2차 세계대전의 '온건한 영웅들'과 1940년의 중요한 사건들을 통해 과거의 기억을 여전히 유지할 것으로 보인다. 하지만 글로벌화의 힘은 국가적 기억들이 더 이상 단순히 국가적인 맥락에만 머물러 있을 수 없게 만들고 있다. 글로벌화 시대에는 문화적 기억이, 심지어 국가 정체성 형성과 관련된 사건에 대한 기억조차 국경을 넘어 하나의 국가 차원이 아닌 초국가적인 차원에서 이미 형성되고 있음을 알아야 한다.

1. 프롤로그: 상상 속의 비극

2006년 11월 6일 지방 고위 공무원, 재향군인회 회원, 캐나다 고등판무관 대표단 등이 제2차 세계대전 적석 기념비(돌로 축조한 기념비) 제막식을 위해 서섹스*Sussex*의 명승지인 커크미어 헤이븐*Cuckmere Haven*에 모였다. 기념비를 축조하기 위해 적석이라는 재료를 선택한 데는 이유가 있었다. 선사시대 이래 북서유럽에서 적석은 무덤을 의미하는 것으로 망자의 존재를 알

---

* 영국 브라이턴대학교 예술·인문대학 교수(School of Arts and Humanities, University of Brighton, U.K.).

리는 물리적 표식이자, 산 자와 죽은 자 사이의 상상과 기억의 연결 고리로서 기능해왔기 때문이다. 이 21세기의 적석 기념비 구리 명판에는 기념비를 세우게 된 이유와 목적이 장황하게 기술되어 있다. 그 내용은 이 지역 농부이자 제2차 세계대전에 지방의용군으로 참전했던 레슬리 에드워즈의 증언 형태를 취하고 있다.

저는 캐나다군 중대가 커크미어에 와서 텐트를 쳤던 1940년의 그날을 절대 잊지 못할 것입니다. 그때 저는 이곳에 주둔하고 있었는데, (적국) 폭격기들이 정기적으로 이 계곡을 목표로 삼는 걸 알았습니다. 나는 부대장에게 이 사실을 알리려고 노력했지만 부대장은 내가 하는 말에 관심이 없었지요. 메서슈미트(독일군 전투기)가 온 지 이틀째 되는 날 아침이었습니다. 해가 뜨자마자 메서슈미트가 물 위를 스치듯 날아와서는 계곡 위로 떠올라 알프리스턴(서섹스 지방의 지명) 주변을 비스듬히 선회하고 되돌아 와 텐트들을 향해 돌진하더니 사격을 시작했습니다. 총알과 포탄이 땅에 박힐 때마다 연기와 흙과 풀 같은 것들이 그 앞에서 솟구쳤습니다. 대형 천막과 개인 텐트 안에 있던 젊은이들이 모두 죽었습니다. 그 부대장은 그때 중부 해안경비대 막사에서 벽에 거울을 걸어 놓고 면도를 하다가 포탄이 그 벽을 관통했을 때 바로 즉사했습니다.[1]

동판의 설명은 2004년 에드워즈가 사망할 때까지 지금은 적석 기념비가 서 있는 바로 그 자리에 추모의 뜻으로 해마다 양귀비꽃을 헌화했다는 내용으로 이어진다.

이 이야기는 역설적인 대비 방식으로 전개된다. 햇살이 빛나는 아침 평화로운 서섹스 시골에 나타난 치명적인 적의 전투기들에 의한 수많은 젊은이의 죽음, 그것도 전쟁 화가 에릭 라빌리어스*Eric Ravilious*가 그린, 프랭크 뉴볼드*Frank Newbould*의 연작 선전 포스터 「당신의 조국을 위해 지금 싸워라*Your*

Britain. Fight For It Now」에 소개된 아름답기로 유명한 곳에서의 죽음. 또한 그 지역 농부의 말에 귀 기울이지 않아서 자신과 부하들의 목숨을 대가로 치른 부대 지휘관의 죽음. 이 모든 것을 감안하면 이 일이 더 유명해지지 않은 것이 이상할 정도다. 하지만 이 사건을 기억하고 추모하는 유일한 사람은 에드워즈뿐이고, 이후 이 비극에 대해 이루어진 모든 역사적 연구에서도 이것 이상의 자세한 사항을 밝혀낼 수는 없었다. 영국연방 전쟁 묘지 위원회에 따르면 전쟁 기간 서섹스에서 숨진 캐나다 군인은 단 3명뿐이며, 커크미어에서 사망한 군인들은 프리스턴*Friston* 인근에 주둔하고 있던 영국 공군 32비행 중대 소속 영국인 2명이 유일하다. 그들은 1942년 6월에 커크미어 강에서 수영 금지 지시를 무시했다가 공습에 대비해 그곳에 매설한 지뢰에 희생된 군인들이다. 즉, 커크미어 적석 기념비가 추모했던 수많은 젊은이의 비극적인 죽음은 아마도 일어나지 않았던 것으로 보인다. 그렇다면 사실상 이는 전쟁을 겪은 농부의 개인적인 회상 외에 아무것도 아닌 것을 추모하는 것이다.

영국과 캐나다의 시민 단체와 군 관계자들은 왜 이 사건을 추모하려는 것일까? 아마도 추모는 (존재하지 않는) 사건 이상의 가치가 있기 때문일 것이다. 적석 기념비는 과거를, 특히 두 번에 걸친 20세기의 총력전을 기억하고 그에 대한 매개가 되기를 바란다는 뜻을 나타낸다. 이는 20세기 말과 21세기 초에 만들어진 전 세계의 추모 장소에서도 동일하게 나타난다. 이는 제이 윈터*Jay Winter*가 정의한 '추모 붐'의 일면이다. 그는 이것이 20세기의 '총력전'이 지닌 매력이며 오늘날 우리가 세상을 이해하는 방식에 심대한 영향을 미쳤다고 주장한다.[2] 폴 퍼셀*Paul Fussell*이 제1차 세계대전의 표상과 문화적 기억에 대한 연구에서 강조한 것처럼, 이러한 일련의 역설적인 상황들 속에서 상상 속의 재난은 압제에 항거하기 위해 집을 떠나 수천 마일을 여행해야 했던 젊은이들의 무의미하고 피할 수 있었던 죽음과 전쟁의 비극을 강조한다.[3] 윈터가 연구한 추모 붐은 국제적으로 지역과 맥락의 다양성을 가로질러 확인되며, 서섹스의 기념비도 해당 지역에서는 존재 가치가 있는 것이다.

1942년 8월, 주로 캐나다인으로 구성된 6천 명의 연합군이 프랑스의 디에프 항港을 급습하기 위해 훈련 장소인 서섹스의 시골과 해안을 떠났다. 디에프 항은 독일군이 노르망디 마을의 절벽 꼭대기와 해안에 주둔하면서 전력을 다해 방어하던 곳이었다. 따라서 연합군의 점령 작전은 끝내 실패했다. 사기 진작과 정보력 강화를 목적으로 기획되어 전 세계에 연합군이 얼마나 쉽게, 독일에 점령된 유럽을 해방하고 실지失地를 회복하는지 보여주려던 계획과는 정반대로 작전은 재난 수준이었다. 디에프에 상륙했던 인원의 절반 이상이 죽거나 부상당하고 포로가 되었다.[4] 수천 명의 캐나다군은 서섹스 지역 깊숙이 파견되어 1940년부터 계속 주둔했다. 그들은 서섹스 지역과 깊은 역사적인 관계를 맺고 있었고, 인근의 시포드seaford는 제1차 세계대전 기간에 대규모의 캐나다군 캠프가 위치했던 곳이었다. 그렇다면 아마도 커크미어 적석 기념비는 상상된 젊은이들의 죽음만이 아니라 더 넓은, 국경을 넘어서는 전쟁의 공포와 디에프에서 사망한 젊은 캐나다군에 대한 지역 차원의 기억을 표한다고 할 수 있다.

이 기념물을 단순히 21세기 영국 사회의 제2차 세계대전 기억과 흔적만을 상징하는 것으로 이해해서는 안 된다. 실제 일어난 사건들과 관련된 기념물을 조성할 수 있었는데도 일어나지 않았던 사건에 초점을 맞춘다는 것은 이상하게 보일 수 있다. 하지만 이것은 지난 사건 가운데 하나를 골라 그것을 현대적 울림으로 물들이는, '기억하기'라는 더 폭넓은 과정의 일부다. 21세기의 영국에게 양차 세계대전은 모두 매우 '현재적인' 사건들이다. 이 전쟁들은 문화적·자연적 경관에 흔적을 남겼을 뿐만 아니라 관련 장소, 다양한 공식 추모 행사, 물리적·디지털적 기념관, 박물관, 문학, 영화, 라디오, 텔레비전, 언론 등을 통해 끊임없이 재현되고 있다. 21세기 초 런던에서는 민간 자금을 모아 제2차 세계대전 기간의 영국 군인과 시민을 추모하기 위한 새로운 기념물을 건립하는 열풍이 일었다. 이를테면, 영국 본토 공중전Battle of Britain 기념비(2005), 폭격 사령부 기념비(2012), 왕립기갑연대 조각상(2000), 제2차 세계대전 공헌 여성 기념비(2005) 등이다. 현재 이들 기념비는 런던 시내 기념물 경관의 구성 요소로 자리 잡았다. 천국의 계단 기념비 재단the Stairway to Heaven Memorial Trust은 1943년 동부 런던의 베스널 그린Bethnal Green 지하철역의 대피소에 있다가 사고로 죽은 시민 173명을 추모하기 위한 모금을 계속하고 있다. 비행기 모델이나 복제 의복 등 문화 상품 외에도 수많은 포스터, 냉장고 자석, 머그 컵, 티셔츠, 앞치마 같은 데 새겨진 '진정하고 하던 일을 하세요Keep Calm and Carry On' 같은 슬로건을 어디서나 쉽게 볼 수 있다.* 제2차 세계대전은 또한 켄트 지방의 맥주 공장 셰퍼드 넘 스핏파이어 비어Shepherd Neame's Spitfire Beer의 '보틀 오브 브리튼The Bottle of Britain'** 같은 상업적 슬로건으로도 재현되고 있다. 이러한 것들은 단순히 소비를 위한 장소나 대상이 아니다.

현재 진행형인 두 차례의 대전은 세대를 지나 수많은 가족과 개인의 기억 중심에서 계속 회자되고 반복되면서 전승되고 있다. 개인의 이야기, 메달, 사진, 전쟁 관련 유물은 종종 가족 내부에서 보존되고 상속되면서 세대를 잇는 연결 고리와 공유, 참고하는 매체가 되기도 한다.[5] 공적·사적 이야

---

* 'Keep Calm and Carry On'은 잠시 시범적으로 해보다 포기했던 1939년의 영국관립인 쇄국(HMSO) 포스터에서 유래한다. 2010년 영국의 보수-자유당 연립정부가 도입해 긴축재정 시기에 흔하게 사용되기 시작했다.
** 자신들의 상품인 'bottle'과 전투를 뜻하는 'battle'이 'o'와 'a' 글자 하나 차이임을 이용해 'battle of Britain'과의 언어유희적 대비 효과를 노린 광고 카피다. 실제로 포장 용기나 광고 이미지에 전투기 이미지가 사용되기도 했다.

기들은 서로 내용을 보완하기도 하고 사실 관계를 확인해주기도 한다. 이 이야기들이 서로 잘 '들어맞지' 않을 경우 가끔 침묵하기도 한다. 이 장의 목적은 21세기에도 계속되는 제2차 세계대전에 대한 영국 대중의 관심을 탐색하고, 반복되는 문화적 기억들이 과거의 산물이 아니라 바로 현재의 산물로서 그 기억의 생성과 순환의 지점을 이해하려는 것이다.

2. 21세기 영국의 기억의 장소

잉글랜드 남부의 하늘에서 벌어진 대규모의 공중전을 기념하기 위해 영국은 2015년 9월 15일을 '영국 본토 공중전의 날'로 지정해 그 75주년을 기념했다. 영국 본토 공중전은 1940년 6월부터 9월까지 계속되었다. 공중전이 끝난 이후 9개월 동안 런던과 기타 영국 도시에 대공습blitz이 시작되어 1941년 5월까지 약 4만 3천 명의 사상자를 냈다.[6] 희생자들 대부분은 시민이었다. 대공습, 영국 본토 공중전과 함께 1940년 됭케르크Dunkirk 해안에서의 영국 지상군 소개疎開 작전은 역사학자 소냐 로즈Sonya Rose에 의해 '상징적인 사건들'로 명명되었다. 이 사건들은 영국에서 제2차 세계대전의 문화적 차원의 상징이 되었고 이 전쟁에 대한 문화적 기억을 지배하기에 이르렀다.[7] 이들 세 가지 사건은 '1940년의 신화'라 불리게 되었다. 이를 통해 제2차 세계대전은 유럽에서 나치 독일의 위협에 '홀로 맞선' 영국의 '황금기'로 묘사되었고 내부의 역사적·계급적 분열과 지역적·정치적 분열을 극복한 '국민의 전쟁'으로 묘사되었다. 또한, 나치 독일과 파시스트 이탈리아 그리고 1941년 이후에는 일본 제국주의 모두를 물리치고 보다 새롭고 더 평등한 영국을 만들려고 했던 전쟁으로 묘사되었다.[8]

'국민의 전쟁'으로 하나가 된 국가라는 논리는 1940년의 여름이나 가을 무렵에 만들어졌을 것이다. 다양한 공인이 이러한 수사를 사용했는데, 보수주의자인 수상 윈스턴 처칠, 사회주의 작가이자 방송인 J. B. 프리스틀리, 급진 좌파 언론인이자 정치인이며 홈가드*Home Guard*와 영국연방당*Common Wealth Party* 설립자인 톰 윈트링엄 등이 그들이다. 긴 생명력을 가진 이 논리는 1940년대와 1950년대에는 당시 인기였던 전쟁 영화로, 1970년대와 1980년대에는 TV 시리즈 등으로 계속 반복되고 재생되었다. 심지어 1980년대와 1990년대에는 전쟁을 둘러싼 정치 담론으로 만들어졌고, 방송으로도 이어져 2003년 BBC는 대중과 집단이 만든 제2차 세계대전의 역사를 '국민의 전쟁'이라고 이름을 짓기도 했다.[9] 1940년의 '시그널 이벤트'가 이러한 기억의 중심에 있으면서 반복적으로 되풀이되는 동안 전쟁기에 주목받지 못한 다른 전투들도 관심의 대상이 되었다. 하지만 독일과 유럽의 다른 지역에 대한 집중적인 폭격, 이탈리아의 침공, 1944년과 1945년의 대對영국 V1·V2 작전, 바다에서의 전투와 아프리카 및 아시아에서의 전투 등은 '국민의 전쟁'이라는 지배적인 기억으로 거의 통합되지 않았다. 실제로 연합군의 서부 유럽에 대한 반격(노르망디상륙작전) 개시일인 1944년 6월의 디데이만이 영국의 전쟁의 주요 상징으로서 1940년의 상징적 사건들과 동급으로 취급받는다.*

영국 본토 공중전 이후 75년이 지난 오늘날 그 전투의 중요성은 퇴색되었다. 이 전투 역시 제2차 세계대전 기간과 그 이후의 수많은 다른 전투처럼 서서히 잊힐 것이다. 됭케르크에서의 영국 지상군 소개 작전 그리고 대공습과 달리 이 전투에 직접 참여한 사람들은 소수의 젊은이였다. 이들이

---

* 예를 들어 BBC의 '국민의 전쟁' 웹 사이트에는 대공습에 대한 2911건의 회고 수기가 있다. 이는 1944~1945년의 V1·V2 공습에 대한 회고 수기가 421건인 것과 비교된다[BBC 국민의 전쟁 '기록 목록' 관련 웹 페이지(http://www.bbc.co.uk/history/ww2peopleswar/categories/)(검색일: 2016년 5월 20일)].

'국민'을 대표한다고 보기는 어렵다. 이들 또한 대부분 중산층과 중상위층에서 선발되어 군대의 새 분과에 배치된 엘리트 출신들이다. '항공 치안 활동' 및 중동 지역 식민지인에 대한 폭격 등의 사례를 통해 알 수 있듯이 양차 세계대전 사이에 영국 공군은 대영제국의 정치와 밀접하게 연결되어 있었다. 또한 허버트 G. 웰스의 소설 『다가올 미래의 초상The Shape of Things to Come』(1933), 연이어 1936년에 영상화된 『다가올 세상Things to Come』, 자애롭지만 시각적으로 파시즘적인 '하늘의 독재자'의 획일적인 모습 등에서 확인되는 '근대성'에 대한 비판 등 파시즘과 전체주의의 정치와도 밀접한 관계를 맺고 있었다.[10] 파시즘에 맞서 싸우는 영국 공군의 역할이 엘리트주의적이고 권위주의적인 인상을 떨쳐버렸지만 전투기 부대Fighter Command의 파일럿들은 여전히 뭔가 '다른 존재'의 아우라를 간직하고 있었다. 근대적이고 미지의 영역인 하늘이라는 공간에서 홀로 싸우는 매력적이고 젊고 종종 비운의 운명을 가진 것 같은 전투기 부대는, 최근까지 좀 더 쟁점이 되는 업무를 부여받았던 폭격 부대Bomber Command와 비교하여, 중요성은 떨어지지 않으면서도 좀 덜 영웅적으로 보이는 연안 부대Coastal Command 등을 대체함으로써 광의의 개념인 '국민의 전쟁'에서 영국 공군을 대표해왔다.[11]

2015년 '영국 본토 공중전의 날'과 관련해, 영국 언론의 보도는 대체로 살아남은 사람의 연령과 기계의 연식 그리고 그 상징적 위상에 초점이 맞춰졌다. 오후에는 '스핏파이어'와 '허리케인'이 남부 잉글랜드의 비행장, 시골 지역, 도시 등을 순회했고 실제 전투가 벌어졌던 장소를 재방문해 비행기의 독특한 엔진 소리를 다시 한 번 들려주었다.[12] 이러한 감각적 체험을 통해 지상에 있는 사람들에게 전쟁에 대한 기억을 상기시켰다.* 런던에서

---

* 사실 나는 이 글의 기초가 된 다른 논문 작업을 하고 있었다. 그것은 남부 잉글랜드를 가로지르는 경로를 잡고 날아간 스핏파이어와 허리케인에 대한 것으로, 그들의 엔진 소

는 여왕이 참석한 세인트폴 성당 추도식에서 공중전의 날을 기념했다. 하지만 대부분의 영국 언론은 노동당의 새로운 당수 제레미 코빈이 국가國歌를 부르기로 결정한 패배와 관련해 보도하는 데 집중했다.[13] 영국공군협회 자선단체는 75주년 기념 메달을 만들어 사이트를 통해 대중에게 판매했다. 그리고 2015년에 영국 본토 공중전에 대한 지배적인 기억은 시간의 흐름과 참전용사, 상징적인 전투에 참여했던 기계를 기념하며 향수를, 심지어 비애를 불러일으키는 것 같다. 문화적 기억이 형성되면 일정한 기능을 부여받게 되고, 나아가 현실에서 정치적 행위에 복무할 수도 있게 된다. 우익 언론은 코빈에게 애국심이 없음을 비판하고, 좌익 및 자유주의 신문은 기억의 정치와 전쟁의 야만성을 비판한다.[14] 하지만 파일럿들의 영웅적 행위, 그리고 영국뿐만 아니라 전 세계에서 이 전투가 갖는 중요성에 대해서는 모두가 동의했다.

영국의 영웅적 행동의 모범으로서, 영국의 정치적·사회적 가치를 보여주는 사례로서 주기적으로 소환되는 제2차 세계대전에 대한 영국의 문화적 기억은 지역주의를 보여준다. 그리고 영국과 독일 사이의 공중전에 대한 관점과 관심은 지속될 것이다. 하지만 이는 기억의 다른 맥락, 즉 국민, 지역민, 개인과 더불어 이 기억의 형태와 구성 요소를 이루는 트랜스내셔널한 측면을 놓치는 일이 될 것이다. 모든 문화적 기억이 그렇듯이, 전쟁 기간의 영국 공군에 대한 기억은 고정된 것이 아니다. 그 기억은 이를 '기억하는' 행사뿐만 아니라 창작되고 유포되는 횟수에 따라서도 형성된다. 예를 들어 런던의 템스 강 제방에 있는 영국 본토 공중전 기념비는 2005년 조각가 폴 데이가 만든 것으로, 파일럿에 초점을 맞춰 조각되었다. 하지만 그 외에도 영면한 파일럿들, 켄트의 홉(맥주에 들어가는 재료)을 따는 일꾼

리는 제2차 세계대전이 끝나고 20년 후에 태어난 사람이라도 즉각 알아챌 만한 것이다.

들, 지상 포대의 포병들, 대공습의 참상, 일하는 여성들, 정원에 있는 간이 방공대피소에서 한 잔의 차를 끓이는 가족 등이 조각되어 있다. 폴 데이는 이를 통해 국가의 생존에 불가결한 요소인 '강력한 저항 정신'을 고취하려 한다.[15] 기념비의 양면은 전쟁의 각기 다른 측면을 형상화하고 있다. 한쪽 면은 전투기 부대에 초점을 맞추고 있으며, 다른 한쪽 면은 전쟁 중인 영국의 여러 이미지를 보여준다. 마치 조각에서 뛰쳐나가듯이 자신의 비행기로 (그리고 이를 보는 관객에게로) 돌진하는 젊은 비행사의 조각상이 기념비의 두 면을 연결하고 있다. 기념비의 가장자리에는 영국 본토 공중전에서 사망한 연합군 544명의 이름이 새겨져 있다.

여기에서 그려지는 전쟁의 대서사시, 즉 공동의 적에 맞서 단결하는 영국의 전투기 부대 구성원들의 이야기가 실제로 전쟁 이후 영국인에게 큰 반향을 일으켰다고 볼 수는 없다. 여기서는 이제 영국 공군에 대한 당대의 언표, 그리고 전투기 부대 조종사들과 폭격 부대 승무원들을 영웅으로 승격하려는 최근의 움직임에 대해 검토할 것이다. 아울러 트랜스내셔널한 관점에서, 유럽의 정체성에 대한 지정학적이고 정치적인 변화가 영웅주의를 조장한 측면과 대영제국의 정치 및 탈식민에 대한 문제들을 모두 고려해 다면적으로 분석할 것이다. 먼저, 제2차 세계대전에 관한 상당 부분의 문화적 기억에 내포된 초국적인 속성에 대해 간략히 논의해보겠다.

3. 제2차 세계대전과 트랜스내셔널한 기억

제2차 세계대전 때문에 전 세계 사람들이 이동하고 여러 국가의 군대들이 접촉하고 서로 동맹 또는 적이 되었을 때 지역 또는 국가의 이해관계에 따라 기존의 국제 관계는 그대로 존속되거나 새롭게 재편되었다. 일부 지역의 경우 민족국가들은 전쟁의 문화적 기억에 대해 지속적으로 이의를 제기하고 있다. 예를 들어, 도쿄의 야스쿠니신사에서 거행되는 논쟁적이면서 고도로 계산된 정치적인 추모 행사에 대해 한국과 중국은 1990년대 이후 계속해서 이의를 제기하고 있다. 반면, 2007년 에스토니아에서 구소련의 붉은 군대赤軍의 기념비가 철거된 일은 러시아계 소수민족들에 의해 집단 시위와 폭동으로 이어졌다. 이와 비슷하게, 2014년의 우크라이나 충돌 사태는 푸틴 대통령이 우크라이나 내 유대 민족의 수호자로 나선 가운데 나치 부역자인 스테판 반데라를 칭송한 소수의 극단적 국수주의자들이 '파시즘'으로 지목되면서 시작된 것이다. 또 다른 사례에서도 공식 추모 행사들은 새로운 동맹을 만들거나 공식화하는 수단으로 활용되었다. 20세기 후반 프랑스 노르망디에서 진행된 디데이 기념행사는 '서독을 포함한 나토 동맹을 지지'하고 소련을 포함하는 (제2차 세계대전 당시의) 전시 동맹을 부인하는 기능을 했다.*[16] 트랜스내셔널한 시각으로 보았을 때 유럽의 홀로코스트는 유럽과 북미는 물론이고 멕시코처럼 지리적·문화적으로 유럽의 역사와 경험에서 멀리 떨어진 나라에서까지 전쟁 기억의 상징처럼 되었다.[17] 유럽의 냉전 체제가 해체되고 동서의 냉전 신화가 무너지면서 홀로코스트는, 토니 짓Tony Judt이 예리하게 지적했듯이, 새로운 유럽으로 향하는 '입장권'으로 기능하게 되었다. 이후 홀로코스트는 유럽 대륙 전역에 위치한 수많은 기억의 장소에서 기념되기 시작했다.[18]

2010년 알레이다 아스만Aleida Assmann과 세바스천 콘라드Sebastian Conrad는 세계화 과정, 특히 국경을 초월한 기억의 공유를 가능하게 만드는 뉴미디

---

* 독일은 2014년에 처음으로 추모 행사에 참여했고, 당시 수상 게르하르트 슈뢰더는 "서방을 향한 독일의 긴 여행은 마침내 끝이 났습니다"라고 언급했다[M. Dolski, S. Edwards and J. Buckley(eds.), *D Day in History and Memory: The Normandy Landings in International Remembrance and Commemoration*(Texas: UNT Press, 2014)].

어 그리고 새로운 트랜스내셔널 행위자와 네트워크의 부상을 주목했다. 이는 긴 세월 동안 한 국가의 정체성을 형성하는 데 중심적인 역할을 담당했던 기억이 '민족국가라는 그릇'을 깨고 나왔다는 것을 의미했다.[19] 필자역시 이를 반박할 의도는 없다. 하지만 그들의 주장을 잠시 유보하려 한다. 국가적 기억은 순탄하게 쌓여가는 법이 없고 언제나 내부적 또는 외부적도전에 직면하는 것이다. 예를 들어, 제2차 세계대전에 대한 영국의 기억은 지역적·민족적 기억과 경험뿐만 아니라 국제적 상황 속에서 형성된 것이다. 이를테면 북미 지역 사람들에게 디데이라는 것은 다른 방식으로 해석되고 재현된다. 대릴 재녁Darryl Zanuck이 연출한 할리우드 영화 〈지상 최대의 작전〉을 기점으로 미국은 영국의 노르망디상륙작전에 대한 기여와의미를 점차 축소하고, 그 대신 미국의 역할을 강조하기 시작했다. 물론 이영화는 많은 내러티브를 따라가며 여러 목소리를 들려주지만 노르망디상륙작전을 미국 사령관의 지휘 아래 연합군이 진격하는 방식으로 그리고 있다. 마치 미국의 리더십 아래 구축된 서유럽 냉전 체제와 비슷한 구도다.

미국인의 헌신과 희생에 초점을 맞추는 해석 방식은 1984년 이후 노르망디 해안에서 시작된 추모 행사를 통해 계속되었다. 예컨대, 프랑스의 꼴르빌르슈흐메흐Colleville-Sur-Mer에 있는 미군 묘지를 방문한 미국 대통령의추모, 스티븐 스필버그의 1990년대 명화 〈라이언 일병 구하기〉와 〈밴드오브 브라더스Band of Brothers〉 등을 통해 디데이를 집중적으로 조명하는 방식이다. 이 같은 재현 방식은 BBC '국민의 전쟁' 웹 사이트에 올라가 있는「영국 참전용사들의 디데이 기억」에서 다시 전용되었다. 이 웹 사이트에는 해안 상륙작전에서의 죽음이나 부상의 경험들이 종종 영화나 TV 시리즈를 연상하는 언어로 생생하게 표현되어 있다.[20] 서유럽 연합군의 미국최고사령관 드와이트 아이젠하워의 지휘 아래 실행된 노르망디상륙작전은 1940년 됭케르크에서의 소개 작전의 기억을 재구성하도록 만들었다.

1944년 6월 7일, 이에 대해 《타임스》는 사설에서 다음과 같이 언급했다.

> 됭케르크에서 용감하게 패한 군대를 구조한 지 4년 만에, 해방군의 핵심인 그들이 없었다면 절대 재건되지 않았을 연합군은 어제 프랑스 영토로 당당하게 귀환했다.[21]

복잡한 동맹 관계와 세계적인 규모의 전쟁은 그 자체로 기억을 재구성하는 초국가적 틀로서 작용했다. 그 기억이 조작된 것이라 해도 그렇다.

20세기 후반 이후 홀로코스트는 유럽인의 제2차 세계대전에 대한 기억의 중심에 자리 잡게 되었다. 그 자체로 논쟁적인 홀로코스트의 기억은 1953년에 세워진 이스라엘의 야드바셈 홀로코스트 기념관 건립과는 다른 방식으로 유럽 국가와 세계 역사에 기술되었다. 야드바셈은 홀로코스트의 기념뿐만 아니라 이스라엘 민족의 국가 건설 및 정체성 형성에 중추적인 기능을 담당했다. 2000년에 설립된 홀로코스트 교육·기념·조사를 위한 국제 대책위원회는 홀로코스트 기념과 교육을 위한 유럽 공통의 기준과 지침을 만들고 트랜스내셔널한 기억 공동체를 설립해 유럽 전역에 홀로코스트의 기억을 전파하겠다는 목표를 천명했다. 1월 27일이 (1945년에 소련이 아우슈비츠를 해방시킨 날을 기념하는) 유럽 홀로코스트 기념일로 선포되었고, 유럽뿐만 아니라 미국, 아르헨티나, 이스라엘 등지에서도 이날을 기념했다. 이후 이는 다른 대량 학살을 기억하며, 인권을 위한 유럽 공동의 노력을 경주할 것을 천명하는 데까지 확장되었다.*

---

* 이러한 기억들은 결합뿐 아니라 분열을 만들어낼 수도 있다는 점을 언급해야 한다. 마이클 로스버그는 이를 전형적으로 해소할 수 없는 희생자의 기억이라고 정의했다[M. Rothberg, *Multidirectional Memory: Remembering the Holocaust in an Age of Decolonization*(Stanford: Stanford University Press, 2009)]. 로스버그는 이러한 기억

20세기 후반과 21세기 초반에 이루어진 유럽의 '기억 전쟁'에서 나타난 바와 같이 이 과정은 결코 논란 없이 쉽게 진행되지 않았다. 하지만 홀로코스트의 전면 부상은 영국과 달리 점령, 부역, 추방, 파괴 등을 경험한 여타 유럽 국가들 사이의 공통성을 강조하는 역할을 하며 영국의 전쟁 기억에도 영향을 미쳤다.[22] 전쟁에 대한 영국의 문화적 기억은 전쟁 기간 유럽의 일반적인 정황을 대체로 무시하고, 그 대신 나치즘과 파시즘에 대항한 영국의 역할을 강조했다. 반면 홀로코스트는 어떤 응집력과 접점을 이끌어내는 역할을 수행했다. 13~14세의 학생들에게 홀로코스트를 가르치게 되었고, 교육과정은 홀로코스트의 역사 자체를 알려줄 뿐 아니라 현대 세계에 대한 공명과 최근의 대량 학살 그리고 인권에 대한 지속적 헌신의 중요성 등을 반영하도록 설계되었다. 영국이 베르겐벨젠 강제수용소를 해방시킨 것을 다룬 뉴스 필름은 전쟁과 홀로코스트에 대한 영국 텔레비전 다큐멘터리의 단골 소재다.

2000년, 대영제국 전쟁 박물관은 홀로코스트 전시회를 열었다. 메인 갤러리* 옆에 있는 별채에서 개최된 홀로코스트 전시회의 초점은 전쟁 기간의 영국과 대영제국에 맞춰졌다. 그 결과, 영국인들은 20세기 중반 영국에서 일어난 일부 사건들과 홀로코스트의 연관성을 인식하게 되었으며 국제적인 시야를 확보하게 되었다. 이를 통해 제2차 세계대전 발발 일 년 전에 중부 유럽에서 영국으로 약 1만 명의 유대인 어린이 난민을 탈출시킨 '킨더트랜스포트*Kinder Transport*' 작전이 널리 알려지게 되었다. 2006년에는 수많은 어린아이가 지나갔던 런던의 리버풀 스트리트 역 외곽에 기념비가 세워

들을 동일시하거나 기억들 사이의 연대를 강조하는 것에 반대하면서, 그 대신 경쟁하는 기억들 사이의 차이를 확인해야 한다고 강조한다.

* 2016~2020년 사이에 개관 예정인 새로운 제2차 세계대전 갤러리의 설계를 통해 더욱 가시성을 가질 수 있도록 계획되어 있다.

졌다. '특별한 시대, 보통 사람들의 위대함'이라는 헌정사를 통해 기념비는 난민 프로그램을 '국민의 전쟁'에 포함했다. 로스버그는 킨더 트랜스포트의 기억을 다각적 기억의 사례로 동원하면서 2015년 여름에 영국이 시리아 난민을 더 받아들여야 한다고 주장했다. 1930년대에 어린이 난민이었던 노령의 유대인 시민들과 최근에 가족을 데리고 영국에 도착한 젊은 시리아인들 사이의 만남을 다룬 《가디언》의 기사는 다음과 같이 말했다.

> 킨더 트랜스포트를 비롯해 기타 여러 난민 프로그램은 도움이 가장 필요한 사람들을 돕는 영국의 자랑스러운 전통의 일부이기 때문에 우리는 지금 바로 행동에 나서야 한다.[23]

이와 비슷하게, 종전 70주년을 맞은 2015년 8월에 데이비드 캐머런 총리가 칼레 외곽에서 피난 생활을 하는 난민들을 '난민 떼'라 표현했을 때 200명의 유대인 시민들은 항의문을 발표했다. 이때 그들은 난민을 대하고 인권을 지키는, 영국의 포용적 전통의 모범 사례로 킨더 트랜스포트의 기억과 나치 독일에 대항했던 기억을 동원했다.[24] 때때로 전쟁에 대한 70년 동안의 영국의 문화적 기억에서 홀로코스트를 새롭게 조망하는 방식은 참전하기로 했던 영국 정부의 결정에 사후적 정당성을 부여하는 기능을 하기도 한다. 아울러 그것은 이전처럼 일국사적인 역사를 강조하기보다 영국과 인접한 국가 및 세계와의 관계 속에서 전쟁의 기억을 유동화하는 잠재력을 갖고 있기도 하다.*

하지만 유럽의 제2차 세계대전 전쟁 경험 속에서 영국의 위상을 인식하

---

* 나치의 대량 학살이, 연합군이 전쟁에 힘쓴 것에 대한 정당화는 되겠지만, 당연히 1939년에 영국이 참전한 이유는 아니다.

는 것은 이 전쟁의 제국주의적 성격을 위장하는 역할을 할 수도 있다. 영국의 참전 이유는 홀로코스트를 막으려는 것이 아니라 상당 부분 제국을 유지하기 위한 것이었다. 전쟁에 대한 현대 영국의 문화적 기억에서 오히려 후자는 상대적으로 주변적인 위치를 차지하는 것이 사실이다. 2012년 대영제국 전쟁 박물관에서 수행한 연구를 보면, 영국연방의 자치령과 각 식민지에서 온 전투원들의 역할에 대한 의식, 대영제국을 지키는 것을 목적으로 하는 전쟁에 대한 의식은 모두 21세기에 영국의 전쟁을 이해하는 데 중요한 것이 아니라는 것을 보여주었다.[25] 물론 이는 어디에서나 반드시 같은 것은 아니다. 실제로 이안 커쇼의 1914~1945년 유럽의 최근 역사에 대한 비평을 보면, 미국인 역사학자 수전 페더슨은 "탈식민 국가들에서 온 많은 학생은 '왜 나치는?'이라고만 묻지 않는다. 이들은 '왜 대영제국은?'이라고도 묻는다"라고 썼다.[26]

전후 식민지에서 해방되어 영국에 머물고 있는 이전의 식민지 사람들은 영국의 역할, 특히 1940년 6월의 프랑스 함락부터 1941년 12월 미국 참전 선언까지 18개월(영국의 '황금기') 동안 나치에 대항했던 영국의 전쟁에서 대영제국의 각지에서 온 인적·물적 자원이 매우 중요한 역할을 했다고 인식한다. 하지만 이 전쟁의 가장 중요한 목표가 대영제국의 방어였다는 사실은 전쟁에 대한 영국인의 문화적 기억 속에는 부차적인 것으로 남아 있다. 특히 1942년 2월 대영제국의 주요 상징과도 같았던 싱가포르를 상실한 일은 영국인이 전쟁에 대한 문화적 기억 속에서 아시아에서 벌어진 전쟁에 관심이 없는 이유에 대한 설명이 될 것이다. 싱가포르 전투는 영국이 지휘한 전투 가운데 유례없는 대패였다. 약 8만 명의 영국, 오스트레일리아, 인도군이 포로로 잡혔던 이 사건은 이후 영국의 승리와 단합, 결의의 대서사시에 당연히 포함될 수 없었다. 대영제국과 프랑스의 정치권력은 식민지의 해방운동을 저지하려 했다. 하지만 전쟁의 압력 가운데 식민지의 제국에서 이탈하려는 움직임은 더욱 강화되었고, 이러한 움직임은 "모든 사람들은 각기 자신이 그 치하에서 살아갈 정부 형태를 스스로 결정할 수 있는 권리를 가진다"라고 인정한 1941년에 선포된 '대서양헌장'의 영향으로 더욱 힘을 받았다.[27] 대서양헌장은 전 세계의 반식민 운동에 큰 영향을 주었고 제2차 세계대전과 제국의 종언 사이의 관계를 이해하는 실마리를 제공했다. 하지만 과거 70년 동안 영국의 전쟁 기억 속에서 대서양헌장은 등장한 적이 없었다.

그러나 마틴 프랜시스가 지적한 것처럼, 제2차 세계대전에 대한 영국의 향수가 그 이후 이어진 제국의 전쟁들에 대한 기억을 억압했다는 주장은 잘못된 것이다. 프랜시스에 따르면 하나의 기억이 다른 하나를 없애야 할 필요는 없으며 기억은 '제로섬Zero-Sum 논리'에 의해 움직이는 것도 아니다. 전후 영국의 국가적 정체성을 구성하는 데 중심을 이루고 있는 것은 제2차 세계대전에 대한 기억이다. 이는 종종 제국의 위축을 동반했던 폭력을 다루는 일에 실패한 요인이었을지도 모른다. 반면, 기억에는 다양한 길이 있고, 또 상호 영향을 주고받는다는 것을 인정하는 로스버그의 '다면적 기억'이라는 개념은 제국의 종언과 제2차 세계대전의 관계를 분석할 때 좀 더 유효한 방법이 될 수도 있다.[28] 프랜시스는 제2차 세계대전의 기억과 탈식민의 정치가 상호 교차하는 여러 지점을 확인했다. 그는 그동안 거의 연구되지 않던 1950년대 중동과 북아프리카 지역에서 벌어진 전쟁에 대한 영화들을, 제국을 잃어버렸지만 동시에 나치에 승리를 거둔 영국의 '황금기'로서의 전쟁의 기억을 반영하는 텍스트로 읽을 수 있다고 주장한다.[29] 즉, 전쟁에 대한 영국의 문화적 기억은 내부적 요인뿐만 아니라 유럽 외부에 있는 트랜스내셔널한 요인에 의해서도 형성된 것이며, 이 경우 전후 탈식민지화라는 흐름에 의해서도 수정된 것으로 볼 수 있다는 것이다. 유럽과 제국의 종언이라는 두 가지 외부적 맥락은 70년 동안 영국의 제2차 세계대전에 대한 현재의 기억을 형성하는 데 큰 역할을 했다. 다음 절에서는 전쟁에 대한 문화적 기억 안에서 전투기 부대와 폭격 부대가 등장하는 방식에 초점을 맞추면서, 기억들이 얼마나 '다면적'으로 구성될 수 있는지 생각해본다.

4. 21세기의 전투기 부대와 폭격 부대

영국 본토 공중전은 지금도 영국에서 자주 거론되는 중요한 전쟁 기억 가운데 하나다. 오늘날 이런 기억이 나타나고 이해되는 방식은 전쟁 기간에 만들어진 전투기 부대의 신화뿐만 아니라 현실의 요구에 의해서도 규정된다. 전쟁 기간, 특히 영국 본토 공중전 기간에 전투기 파일럿에게는 멋진 '특이함'이 있었다. 매력적인 청회색 유니폼을 입고, 공립학교 기숙사 같은 분위기를 풍기는 공군 기지에 살며, 항상 방심하지 않고 있다가 (독일 공군) 루프트바페Luftwaffe와의 전투를 위해 하늘로 날아가는 전투기 부대의 젊은이들은 1940년 여름 강력한 적군에 맞서 성공적으로 영국을 지킨 '소수의 사람들'로 우상화되었다. 조종사들은 젊고 대부분 풍족한 중상류층 계급적 배경을 가지면서 런던에서 가까운 곳에 살고 있었기 때문에 짧은 휴가 기간에도 런던을 방문할 수 있었다. 대중은 영웅주의적인 정서를 바탕으로 그들의 용기를 칭송했다. 대중의 마음속에, 이 젊은이들은 전투와 잠재적 죽음 사이의 짧은 순간에 주어진 시간을 최대한 활용하려 했다. 이런 이미지는 문화적 기억 속에 살아남아 있다. 이를테면 전후 영국에서 〈영국 본토 공중전〉(1968) 같은 명화나 영국 공군 비행사 더글러스 베이더Douglas Bader가 갖게 된 상징적인 지위에서 찾아볼 수 있다. 또한 최근에도 여러 행사 등에서 재현되고 있다.

2015년, 영국 본토 공중전 70주년을 기념하는 행사들이 진행되었다. 이 해는 영국이 아프가니스탄 및 이라크 전쟁에 뛰어든 지 14년째 되었던 해였다. 영국은 2011년에는 이란에서, 2014년에는 아프가니스탄에서 영국의 주력 부대를 철수하고 있었다. 두 전쟁에 대한 영국의 개입은 많은 논란을 일으켰고, 여론은 분열되었다. 부상당한 퇴역 군인들은 전쟁이 인간의 육체와 정신에 가할 수 있는 피해에 대한 인식을 고조했다. 정보공개제도 *FOI: Freedom of Information*를 통해 2013년 10월 발표된 자료를 보면 영국군 복무자 2906명이 전투 중 부상을 당했고, 이들 중 최소 224명이 정신적 충격 후 스트레스 장애*PDST*로 고통받고 있다고 한다.[30] 역사학자 맥스 존스*Max Jones*가 '영웅은 그들이 살고 있는 사회가 만들어낸다'고 한 것과 같이, 오늘날 영국군의 영웅은 빅토리아 시대와 에드워드 시대 후반기에 사랑받았던 기사나 전사와 같은 이미지를 갖고 있다기보다 '온건한 영웅'의 모습을 하고 있다. 오늘날의 영웅에게는 전쟁터에서의 용기뿐만 아니라 전쟁의 상흔을 극복하는 능력도 요구되기 때문이다.[31] 현대 영국에서 상이군인은 특히 영웅적인 이야기들을 통해 부각되었다. 이를테면 2012년 장애인 올림픽, 2년마다 열리는 인빅터스 게임즈*Invictus Games, 영국의 상이군인 체육대회*, 자선단체 '헬프 포 히어로즈*Help for Heroes*' 행사나 TV로 중계되는 지구력 겨루기 등이다. 이들 행사에는 종종 해리 왕자가 관여한다. 상이용사들은 이런 행사에서 매우 힘든 과정을 수행하며 모금을 하거나 장애를 가진 다른 제대 군인들이 필요로 하는 것들을 대중에게 알린다.* 이렇게 제대 군인들이 종

---

* 예를 들어, 2016년 5월 BBC는 인기 지휘자 가레스 말론과 자신들의 경험을 직접 쓴 노래를 부르는 정신적·신체적으로 상처 입은 전직 군인들로 구성된 성가대가 함께하는 '가레스 인빅터스'('정복되지 않는'이라는 뜻의 라틴어) 성가대가 2016 전미 인빅터스 게임즈 개막식에서 노래하는 것을 방영한 바 있다[http://www.bbc.co.uk/programmes/b079-yvr4(검색일: 2016.6.1)].

종 마주하는 현재 진행형인 각종 어려움을 극복해나가는 이야기는 결과적으로 과거의 전쟁에 대한 문화적 기억을 형성하기도 한다.

2010년 BBC에서는 드라마 〈여명First Light〉을 방영했다. 2002년 발표된 제프리 웰럼Geoffrey Wellum의 회고록을 원작으로 삼은 이 드라마는 웰럼이 18세의 파일럿으로서 겪은 영국 본토 공중전의 이야기다.[32] 비평가들의 절찬과 2015년 8월에 이루어진 재상영에서 알 수 있듯이 드라마는 전쟁 기간과 종전 직후에 만들어진 회고록과는 분위기가 매우 달랐는데, 비행의 흥분보다는 장시간의 전투와 전쟁으로 동료를 잃는 것에 따른 정신적 긴장이 더 많이 반영되었다.[33] 1943년 웰럼은 비행 일선에서 은퇴했다. 그의 회고록은 그가 비긴 힐Biggin Hill의 멋진 92비행 중대에서 복무했던 1940년의 영국 본토 공중전에 초점을 맞추고 있으나, 그가 '전쟁 피로증' 진단을 받고 전투비행 일선에서 물러나는 것으로 끝을 맺고 있다.* 방송에서 이 내용은 "웰럼이 '완전한 신경쇠약'을 앓게 되었다"라는 클로징 자막으로 나가고, 곧이어 나이를 먹어 늙어 버린 웰럼이 화면에 등장해 "그 모든 것은 그럴 만한 가치가 있었나?"라고 반문하며 밖을 바라보는 것으로 끝이 난다. 그의 대답은 영국 본토 공중전의 신화가 요구하는 답과는 거리가 멀었다. 그 대신 그는 그저 '나는 지금도 싸우고 있다'고 말한다. 1940년 젊은 파일럿의 경험과 전투 때문에 개인이 치르는 대가에 대한 인식은 21세기 전쟁의 귀결들과 싸우고 있는 영웅적 노병들의 감각에 의해 형성되었고, 거꾸로 그러한 감각을 만드는 데 기여하고 있다.

이런 특정 기억의 재구성은 상이군인에 대한 동시대적인 관심을 통해, 그들에게 상처 입힌 전쟁의 국제정치적 맥락에 의해 형성되는 것으로 이해할 수 있다. 하지만 대부분의 경우 기억은 국가적 또는 지역적 차원으로 남

---

* 전쟁 피로증은 제2차 세계대전 당시의 용어이고, 지금은 흔히 PTSD로 알려져 있다.

아 있으며, 그중 어느 것도 영국 영토 밖이나 과거 대영제국 국가들의 공감도 얻지 못하는 것으로 보인다. 이는 제국의 종언에 반대하는 사람들, 전시 영국 공군의 다문화적·다국가적 속성에서 영감을 받아 '메트로폴'*과 식민지 사이의 새로운 관계를 만들자고 주장하는 사람들 모두에 기반을 둔 다면적이고 트랜스내셔널한 방향성을 지향하는 것으로 이해할 수 있다. 그렇지만 동시에 여기에는 국가적 정체성과 가치관의 공유, 영웅 만들기라는 국가적인 요구도 내재되어 있다.**

이와 대조적으로, 폭격 부대Bomber Commands가 전시에 맡았던 역할에 대한 기억은 제2차 세계대전에 대한 영국의 문화적 기억 속에서 오랫동안 논쟁적이면서도 주변적인 것으로 되어왔다. 독일 지역에 대한 폭격 작전은 당시에도 논란 대상이 되었고, 그 이후로도 수 년 동안 논란이 줄어들지 않았다. 폭격 부대에 대해서는 종군從軍 메달이 수여되지 않았고, 1942~1945년 사이에 폭격 사령부의 사령관으로서 지역 폭격 작전을 지휘한 영국 공군 중장 '폭격기' 아더 해리스는 전쟁 직후 센트럴 런던의 동상 제막에서 제외된 영국의 유일한 전시 사령관이었다. 결국 해리스의 동상은 이후 스트랜드에 있는 성 클레멘트 데인즈 영국 공군 교회 부근에서 제막되었는데, 하루도 채 지나기 전에 그의 동상에는 붉은 페인트가 끼얹어졌다. 전시의 그어떤 병과보다 높은 소모율로 고통받았던 폭격 부대에 근무한 사람의 회고록에서는, 제2차 세계대전의 영웅담에서 자신들의 이야기가 배제된 것을

---

* 영국연방 종주국으로서 식민지와 자치령을 거느리는 대영제국 그 자체를 의미한다.
** 마틴 프랜시스가 보였듯이, 제2차 세계대전 당시 영국 공군의 기억들은 대전 이후의 탈식민 전쟁들과 교차된다. 예를 들어 로디지아 총리 이언 스미스가 제2차 세계대전 기간에 지중해를 무대 삼아 전투기 조종사로 복무한 일과 같은 것이다. Levine and Grayzel (eds), *Gender, Labour, War and Empire*(2009)에 등장하는 M. Francis, "Men of the Royal Air Force, the Cultural Memory of the Second World War and the Twilight of the British Empire" 참조.

알았을 때의 실망감과 분노가 종종 표출되었다. 역사학자 프랜시스 호턴 *Frances Houghton*이 '폭격 부대의 마지막 전투'라고 묘사한 이러한 회고록에서는 독일 지역 공중 폭격이 비윤리적이었다고 재단하는 사람들에 대한 분노와 비통함이 자주 표출되었다.[34] 예를 들어 어느 참전 군인은 2003년에 자신의 회고록을 출간했는데, 그는 이 회고록을 "후세 사람들이 폭격 부대의 윤리성에 의문을 제기할 수 있는 자유를 안겨주려고 목숨을 바친 폭격 부대의 5만 5천 명"에게 헌정한다고 기술했다.[35] 시체를 전혀 회수할 수 없었던 폭격 부대의 행방불명자들은 행방불명된 다른 모든 영국 공군 병사들과 함께 1953년에 건립된 러니미드*Runnymede* 기념관에서 추모되었다. 하지만 생존한 참전용사와 사망하거나 행방불명된 동료들 대부분은 20세기의 마지막 기념행사들에서 여전히 제외되어 있었다.[*] 2012년에야 대중의 기부금을 통해 폭격 부대 기념비가 센트럴 런던의 그린 파크에서 제막되었다. 이 기념비는 제2차 세계대전에 대한 기억의 초국가적·다각적 속성을 반영할 뿐 아니라 여전히 논란 속에 있는 폭격 부대의 기억을 표한다. 따라서 그것은 신중하게 독해해야 하는 복합적인 기념비다.

이 기념비는 고전적인 그리스 파빌리온의 형태를 취하고 있다. 측면이 개방된 석제 파빌리온 중앙에는 조각상이 새겨져 있으며 지붕은 12개의 도리스식 기둥이 받치고 있다. 1980년에 캐럴 던컨*Carol Duncan*과 앨런 월러치*Alan Wallach*가 지적한 것처럼, 이런 고전적인 건축물은 힘과 권위의 느낌을 전달하는 기능을 한다.[36] 하지만 이 기념비는 많은 논란의 대상이 되면서, 기억에 권위를 부여하고 단일한 의미를 부여하려는 시도는 성공하지 못했다. 지지자들은 '한참 전에 이루어졌어야 할' 일이었다고 주장했고 비

---

[*] 러니미드의 공군 기념비에는 2만 456명의 이름이 적혀 있다(http://www.cwgc.org/find-a-cemetery/cemetery/109600/RUNNYMEDE%20MEMORIAL(검색일: 2015.9.15)].

판자들은 '허세'가 잔뜩 들어간 것으로 보인다고 주장했다. 기념비는 즉각 논란에 휩싸였고, 인쇄물, 스크린, 소셜미디어 등에서 격론이 벌어졌으며 2013년에는 인종차별에 항의하는 디자인의 그래피티로 뒤덮혔다.[37] 파빌리온 내부는 두 조각들로 구성되어 있다. 중앙에는 전투기 승무원의 동상이 있고 파빌리온의 지붕 둘레에는 이 동상을 에워싸는 비문碑文이 새겨져 있다.

상징적인 승무원 동상은 이들이 속한 파빌리온의 전투적 속성에서 이들을 분리한다. 이들은 실물보다 크며 대좌臺座에 안치되어 있다. 따라서 기념비 방문자들은 말 그대로 그들을 '우러러보게' 된다. 그러나 바로 여기서 전통적인 영웅적 리얼리즘 조각과의 유사성이 끝난다. 이들은 온건한 영웅들이다. 들떠 있기보다는 고단하고, 축하하기보다는 슬퍼한다. 전시에 그들에게 요구된 봉사와 실제로 이것이 초래한 논란에 짓눌린 채 아마도 동료의 귀환을 기다리며 두 사람은 바닥을 쳐다보는 동안 다른 다섯 명은 열심히 하늘을 살피고 있다. 이처럼 폭격 부대의 군인들은 독일의 도시와 그 주민들을 폭격하라고 명령을 내린 문제가 많은 정치적·과학적·군사적 정책에서 유리되어 있다. 기념비에서 폭격 부대 군인들은 희생자인 동시에 영웅이다. 그들이 폭격한 전쟁의 희생자들과 마찬가지로 말이다.

동상 주변에 새겨진 비문은 폭격 부대에 대한 한층 더 복잡한 기억을 담고 있다. 그것은 바로 기념비의 기본 목적과 함께 폭격 작전의 희생자들을 인지하려는 시도다. 즉, 민간인에게 고통을 가한 젊은이들의 용기를 전쟁의 문화적 기억 속에 다시금 새겨넣으려는 것이다. 드레스덴 시장의 항의에 따라 비문에는 작전이 진행되는 동안 그와 관련해 목숨을 잃은 '모든 사람', 즉 민간인과 군인 모두가 기록되어 있다. 따라서 기념비는 다각적으로 이해될 수 있다. 기념비는 자신들의 참전과 용기를 인정했다는 것으로 이해하는 참전 군인과 그 가족들 그리고 전쟁으로 피해를 입은 군인과 민간인 희생자를 연결해 민간인에 대한 공중폭격에 반대하는 사람들 모두를 위한다는 의미를 담고 있다. 또한 기념비는 초국가적이기도 하다. 요컨대 이 기념비는 폭격 문제에 관한 2012년 독일인들의 논쟁과 지역적·국가적 관심을 모두 반영하면서, 전쟁이 초래한 모든 희생자를 인정하고 추모하는 것으로 만들어진 것이다.

5. 결론

기억은 복잡하고, 거기에는 필자가 논의할 수 없는 수많은 영역이 있다. 예를 들어, 제1차 세계대전 100주년 기념행사들이 제2차 세계대전의 기억에 미치는 영향을 연구하는 것은 상당한 의미가 있을 것이다. 하지만 이 글에서 필자는 국가적 기억과 글로벌화된 세계와의 관계에 초점을 맞추었다. 제2차 세계대전에 대한 영국의 문화적 기억은 1940년의 '상징적인 사건'들을 지나치게 부각하고 있기 때문에 지역주의적이고 향수에 찬 것으로 평가될 수 있다. 이러한 기억 방식은 이 전쟁의 복잡한 성격을 충분히 이해할 수 없게 만든다. 전쟁의 복잡한 성격을 이해해야만 현대적이고 탈식민적이고 탈냉전적인 세계를 이해할 수 있다. 나아가 이 전쟁에 대한 기억을 초국가적·다면적으로 이해할 수 있다.[38] 기억과 관련된 회상, 언어, 이미지의 유형을 형성하는 데는 개인적·지역적·국가적 요인만큼 외부적·국제적 요인들도 작용한다.

글로벌화 가운데 아마도 여기서 가장 주목할 만한 것은 '뉴미디어'일 것이다. 뉴미디어는 전 세계를 넘나들며 사람들을 서로 연결하고 비슷한 점뿐만 아니라 다른 요소들도 조명하면서 문화적 기억을 좀 더 유동적이고 다양하게 해석할 수 있도록 만들었다. 앞서 논의한 것처럼 21세기 초 영국에서는 제2차 세계대전의 '온건한 영웅들'과 1940년의 중요한 사건들을 통해 과거의 기억을 여전히 유지할 것으로 보인다. 하지만 글로벌화의 힘은 국가적 기억들이 더 이상 단순히 국가적인 맥락에만 머무를 수 없게 만들고 있다. 글로벌화 시대에는 문화적 기억이, 심지어 국가 정체성 형성과 관련된 사건에 대한 기억조차 국경을 넘어 하나의 국가 차원이 아닌 초국가적인 차원에서 이미 형성되고 있음을 알아야 한다. 또한 우리는 그러한 차원에서 문화적 기억에 접근할 필요가 있다.

제 7 장

독일의 20세기: 집단기억 속의 제2차 세계대전

피 터 프 리 체*

1945년 이후 독일의 집단기억은 독단적이고 자기변명적인 측면들을 갖고 있었지만, 그것은 독일이 민주적인 현재와 조화를 이루고 이웃 나라들과 평화를 유지하는 기반이 되었다. 전쟁은 긴 그림자를 드리웠다. 그것은 전시 폭력과 상실을 각인시켜 안전에 대한 깊은 열망을 키웠고, 동시에 수난의 기억을 삭제하거나 미화하려 하지 않는 더욱 논쟁적이고 비판적인 시각을 허용하기도 했다.

1. 머리말

집단기억은 개인적인 경험의 총합도 아니고 과거사에 대한 특별히 정확한 척도도 아니다. 집단기억을 통해 보존되는 것은 과거가 아니라 "현재의 토대 위에 재구성된" 것이다. 프랑스 사회학자 모리스 알박스가 주장하듯이, 기억의 형성은 무엇보다 우선적으로 사회적 목적을 위해 고안된 사회적 활동이다. 그것은 아주 명료한 포섭과 아주 판독하기 어려운 배제를 통해 어떤 차별화된 경관을 만들어낸다. 결과적으로 집단기억은 강조이자

---

* 미국 일리노이 주립대학교 사학과 교수(Dept. of History, University of Illinois Urbana-Champaign, U.S.A.).

생략인 것이다.[1] 집단기억의 형성을 추동하고 견고하게 만드는 것은 한 사회가 품고 있는 기억의 문화가 지닌 역량이며, 이것은 강력하게 공유된 자료들을 통해 집합적이고 역동적인 주체를 형성한다. 이 공동체의 테두리는 독일이나 프랑스와 같이 공통의 역사로 정의된 국가일 수도 있고 민족, 계급, 심지어 한 세대일 수도 있다. 집단기억은 또한 개인의 고통을 기억하고 인식하는 능력을 통해 성장한다. 그것은 시공간을 넘어 전이되는 의미를 만들어낼 수 있는 집단기억 안에 개인적 기억을 포함시킨다. 의미를 만들고 회상하고 추모하는 기억의 능력을 고려하면 집단기억은 피해의 기억과 고통의 경험을 견지하고 제어하도록 잘 기획된다. 전쟁의 경험, 국민적 감정의 형성, 집단기억의 선택적인 조직들이 모두 하나의 단일한 조각이다. 궁극적으로 집단기억은 감정을 전이시키거나 죄의식과 수치심의 방향을 트는 방식으로 충격적이고 끔찍하며 범죄적인 경험들을 다룰 수 있도록 고안된다. 집단기억은 개인의 고통은 줄이고, 집단적 주체를 재생하는 데 방해가 될 고통은 무시한다. '국가의 시련'이라는 생각은 피해에 대한 판결과 가해에 대한 사면 또는 기억상실을 내포하고 있다.

하지만 집단기억이 경험에, 특히 고통과 상실의 경험에 뿌리를 두기 때문에 개인적 기억은 집단기억에 혼돈을 주는 요소이자 그것을 구성하는 요소로 남아 있다. 사람들이 각기 다른 것을 각기 다른 방식으로 경험한다는 사실은 늘 서로 쉽게 조화되지 않는 불균형을 만들어낸다. 고통의 역사 또한 종종 새로운 시각을 드러내주기도 하는 대조와 비교의 테이블 위에 놓일 수 있다. 엄밀히 말하면, 집단기억은 개인적 경험으로 만들어진 사회적 구성물이기 때문에 불안정하다. 그 기억은 단단하지만 침투가 불가능한 저장 용기가 아니다. 1937년 유고슬라비아를 여행한 레베카 웨스트*Rebecca West*가 쓴 책 『검은 양과 회색 매*Black Lamb and Grey Falcon*』(1941)의 한 장면은 전쟁에 대한 집단기억의 견고성과 불안정성을 동시에 드러낸다.

2. 국가의 시련

그 장면은 국가에 대한 상실과 애착의 경험 사이의 강한 연계성을 시사한다. 전쟁 직전 사라예보를 방문한 웨스트르는 공동묘지에 들어간다. 공동묘지 출입문에서 멀지 않은 곳에는 "새 무덤, 잔디 속에 아직 아물지 않은 상처"라고 쓰여 있다. 그 가장자리에 "한 젊은 장교"가 서 있어 소규모 군사 분쟁에서 생긴 일인 것으로 보였다. 그녀의 관찰에 따르면 "그는 슬픔 때문에 아주 살짝이나마 뒤로 물러섰다". 갑자기 "그는 마치 옷을 벗어버리려는 듯 코트를 열어젖혔다. 그러나 재빨리 다시 손으로 단추를 채웠다". 애도하는 사람이 사적인 슬픔에 굴복하는 것을 피하는 이 간단한 동작에서 웨스터는 국가라는 이름 안에서 상실을 수용하는 군인의 '규율'을 인지했다. 그녀는 "이것이 슬라브인이며, 바로 슬라브인이 되는 길이다"라는 결론에 도달했다. "그는 고통스럽든 기쁘든 간에 자신과 국민을 지켜주는 스스로의 몸을 제어해야만 한다는 것을 알고 있었다."[2] 개인적인 고통은 간과될 수 없지만, 그는 또한 국가의 요청과 국가가 죽은 자에게 제공하는 회복을 위한 기념식을 수용했던 것이다. 그 장교는 "아물지 않은 상처를" 국가적 기억의 장소로 보기로 한다. 이러한 인식은 정언명령도 아니고 무조건적인 것도 아니다. 우리는 그 군인이 불안정한 기분에 빠졌고 "슬픔 뒤로 물러섰다"는 것을 안다. 하지만 그렇게 보는 선택은 불가피한데, 그것이 고통에 집단적 의미를 부여하고 '규율'과 '통제'를 회복하게 하기 때문이다.

물론 그 장면을 그려낸 건 웨스트 개인이다. 그렇지만 그녀는 어떻게 국가의 역사가 그 무덤의 측면에서 형성되는지, 어떻게 묘지들이 국가의 역사를 채우는지를 드러내기 위해 그 장면을 설정한 것이다. 상실에 직면하면서 대부분의 개인은 국가의 서사를 받아들이기 위해 그 새로운 무덤으로부터 물러섰다. 유럽 전역에 걸친 제2차 세계대전의 엄청난 파괴는 국가에 대한 애착을 새롭게 강화했다. 심지어 전후 국가 정체성에 대해 더욱 침묵할 수밖에 없었던 독일에서조차 국가의 시련에 대한 생각은 강력한 방식으로 향토적 기억을 구조화했다.[3] 20세기에 이루어진 상실과 이산의 경험은 기억의 작업을 확산했으나 그 표면은 균열되기도 했다. 전후 첫 10년 동안 제2차 세계대전의 폐허에서 발생한 국가적 서사들은 애국과 국민적 변별성을 옹호하는 자족적이고 편협한 이야기들이었다. 유대인, 독일인, 폴란드인은 제2차 세계대전에 대해 국민적으로 통절한 기억, 국민적으로 구조화되고 적합하게 된 기억들을 가졌다. 하지만 처음에 이러한 기억들이 공통의 초국적인 프레임에 쉽게 들어맞거나 이해를 공유할 수 있었던 것은 아니었다. 독일에서는 특히 전쟁 막바지에 독일인이 견뎌야 했던 엄청난 폭력의 피해자로서 기억의 자기도취적 성격을 강화했다. 이러한 독일인들의 피해 의식은 거꾸로 전쟁 기간 내내 독일인들이 다른 이들, 특히 유대인과 다른 외국인에게 가했던 끔찍한 폭력 때문에 계속 흔들렸고 부정되었다. 집합적 기억은 가해의 증거를 관리하고 상대화하고 무시하기 위해 고안되었지만, 무조건적으로 그렇게 할 수 없다는 사실이 증명되기도 한 것이다.

사실, 유대인에 대한 박해와 살해 같은 혼란스러운 기억을 관리하려는 바로 그 노력을 통해 그러한 관리가 궁극적으로 불가능하다는 사실을 인정할 수밖에 없다. 독일인의 고통에 대해 '마침내' 이야기해야 하고 이른바 오래된 금기를 깨뜨리고 자신을 죄인으로 만드는 기억에 종지부를 '찍어야 한다'는 정언명령은 그와 끊임없이 충돌하는 반대 방향의 움직임을 유발했다. 그것은 말하라는 명령과 말하기를 멈추라는 명령이 서로 다른 종류의 내용에 적용될 수 있기 때문일 것이다. 서로 다른 종류의 경험을 구분하는 것, 정부에 의해 투옥된 독일인들과 종전 무렵 고난을 겪었던 독일인들 또는 단지 폭격을 맞은 독일인들과 그렇지 않은 이들을 구분하는 것은 공유되고 공통적이며 집단적인 국가적 시련의 특성을 약화했다. 경험들을 구분하면, 차이 없이 모두 무고한 피해자라는 잘 맞는 단일한 담요로 국가를 덮고 피해자와 가해자의 깔끔한 범주를 고수하는 일이 어렵게 된다. 독일인을 피해자로 인식하는 것은 궁극적으로 더 많은 가해자를 발견하는 일로 이어졌다.

1950년대와 1960년대에 독일인들은 전쟁을 기억하기 위한 광범위한 사회적 노력에 나섰다. 이들은 초기 독일연방공화국에서 이루어진, 일상적인 역사 담론에 대한 관습적 해석이 그랬던 것처럼 과거를 억누르려는 것과는 완전히 다른 태도를 취했다. 독일인들은 오히려 전시 과거를 선택적으로 미화하고, 심지어 그것에 매료되기까지 했다. 일요일 오후 커피 테이블에 친척들과 둘러앉아서 또는 카페나 바에서 친구들끼리 모여서 독일인들은 공유된 독일의 국가적 시련에 관한 이야기를 구성했다. 그들은 제2차 세계대전의 경험에 대해 이야기하고 또다시 이야기했다. 그것은 간단히 '스탈린그라드'라 일컬어지는 러시아에서 발생한 독일인 전쟁 포로의 비극적 운명에 관한 것이었으며, 독일 도시들의 폭격과 파괴에 관한 것(전쟁 막바지에 파괴된 '드레스덴'이 전형적인 상징이다)이었다. 또한 현대사의 가장 큰 이주라고 할 수 있는 대략 1200만 명의 독일인들이 전통적으로 독일의 영토였던 동유럽으로부터의 '축출'에 관한 것이었다.

이 시기에 서로 얽힌 두 힘이 작동하고 있었다. 하나는, 수백만 생명의 대규모적 혼란과 실향이다. 다른 하나는, 그러한 실향을 사회적으로 공유하는 국가의 역사와 관련해 이해하는 일이다. 독일사에 대해 이야기하지 않고서는 넘치는 전후의 역사, 회고록, 연대기들 속에 명백히 나타나는 물질적 곤경을 단일한 역사의 부분으로 해석할 수 없었을 것이다. 또한 지엽적인 비극들을 의미 있고 명백한 국가의 공통적인 운명으로 고양하는 포괄적인 역사의 한 대목으로 파악할 수 없었을 것이다. 국가적 시련은 사회적

인정과 사회적 서비스를 제공했다. 피해자로서의 독일인들은 전시 피해 보상 또는 상호적 비용 분담의 과정에서 심리적·물질적 보상을 받을 자격이 있다는 것이었다. 그리고 수백만의 남자와 여자들이 남김없이 고향을 잃지 않았다면 과거를 조사할 필요도, 이야기를 할 필요도, 설명적 내러티브를 만들어낼 까닭도 없었을 것이다. 1950년대에 전쟁 서사는 강력한 통합적 신화를 만들어냈다. 여기서는 "독일인의 행복이 아니라 수난이 강조되었다". 그리고 "독일이 피해자의 나라, 즉 제2차 세계대전 동안 상실과 실향의 경험으로 특징지워지는 상상의 공동체라는 점이 강조되었다".[4] 다시 말해, 피해자 독일인의 관점에서 독일인들은 자신들의 향토적·집합적 기억 속에서 가해자와 피해자의 역할을 비교적 성공적으로 전도하려 했다. 이 '전쟁 서사들'은 나치즘의 등장, 제3제국의 요구, 세계대전의 원인에는 거의 관심을 두지 않았다.

『그것은 비스와 강에서 시작되었다Es began an der Weichsel』(1948)나 『엘베 강의 끝Das ende der Elbe』(1950) 등의 작품을 쓴 위르겐 토발트 같은 대중 소설가들은 '동유럽에서 독일인의 수난'을 주제로 다뤄 베스트셀러 작가가 되었다. 지역의 역사협회들은 동부에 위치한, 잃어버린 옛 고향을 조사한 것이 대부분을 차지하는 고향 관련 서적을 기꺼이 만들어냈다. 독일인의 수난이라는 주제는 전쟁이 끝난 한참 후에도 지속적으로 미화되었다. 미국에서 제작되어 1979년 독일에서 방영된 〈홀로코스트Holocaust〉의 대립쌍으로 널리 알려진 TV 시리즈 〈도주와 추방Flight and Expulsion〉(1981)에서도 독일인들의 수난이 다루어진다. 귀도 크노프Guido Knopp는 그 뒤를 이어 2001년 〈위대한 도주The Great Flight〉라는 5부작 다큐멘터리를 제작했다.[5] 테오도르 플리비어Theodor Plevier를 필두로 스탈린그라드 관련 소설들 역시 상당한 인기를 끌었다.[6] 1950년대 후반 무렵에는 허구로 치장된 전쟁 이야기들을 담은 주간지들이 6만 부까지 팔렸다. '드레스덴'과 독일 도시를 대상으로 연합국이 벌인 공중전 또한 독일인의 수난을 다룬 책들이 꽂힌 서가에 추가되었다. 공중 폭격에 의한 막대한 피해를 다룬 요르크 프리드리히_Jörg Friedrich_의 책 『화염_The Fire_』(2002)은 평단의 호평을 받았으며 대중적으로도 성공했다. 하지만 그 책은 단지 지역의 역사학자들이 이미 지난 수십 년 동안 도시별로 문서화했던 자료들에 대한 국가적 설명을 제공한 것뿐이었다. 독일 도시의 '그때'와 '지금'을 담은 사진 에세이집들은 여전히 계속 판매되고 있다.[7]

전후 시기 내내 소설, 잡지 기사, 사진집, 지역 연대기, 자서전들은 제2차 세계대전에서 독일인이 잃어버린 것들에 대해 기록했다. 이러한 것들은 독일의 초상을 세밀화로 그려냈다. 작은 마을들과 목가적인 풍경들 안으로 1943년, 1944년 또는 1945년 공습이나 소련군의 최종적 공세와 함께 전쟁이 들이쳤다. 클라우스 나우만은 전쟁의 틈입을 "갑작스러움"으로 기억한다. 전형적으로 전쟁 이야기들은 독일이 전쟁에 패배하기 시작한 시점에서 시작된다.[8] 그 이야기들의 주제는 상실이다. 여기서 잃어버린 것은 제3제국의 세계가 아니라 오래되고 익숙한 향토적·도시적인 모습의 세계와 가족의 온전함이다. 그 이야기들은 더 이상 존재하지 않는 '마지막 날들'을 미화했고, 공유된 수난의 레퍼토리 속에서 거듭된 이야기를 통해 국가를 다시 만들어냈다. 지금까지도 독일인들은 제2차 세계대전에서 입은 손실을 생각한다. 사망한 친척들, 파괴된 집들, 버려진 고향들을 말이다. 나의 어머니는 아직도 구독일의 도시 단치히_Danzig_에 있었던 할머니의 옛집 주소를 기억한다.

현대적인 서독이 아주 구식의 농촌적인 동독과 통합되면서 지역 출판사의 수가 증가했고, '스탈린그라드', '드레스덴', '추방'을 둘러싼 독일인들의 수난 이야기는 상당한 폭으로 늘어났다. 폴란드로의 접근이 용이해진 것 역시 옛 독일 지역으로의 여행이 더 활발해지는 계기가 되었다. 제2차 세계대전의 집단기억은 전근대적이거나 전통적인 정주지와 옛 생활 방식을 강조하면서 '우리가 잃은 세계'라는 강력한 이미지를 만들어냈다. 그 기억은 '전쟁 전'과 지금의 차이를 극적으로 보이게 했다. 그러한 것으로서 집단기억은 비정치적임을 강조했다. 집단기억은, 그것이 기억하는 전쟁 이전의 독일의 모습을 회복하려고 시도하지 않는다는 것이었다. 그 기억은 과거의 생활 방식을 망가뜨린 힘의 외부적 특성을 부각했다. 우선 왜 전쟁이 발발하게 되었는지, 누가 그것을 시작했는지, 독일인들 이외에 누가 전쟁으로 고통받았는지에 대해서는 신중히 고려하지 않았다. 또한 그것은 전시 수난의 보다 넓은 일반적인 양상에 독일의 고통을 집어넣어 독일인들이 다른 이들에 비해 더 나쁘지도, 더 낫지도 않게 만들고자 했다. 기묘한 방식으로 전쟁의 폐해는 통합된 유럽의 토대들 가운데 하나가 되었다. 바로 '그 전쟁*The war, Der Krieg*'이라는 용어는 역사에서 재난을 뽑아 올려 그것을 원초적인 자연의 재앙으로 간주했던 것이다.

독일인들이 자신들의 경험에 관해 말하듯이 그들 역시 끔찍한 고통을 당했다. 그리고 그들이 주위를 둘러보듯이 파괴는 장대했다. 이러한 이유로 그들은 도덕적 대차대조표의 균형에 도달했거나 적어도 그렇게 하려고 시도했다. 여기에서 나치즘에 대한 토론은 거의 없었다. 나치즘은 그저 국가를 배신한 광적인 지도자들의 문제로 축소되었다. 유대인에 관한 토론도 거의 없었다. 이제 그들은 더 이상 거기에 없는 사람들일 뿐이었다. 로버트 풀러는 "국가사회주의에 대한 이와 같이 축소된 숙고에서" 독일인들은 "궁극적으로 히틀러가 시작했고 나머지 모두가 패배한 전쟁의 피해자들이었다"라고 썼다.[9] 2002년 후반 올리버 히르슈비겔*Oliver Hirschbiegel*은 논쟁의 여지가 있었던 그의 영화 〈몰락*Downfall*〉(2004)에서 광적인 나치와 좋은 독일인을 구분했다. 유대인에 대한 범죄가 집단기억 속에 인정되는 경우, 그것은 독일인의 범죄가 아닌 나치의 범죄로 묘사되었다. 심지어 1980

년대까지 결코 국민적 애국의 전통을 치장하려고 애쓰지 않는 좌파 역사가들마저도 나치즘의 요구를 이데올로기가 아닌 적응, 기회주의, 경제와 관련해서 분석했다. 그리고 최근에서야 이들은 독일 국민공동체*Volksgemein-schaft*라는 개념을 독일 역사학에 수용했다.[10]

사실 나치에 의한 독일인의 피해를 이야기하는 집단기억의 작업은 제2차 세계대전이 끝나기 전에 시작되었다. 광적인 나치는 '착한' 독일인들과 구별되어야만 한다는 생각이나 이데올로기적인 준군사 조직이었던 SS(나치 무장친위대) 요원들은 더러운 반면, 대중의 선두에 있던 독일군*Wehrmacht*은 '깨끗하다'는 생각은 점령된 소련 연방 지역에서 유대인들이 집단적으로 학살당하고 있다는 끔찍한 소문들에 이르기까지 역추적할 수 있다. 1941년의 늦여름과 가을에 이러한 소문들은 들불처럼 번졌다. 전형적으로 이 소문들은 여자와 아이들이 살해되었다거나, 희생자가 반쯤 또는 다 벗겨진 상태였다거나, 때로 미쳐버린 나치 무장친위대의 사수들을 언급했다. 그러한 소문들이 '여자와 아이들'을 전면에 내세웠다는 사실은 전쟁 일반의 잔인성 또는 유격대에 의한 특수한 위협을 빌미로 범죄를 정당화하는 것이 설득력을 가지지 못했다는 것을 의미했다. 많은 사람이 그 학살을 끔찍하게 생각했다. 소문에 따르면 사수들의 신원이 SS 요원들이라는 것도 확실했다. 이미 1941년 가을에는 책임을 분산하기 위한 작업이 이루어졌다. 그것은 바로 '깨끗한' 독일군과는 다르게 행동하는 나치 무장친위대였다. 이러한 책임의 이동은 전후에 뻔뻔스러운 변명이 되었다. 그 사실이 독일인들 대다수를 범죄로부터 거리를 둘 수 있도록 했기 때문이다. 하지만 1945년 이전에 SS에 집중한 것은 용납할 수 없는 행위와 관련해 해당 정권이 기소되면서 문제적인 측면을 드러냈다. 즉, 소문들은 범죄를 인식했지만 거기에는 국가의 주변부만 포함되었던 것이다.

비슷한 방식으로 소문들은 1941년과 1942년에 이루어진 독일 유대인들의 이송을 점점 강도를 더해가던 연합군의 공습과 연결했다. 두 재앙이 편향적인 방식으로 연결되면서 독일인들은 유대인 이송에 대해 분노(또는 염려)를 표출했다. 나치 보안요원이 엿들었다면 결코 유쾌하지 않았을 이 소문 덕분에 독일인들은 전후 도덕적 책임의 균형을 맞출 수 있게 되었다. 즉, 전쟁 중 독일 시민을 필요 이상으로 위험에 빠뜨렸던 나치에 대한 비판은 전후에 자기변명이 되었던 것이다.

일반 가족들도 기억을 다시 썼다. 전후 가족들의 내러티브에서 이를 확연히 확인할 수 있는데, 여기서는 "반유대주의자들과 가해자들이 기본적으로 존재하지 않는 것처럼 보인다".[11] '할아버지'에 대한 각색된 이야기가 반나치주의라는, 적어도 정치적으로 올바른 미덕을 견지하는 반면에 당대의 텍스트들은 종종 다른 이야기를 전한다. 1939년 9월 말 브레멘에서 큰 서점을 운영하던 하인리히 될*Heinrich Döl*은 폴란드와의 전쟁을 전적으로 지지했고 프랑스, 영국의 개입에 반대하는 독일의 입장을 옹호했다. 그는 군인이던 아들 하인츠에게도 이는 나치든 아니든 모든 독일인이 동의하는 것이라고 주의 깊게 설명했다. 그리고 "애국은 국가사회주의자들에 의해서만 결정될 수 있는 것이 전혀 아니다"라고 주장했다. 하인리히는 나치가 만들고 있던 역사에서 빠지기를 원하지 않았던 것이다. 5년 후 그는 다시 아들에게 편지를 썼다. 이번에는 나치 지도자들과 그 자신 사이에 가능한 한 최대한의 거리를 두었다. 그는 "어떤 경우에도 우리는, 너와 수많은 국민은 전쟁에 책임이 없다"라고 썼으며, 그것은 "처음부터 그랬다"라고 하인츠를 확신시켰다. 독일을 전쟁으로 몰고 간 데는 "광신주의"이자 "대중 선동"을 한 지도자들, 요컨대 히틀러와 괴벨스 그리고 나치의 최고위 간부들에게 책임이 있다는 것이었다. 하인리히는 1939년 독일 국민을 위해 자랑스럽게 떠안았던 책임을 1944년 무렵 갑자기 철회했다.[12] 즉, 1945년 상실의 기억은 1939년으로 소급하지 않는 것을 전제로 했던 것이다.

제3제국에 독일인이 깊이 관여했다는 사실을 완전히 인정하지 못하도록 막는 것은, 빌 니번*Bill Niven*이 언급한바, "쌍방의 자기변명과 고발의 시스템"이다. 그에 따르면, 동독은 "그 자체를 반파시스트적이고, 서독을 신파시스트로 간주했다. 반면 서독은 그 자체를 민주적이며, 이번에는 동독을 사회주의의 가면을 쓴 독재의 지속으로 이해했다". 결과적으로 "나치의 과거에 대한 책임은 그와 같이 자주 경계를 지나 '다른' 독일에게로 넘어갔다".[13]

전쟁을 재현하는 그와 같은 극적인 중단은 부수적인 효과도 갖는 것이었다. 과거를 완전히 축출할 수 없게 해 (따라서 그것은 애도와 기념에 적합했던 것인데) 전후의 현재와 화해가 가능하도록 만들었던 것이다. 새롭게 전진할 토대를 마련해줄 기억을 회복하려는 결연한 노력은 없었다. 전후 독일의 초대 총리 콘라트 아데나워*Konrad Adenauer*는 독일 통일이 아니라 서독 연방 공화국을 서구에 통합하려는 정책을 추구했다. 그 연방 공화국은 인기가 없었지만 누구도 제1차 세계대전 이후의 경우와 마찬가지로 대안을 찾지 못했다. 1945년 이후 독일의 첫 10년에 대한 집단기억은 감상적이고 편향적·독단적이면서 동시에 자기변명적·유화적이었고, 공격적이지는 않았다. 역사학자 노베르트 프라이*Norbert Frei*는 이와 같이 피해자화된 피해 공유 공동체를 나치 시대의 "국민공동체"의 연속으로 보았다. 독일인들이 실은 독재에 기꺼이 동조했다는 수많은 증거 앞에서도, 서독의 국회의원들과 다수의 대중이 대체로 자신들을 사면하던 데서도 무언의 집단 감정은 뚜렷이 드러났다. 그런데도 독일 민주주의가 그러한 사면 없이, 과거와 선을 긋는 일을 합법화하지 않고서 정착할 수 있었을지에 대해서는 의문이 남는다. 나치의 권력 장악 50주년이 되는 1983년에 독일 철학자 헤르만 뤼베*Hermann Lübe*는 나치를 둘러싼 과거에 대해 '어느 정도의 침묵'을 견지하는 것은 전후 미덕이 되어왔는데, 그것이 독일인들이 파시즘 이후의 시민사회를 구축하기 위해 전진하는 것을 가능하게 했기 때문이라고 생각했다.[14] 사회주의로 가는 동독의 길도 역시 그 "작은 나치"들이 전후 공산주의 노선이 그랬던 것처럼 전쟁 전 독일의 군국주의자들과 제국주의자들의 전통에 기만당했던 것을 납득하고, 그 정부의 공식적인 '반파시즘' 이데올로기로 전환하는 것을 허용하는 데서 예견되고 있었다.

3. 분열된 기억

다시 사라예보 묘지의 그 군인에게로 돌아가보자. 그 장면을 혼란스럽게 하는 것은 뒤로 물러서는 행동, 단추를 풀고 옷을 벗으려는 행동 등 고통스러운 개인적 상실의 시그널*signal*이다. 그 고통은 거의 군인이 자신의 제복을 벗어서 내려놓게 만든다. 왜냐하면 개인적 상실을 국가적 상실의 측면에서 바라보는 국가의 서사는 분명 적합하지 않게 보이기 때문이다. 아마도 그 군인은 그 무덤으로 여러 차례 되돌아왔을 것이다. 그리고 이제는 국가적 서사의 점증하는 불안정성을 시사하는 방식으로 흔들리고 비틀거리며 오열했을 것이다. 사실 독일인들의 수난에 대한 이야기는 국가의 시련에 관한 서사에 혼선을 주는 요소들을 추가하며 여러 방향에서 새나왔다. 친척들이 일요일 오후 커피 테이블 주위에 모일 때면 그들은 가족 사진첩을 열 것이다. 그리고 거기에 엄연한 차이들이 있다는 사실을 갑자기 발견하게 될 것이다. 예컨대 한 남자 형제가 전쟁 중에 죽었다면, 다른 이는 4년 또는 5년 동안 러시아인들에 의해 구금당했을 수도 있다. 또 다른 이는 서부 지역으로 도망쳤을지도 모른다. 모든 것이 매우 다르고, 다양한 방식의 조화를 이룰 수 없는 운명들이다. 어떤 이들은 폭격을 맞았지만 또 다른 이들은 그렇지 않았다. 1943년 7월에 있었던 함부르크 폭격에 대해서 한스 노삭Hanns Nossack은 가방을 잃어버리고 깊은 나락을 지나 다른 측면에서 긴장을 풀고 서 있었던 사람으로 자신을 묘사했다. 그러나 그는 또한 도시가 파괴되는 가운데 폭격을 받지 않은 아파트 발코니에서 햇빛 아래 커피를 마시며 앉아 있는 여자를 적시하기도 한다. 전후 몇 년 동안 독일을 가로질러 셀 수 없이 많은 도시는 폭격을 당했는지의 여부에 따라 확연히 다른 모습을 띠었다. 예컨대, 소설가 귄터 그라스Günter Grass의 가족은 단치히에서 모든 것을 잃었고, 그의 어머니는 러시아 군인들에게 강간당했다. 다른 한편, 소설가 마틴 발저Martin Walzer는 콘스탄츠의 강 근처 큰 저택에서 잃은 것이라곤 하나도 없었다. 그라스에게 가족에 관한 문서는 하나도 남아 있지 않았다. 100만 명의 독일 여성들은 대부분 전쟁을 시작한 첫 몇 주 안에 소련 군인들에게 강간당했다. 이러한 차이들은 독일인들이 동일한 국가적 서사 안에서 서로 만나는 것을 어렵게 했다. 전시의 운명들에서 나타나는 이러한 차이는 서로 다른 종류의 설명을 필요로 했기 때문이다.

때 이른 죽음과 그 죽음의 상이한 몫 때문에 일부 독일인들은 지극히 정치적인 방식으로 1933년과 1918년에 이르는 역사적인 계보를 추적하게 될지도 모른다. 중요한 것은 1933년의 나치당 가입 여부가 아니라 누구에게 투표했는지에 관한 것이다. 나치 강제수용소에서 풀려나 반파시스트위원회를 만든 수천 명의 독일 시민은 전후 독일에서 굉장히 거슬리는 존재들이었다. 엄밀히 말해서 그것은 자신들의 정치적이고 반파시스트적인 노선을 과거로 소급해서 추구했기 때문이다. 그들은 상실을 국내 정치의 배신과 관련해 이해했다.

그 사진첩에는 제복을 입은 남자들의 사진도 들어 있을 것이다. 이들은 제1차 세계대전에 참전한 군인, 히틀러의 준군부대 요원, 제2차 세계대전의 독일 정규군, 검은 제복을 입은 SS 부대 요원 등일 것이다. 1940년대 귄터 그라스의 전후 소설 『양철북The Tin Drum』에 등장하는 한 인물은 자신이 국가사회주의자라는 사실을 숨기기 위해 스와스티카 핀*swastika pin*, 나치의 십자 문양 핀을 재빨리 삼키다 질식사한다. 다른 이들은 자신들의 유죄를 입증할 사진들을 모조리 찢어버렸다. 1945년 5월, 독일인 이웃들 사이에서는 수백 개의 쓰레기를 태우는 작은 불길들이 피어올랐다. 그러나 대부분의 독일인은 그러한 사진첩 속에 있는 자신들의 과거를 삼켜버릴 수 없었다. 이것은 더 많은 설명(공유된 수난에 대한 국민적 서사의 각주와 부록)을 필요로 했다.[15] 그 페이지에는 스와스티카 핀들, 즉 1930년대와 1940년대 일상의 복제물들 속에는 그 핀이 상당수 존재하는데, 이는 설명될 필요가 있었던 것이다.

독일식 도미노 게임 속에서 하나의 기억은 다른 기억을 이끌어냈다. 우리 가족은 1930년대 말에 어머니의 보모로 일한 리즈베스의 가족들과 매우 가깝게 지냈다. 리즈베스가 여러 해 전에 사망했을 때 우리는 사진첩 하나를 발견했는데, 그것은 그녀가 1930년대부터 돌본 남녀 아이들의 사진들을 모아둔 것이었다. 그것은 아래층에서 위층을 찍은 사진들이었고, 앨범에는 4세의 앳된 모습의 어머니 사진도 들어 있었다. 1941년 베를린에 있던 어머니의 집이 폭격당하면서 아이 때의 사진이 모두 불탔기 때문에 그 사진은 참 소중했다. 그 사진첩에는 리즈베스가 일했던 다른 가족들의 사진도 들어 있었는데, 그 가운데는 나치 당원 가족도 있었다. 이는 그 가족 아버지의 명찰 위에 있던 핀으로 알아볼 수 있었다. 또한 그 가운데는 엥그레스라는 유대인 가족도 있었다. 이들에게 고용되었던 리즈베스는 1935년 45세 이하 '아리아인'이 유대인을 위해 일할 수 없도록 한 뉘른베르크 법이 제정되면서 일을 그만둬야 했다. 리즈베스는 베를린의 리히터펠데 지역에 있는 생선 가게에서 줄을 서 있던 나의 할머니가 한 얘기 — 그 유대인 여자가 그녀를 그만두게 할 수밖에 없다는 — 를 들은 후 고용인을 바꿨다. 전쟁이 끝난 후 리즈베스의 가족은 모두 유대인 엥그레스 가족의 세 명의 소년들에게 무슨 일이 일어났는지 알기 위해 애썼다. (이들은 모두 1938 년 우연히 독일을 떠나면서 살아남았지만 그들의 아버지는 그렇지 못했다.)

독일의 도미노에 관해 말하자면, 1943년에 도시들이 폭격당한 후 화재 에 대한 기억은 종종 1938년 독일의 유대교회당 시나고그에서 발생한 화 재로 이어진다.[16] 추방에 관한 이야기들은 다시금 집을 떠올리게 하고, 그 집에 대한 기억은 이웃, 그들 가운데 일부는 유대인이었던 고용인에 대한 생각으로 이어진다. 이들의 수난은 비교할 수 없는 것이었다. 독일 동부의 목가적인 삶을 떠올리게 하는 수많은 소설은 국경을 넘어 아주 다른 장소 들을 묘사하기 위해 이디시어,* 체코어, 폴란드어 단어들을 사용하려고 시도한다. 국가적 수난에 관한 서사는 갑자기 오래전에 잃어버린 방언을 사용하고 다인종적 인물을 등장시킨다. 그것은 엄밀히 이러한 방식으로 상실을 치장하기 위해 이야기되는 것이다. 이상적인 동부 지역에 대한 상 상 속에 다른 독일이 갑작스럽게 불쑥 나타난다. 이러한 도미노 게임은 서 로 상이하고 다양한 관점을 국가적 서사에 주입시켰다. 이로써 그 서사는 다채로운 색채를 띠었고, 또 바로 이 때문에 다른 기억과 다른 경험들, 심 지어 독일인에 의한 피해자와 마찬가지로 피해자로서의 독일인에 대해 고 려할 수 있는 도약대로 기능했다. 상실의 극단적 특징 때문에 잘 다듬어지 지 않은 서사들이 만들어졌는데, 그 서사들은 혼란스럽고 불안정하며 요 동치는 것이었다.

전쟁에서 살아남은 자들의 아이들과 그 손자들로 구성된 새로운 세대도 한 걸음 더 나아간 차원의 차이들을 만들어냈다. 전후 세대와 1950년대 베 이비붐 세대는 사진첩 속에 늘 등장하는 존재가 아니었다. 이들은 나치와 그들이 시작한 전쟁에 대해 새로운 단계의 의문들을 제기했다. 1968년 혁

---

* 중부 유럽의 독일어와 히브리어의 혼종어.

명에서 볼 수 있듯이 처음에 이는 사회에 대한 아들과 딸들의 비난 속에서 쓸쓸하고도 낯선 방식으로 표현되었다. 이후에 그 의문들은 손자들과 손녀들에 의해 덜 분명하면서도 당혹스러운 방식으로 표현되었는데, 그들은 가족 사진첩 속에 있는 낯선 이들의 행위를 비난하기보다 그 정체를 알고자 했다. 이는 1989년 이후에 진행된 기억 작업의 단계를 잘 드러낸다. 독일식 도미노가 보다 많은 문서로 검증될 필요가 있다는 사실은, 당시 연방 대통령 바이츠제커의 후원을 받아 연방 정부 단위로 두 해 사이에 한 번씩 모두 두 번 열린 역사경연대회를 통해 정당화되었다. 여기에는 21세 미만의 모든 독일 학생이 초대되었다. 1980~1981년, 1982~1983년에 열린 이 대회의 주제는 모두 '국가사회주의 안에서의 일상'이었다. 이 대회는 히틀러가 권력을 잡은 50주년에 맞춰 기획되었다. 십 대로 이루어진 작은 군대들은 그들의 부모와 조부모의 기억과 역사를 따라잡아 검토하고, 심지어 그것들을 반박하기 위해 곧바로 도서관과 아카이브로 돌격했다. 여러 지역의 공공 전시회들은 공산주의자, 유대인, 동성애자, 지역의 다양한 나치들에 대한 수백 편의 연구보고서를 전시하고 있었다. 독일의 작은 마을까지 미친 이 경연대회의 영향력을 상상하기란 쉽지 않다. 독일의 도시 파사우*Passau*에서 이루어지는 한 여학생의 결정적인 과거사 발굴을 다룬 미하엘 페어회벤*Michael Verhoeven* 감독의 영화 〈못된 소녀*The Nasty Girl*〉(1990)는 그 영향력을 시사하는 하나의 분명한 사례다. 갑자기 더 많은 나치가 나타났고 갑자기 더 많은 의문이 생겨났다.[17]

내 생각으로는 1980년과 1983년 사이 이루어진 그 경연대회는 전후 독일 역사에서 분열적인 기억을 제재하는 가장 중요한 사건들 가운데 하나다. 이는 1945년 이후의 사죄들을 이끌어냈고 1968년의 비난을 실질적인 연구로 전환시켰으며 대안적이거나 추가적인 서사들을 형성했다. 그런데도 독일의 통일 자체는 새로운 차이의 질서를 주입하는 것이었다. 그것은 동독과 서독이 전후에 아주 상이한 경험과 지극히 다른 기억의 실천을 통해 분리되어 있었기 때문이다. 반공산주의 서사는 반파시스트의 서사와 충돌했다. 더 중요한 점은, 1989년 이후의 기억들은 부역, 공모, 적응(이 경우 공산주의에)의 증거들이 단일한 수난의 기록을 복잡하게 만드는 방식에 더 주의하고 있었다는 사실이다. 이러한 모든 구별은 독일인의 수난을 담은 지역의 서사들이 가졌던 신뢰성을 점점 떨어뜨렸다. 전면적인 피해의 패러다임은 피해자와 가해자, 다른 종류의 피해자에 대한 더 신중한 이해에 자리를 내주었기 때문이다. 커피 테이블을 둘러싼 이야기는 갑자기 유대인, 공산주의자, 나치에 관한 것으로 채워졌다. 도덕적 대차대조표는 독일 내부에서가 아니라 유럽을 가로지르는 수준에서 재고되어야만 했다. 프랑스 역사는 부역, 고발, 유대인의 이송에 관한 공적인 대응에 대한 역사 서술적 외유外遊를 통해 달리 보였다. 폴란드의 역사는 제2차 세계대전 기간이나 그 후 유대인 이웃에 대한 폴란드인들의 학살을 마주하게 되면서 달리 보였다. 오늘날 사람들은 묘지 옆에서 제복의 단추를 푸는 군인의 행위에 더 많은 관심을 두고 있는 것이다.

전쟁에 대한 독일의 집단기억은 여전히 감상적이고 편파적이며 독단적이고 자기변명적이다. 그러나 그것은 또한 끊임없이 물음을 제기하고 자기비판적이며 다른 이들에게 열려 있기도 하다. 만일 우리가 독일 시민에게 오늘날 그들의 주변에서 일어나는 난민의 위기에 대해 묻는다면, 혼란스럽고 정처 없는 외국인 난민 때문에 위협받는다고 이야기되는 이른바 안정, 평화, 번영에 대한 독일인의 강한 기대 속에서 감상적이고 편협한 국가적 서사가 연장되고 있는 효과를 확인할 수 있을 것이다. 이러한 안전에 대한 깊은 열망은 전후 독일 정치를 공격적이지 않게 만들었지만 동시에 완전히 자족적인 것이 되도록 했다. 하지만 여전히 난민을 수용하고 홀로코스트와 유럽 유대인을 새로이 이해함으로써만 설명될 수 있는 과거에서 교훈을 이끌어내려는 강한 의지도 있다. 국립묘지만이 국가의 역사를 상상할 수 있는 장소는 아니다. 그것은 다른 이들의 묘지를 통해서도 가능하다. 바로 이것이 제복의 단추를 푼다는 의미다.

지금까지 나는 두 가지 기억 문화에 대해 설명했다. 하나는 묘지에서 제복으로 특징지워지는 것이고, 다른 하나는 제복의 단추를 풀고 묘지 너머를 바라보는 행위로 특징지워진다. 두 기억 문화는 기본적으로 평화롭다. 하나는 시선을 자신의 협소한 장소 너머 어떤 것에 돌림으로써 평화로웠는데, 이는 1950년대와 1960년대의 '경제적 기적'을 이룬 해들이 갖는 특징이다. 다른 하나는 타자의 시선과 타자에 대한 책임을 수용함으로써 평화로웠다. 이는 1989년 이후 독일 통일 후의 유럽과 다문화의 맥락에서 훨씬 더 보편적인 것이 되었다.

4. 제1차 세계대전 이후의 집단기억

제2차 세계대전 이후 형성된 이 두 가지 기억 문화와 제1차 세계대전 이후 독일에서 전개된 기억 문화를 비교해보면 아마 여러 시사점을 찾아볼 수 있을 것이다. 여기서 레베카 웨스트의 글과 관련해 생각해보면, 묘지에 있던 군인은 재차 독일의 묘지로 돌아가고 또 돌아갈 것이다. 이뿐만 아니라 그는 마찬가지로 제복을 입고 마을과 나라를 가로질러 행진하는 다른 이들과 함께 그렇게 할 것이다. 그들은 베르사유 조약 이후 그어진 정착지의 피투성이 국경을 향해, 심장과 영혼을 일깨우고 독일의 국가적·군사적인 전통을 재충전하기 위해, 승자를 향한 분개를 돋우고 이른바 등에 칼을 꽂은 배신자와 독일의 국제적 적국과 동맹을 맺은 독일 내 공산주의자와 유대인에 맞서기 위해, 결국 참패한 전쟁에서 다시 싸우기 위해 행진할 것이다. 나치당이 생기기 전에 얼마나 많은 독일 남자와 심지어 여자들까지 제1차 세계대전 이후 애국협회, 노래·체육 클럽, 재향군인회, 민족주의자 협회들을 조직하면서 계속해서 제복을 입어왔는지를 생각하면 놀랍다.

본_Bonn_의 독일 정부가 제2차 세계대전 이후의 독일군과 시민의 수난을 상세하게 다루기 위해 규모 있는 다큐멘터리 프로젝트, 즉 〈동-중부 유럽에서 독일인 추방의 기록_the Documentation of the Expulsion of Germans from East-Central Europe_〉 (1954)과 〈독일의 전쟁 피해 기록_Dokumente deutscher Kriegsschäen_〉(1958~1964)을 후원했다면, 그와 짝을 이루는 베를린의 바이마르 정부는 1922년 이후 40권에 이르는 『개전에 대한 독일의 기록들_Deutsche Dokumente zum Kriegausbruch_』과 『1871~1914 유럽 내각들의 위대한 정치_Grosse Politik der Europäschen Kabinette_』 (1871~1914)를 출판하면서 베르사유 조약의 전범 조항을 철회하기 위해 많은 노력을 기울였다. 한 역사학자는 이러한 제1차 세계대전 이후의 역사수정주의적 방향의 노력을 "다른 수단을 통한 전쟁의 연속"과 다름없는 연구라고 말했다.[18]

물론 독일에는 제1차 세계대전 이후에 제복의 단추를 풀고 그것을 벗어던진 사람도 많았다. 대규모 반전 정당이었던 사회민주당과 엄청난 대중적 성공을 거둔 에리히 마리아 레마르크_Erich Maria Remarque_의 영화 〈서부전선 이상 없다_All quiet on the Western Front_〉(1929)가 그 증거다. 그러나 1920년대에 독일인은 다시 제복을 입으면서 지역적 차원의 기억이나 애도가 아니라 국가적 동원과 행진에 기대어 독일인의 수난과 복수라는 아주 특별한 서사를 만들어냈다. 1945년 이후의 독일인이 파괴되고 버려진 작은 마을에 대해 애도했다면, 1918년 이후의 독일인은 폴란드와의 '피 흘리는 국경'을 비난했다. 제1차 세계대전 이후 독일인의 수난은 도구화되었다. 여기서 과거는 지나간 것이 아니었으며 동원은 도전적이고 국가적이었다. 제1차 세계대전에 대한 독일의 국가적 기억에는 제2차 세계대전에 관한 국가적 기억에서와 같이 우울하거나 아쉬울 어떤 것도 없었다. 바이마르 시기의 소설가 에른스트 글레저*Ernst Glaeser*는 1920년대 영구적인 준군사적 정치 캠페인들 한 가운데서 자신을 "마지막 민간인"으로 묘사했다. 1950년대였다면 아마도 그는 "단지 민간인"[19]들만 찾아볼 수 있었을 것이다. 제2차 세계대전의 기억이 역사와 정치를 회피하고 히틀러를 잘못 생각하고 유대인을 망각했다면, 제1차 세계대전의 기억은 역사를 살아 있는 국민적 전체성으로서 쓰고 또 썼으며 유대인을 포함해 적을 규정하고 저항을 조직했다.

오히려 제2차 세계대전 이후 독일의 기억과 닮은 것은 제1차 세계대전 이후 깨진, 공화국과의 전쟁으로 사라진 이전의 조국을 위해 희생된 아이들을 강조했던 프랑스였다. 1918년 이후 프랑스인의 기억은 죽은 자들, 희생, 삶의 침해, 전쟁으로 대표되는 삶의 방식에 대해 반복적으로 깊이 숙고했다. 한 프랑스인은 "죽은 자들은 기이하게도 현존하고 있었다"라고 회고한다. "대화에서 죽은 자들의 이름이 거론되는 것을 거의 매일 들을 수 있었다." 그리고 "이웃집을 방문하면" "그 얼굴들, 그 어린 얼굴들"이 벽과 탁자보 위의 사진 속에서 바라보고 있었다. 일상의 주름들은 "여자들의 검은 실루엣 속에서, 때로 불구자들의 참기 어려운 유사성에서, 종전기념일인 11월 11일의 기념식에서, 강력한 참전용사 협회들"[20]에서 긴 "전쟁의 그늘"을 반영하고 있었다. 프랑스 영혼의 무게중심은 마르스 광장(에펠탑), 개선문, 파리의 혁명 광장(콩코르드 광장)에서 프로방스에 있는 작은 마을들의 모두 3만 6천 명의 죽은 이들을 기리는 기념비('우리 아이들에게*AUX NOS EN-FANTS*')로 옮겨갔다. 프랑스는 이미 고통받았다. 국방부 장관 앙드레 마지노는 이제 평온을, 즉 1870년과 1914년의 침입에도 끄떡없었을 섬과 같은 프랑스의 오롯한 평온을 보장할 벽을 세울 것이라고 공표했다. 1945년 이후 독일의 분단, '철의 장막', 경제 기적은 1918년 이후 프랑스의 마지노선과 등가의 의미를 가지는 것이었다.

결국 제1차 세계대전과 제2차 세계대전 이후의 독일인의 기억 문화를 비교하면서 주목할 만한 점은 제1차 세계대전이 상당히 국가적이고 도전적이며 조직적이었다면, 제2차 세계대전은 아주 지역적이고 비탄스러우며 분열적이었다는 것이다. 1945년 이후 독일의 집단기억은 독단적이고 자기변명적인 측면들을 갖고 있었지만, 그것은 독일이 민주적인 현재와 조화를 이루고 이웃 나라들과 평화를 유지하는 기반이 되었다. 전쟁은 긴 그림자를 드리웠다. 그것은 전시 폭력과 상실을 각인시켜 안전에 대한 깊은 열망을 키웠고, 동시에 수난의 기억을 삭제하거나 미화하려 하지 않는 더욱 논쟁적이고 비판적인 시각을 허용하기도 했다. 앞뒤로 흔들리며 제복을 벗는 군인의 모습은 국가적 서사에 통합되어왔으며 그 서사를 열어놓았다. 독일인의 피해라는 주제는 제쳐두지 못했지만 과거사에 종지부를 찍는 일이 필요한지에 대해서는 의문이 계속 제기되었다. 피해와 가해의 증거를 조화하는 어려움, 회색 지대를 인정하는 일의 중요성, 부역 활동, 민간인에 대한 범죄 역시 담론의 일부를 이루었다. 이것이 바로 사라예보의 묘지에서 보인 불안정한 군인의 어색한 손짓, 흔들리는 몸짓, 제복 단추를 채우고 푸는 행동이 그러한 기억들의 전형적 상징이 되는 이유다.

주

제1장 동아시아에서의 제2차 세계대전의 기념과 집단기억

1 Maurice Halbwachs, La Mémoire collective(Albin Michel, 1950); 오경환, 「집단기억과 역사: 집단기억의 역사적 적용」, ≪아태쟁점과 연구≫, 2권, 3호(2007년 가을), 83~90쪽 참조.

2 ≪阿波羅新聞≫, 2015.7.5.

3 "馬英九: 國府主導抗戰 不容竄改扭曲," ≪中國時報≫, 2015.7.4.

4 "〈中항일전승기념일〉① 국가 기념일 첫 지정…거국적 행사로," 연합뉴스, 2014.9.1.

5 "〈中항일전승기념일〉② 항일전쟁 승리 법제화로 日에 '정면대응'," 연합뉴스, 2014.9.1.

6 "〈中항일전승기념일〉③ 전문가 '민족의식 고취·체제강화 목적'," 연합뉴스, 2014.9.1.

7 "中, 사상 최대규모 열병식 오늘 개최…글로벌 파워 과시," 연합뉴스, 2015.9.3.

8 "중국 전승절 러시아·한국 등 30개국 정상 참석," Voice of America, 2015.8.26.

9 "日 산케이, 박대통령에 망언…'암살된 명성황후 연상'," ≪조선일보≫, 2015.8.31.

10 "[사설] 中 전승절 참석 후 대미·대일 외교 기반 다져야," ≪조선일보≫, 2015.8.21.

11 "[사설] 박 대통령 중국 열병식 참가…외교 호기로 삼아야," ≪중앙일보≫, 2015.8.28.

12 "[사설] 한-중 정상회담에서 '핵 해법' 동력 확보해야," ≪한겨레≫, 2015.8.21.

13 "중국, 열병식 맞아 '국공합작' 이례적 부각," 연합뉴스, 2015.8.31.

14 "대만 총통 '롄잔 前주석의 中열병식 참석은 부적절'," 연합뉴스, 2015.8.30.

15 "連戰抗戰談話 施明德," ≪中央社(台北)≫, 2015.9.2.

16 "戰没者追悼式 天皇陛下のお言葉," ≪日本經濟新聞≫, 2015.8.15.

17 이화진, 「'극장국가'로서 제1공화국과 기념의 균열」, 『기억과 전쟁』(휴머니스트, 2009), 227쪽.

18 "미국 '아베 담화'에 역사 반성 담아야," ≪한겨레≫, 2015.1.6.

19 "아베, 담화에 '식민 지배에 대해 통절한 반성' 문구 뺀다," ≪한겨레≫, 2015.1.25.

20 이 성명의 내용에 대해서는 "学者ら74人の'戦後70年総理談話について'声明全文," ≪朝日新聞≫, 2015.7.17.

21 같은 글.

22 "한·일·세계 지식인 524명 '아베 담화, 식민 지배 사죄 담아야'," ≪한겨레≫, 2015.7.30.

23 같은 글.

24 "아베 담화 앞두고 한국 학자 700명 '진정한 사죄' 촉구," 연합뉴스, 2015.8.10.

25 "박 대통령, '아베 담화, 역대 담화 역사 인식 확실히 재확인해야'," 조선닷컴, 2015.8.3.

26 "중국 '아베 담화, 아시아 신뢰 얻을 수 있는 기회…전쟁 책임 명확히 하라' 사죄 촉구," 조선닷컴, 2015.8.8.

27 담화 전문은 "〈전문〉 아베 신조 일본 총리 전후 70주년 담화," ≪한겨레≫, 2015.8.14. 참조.

28 이들 죽음의 '무의미성'에 대해서는 이안 부루마, 『아우슈비츠와 히로시마』, 정용환 옮김(한겨 레신문사, 1994), 275~276쪽 참조.

29 "아베의 '적극적 평화'와 진짜 '적극적 평화'… 그 차이를 아십니까," 조선닷컴, 2015.8.24.

30 "야마구치 지로, [세계의 창] 안보법제와 전후 일본의 총괄," ≪한겨레≫, 2015.6.21.

31 "戦後70年談話 世界貢献こそ日本の道だ 謝罪外交の連鎖を断ち切れ," ≪産經新聞≫, 2015.8.15.

32 "(社説)戦後70年の安倍談話 何のために出したのか," ≪朝日新聞≫, 2015.8.15.

33 "미, 아베 담화 '환영'…중 '진정한 사과 하라' 비판," ≪한겨레≫, 2015.8.16.

34 "중국 반응 '희석된 사과…절름발이 출발일 뿐'," ≪경향신문≫, 2015.8.14.

35 "人民日报钟声: 日本政府应对人民负责," ≪人民日報≫, 2015.8.17.

36 "日本對二戰道歉 馬英九: 記取教訓," ≪中國時報≫, 2015.8.14.

37 "대만 '日, 역사 직시를'… 美·필리핀·인도네시아 '긍정적' '아베 담화' 각국 정부 입장," ≪서울 신문≫, 2015.8.17.

38 "미국, 아베 담화 '환영'…'일본은 모든 국가의 모델'," ≪한겨레≫, 2015.8.16.

39 "중국 언론 '아베, 물타기 사죄…무라야마 담화서 후퇴,' 각국 언론들도 일제히 비판," ≪한겨레≫, 2015.8.14.

40 "[뉴스분석 8·15 경축사] 과거형 담화 vs 미래형 축사," ≪중앙일보≫, 2015.8.17.

41 "[사설] 교묘한 말로 '식민지 지배 사죄' 피해간 아베 談話," ≪조선일보≫, 2015.8.15.

42 "광복·분단 70년…과거를 딛고 미래로 가자," ≪중앙일보≫, 2015.8.15.

43 "[사설] 패전 70년 '아베 담화', 최악은 피했으나," ≪한겨레≫, 2015.8.14.

44 전진성, 「역사와 기억: '기억의 터'에 대한 최근 독일에서의 논의」, ≪서양사론≫, 72호, 170쪽.

45 최호근, 「독일과 일본의 2차대전 기억문화」, 『기억과 전쟁』(휴머니스트, 2009), 187쪽.

46 이재원, 「프랑스 역사 교과서의 1, 2차 대전과 식민지 전쟁의 기억과 전수」, 『기억과 전쟁』(휴 머니스트, 2009), 95쪽.

47 전진성, 『역사가 기억을 말하다: 이론과 실천을 위한 기억의 문화사』(휴머니스트, 2005), 23~29쪽.

48 최호근, 「독일과 일본의 2차대전 기억문화」, 『기억과 전쟁』(휴머니스트, 2009), 188~189쪽.

49 成田龍一, 『近現代日本史』(中公新書 2150)(中央公論新社, 2012), 160쪽.

50 같은 책, 173~174쪽.

51 纐纈厚, 『私たちの戰爭責任』(凱風社, 2009), 130~147쪽.

52 朝日新聞, 2013년 12월 29일(박명희, 「일본 사회의 내셔널리즘과 트랜스내셔널리즘의 기회구조: 일본군 위안부 문제를 중심으로」, ≪국제관계연구≫, 제19권, 제2호(통권 제37호), 50쪽 참조).

53 纐纈厚, 『私たちの戰爭責任』(凱風社, 2009), 147쪽.

54 다나카 히로시 외 지음, 『기억과 망각』, 이규수 옮김(삼인, 2000), 119~121쪽.

55 후지와라 기이치, 『전쟁을 기억한다』, 이숙종 옮김(일조각, 2003), 115~117쪽.

56 같은 책, 122~125쪽.

57 동북아역사재단 엮음, 『무라야마총리와 일본군 '위안부'문제를 생각한다』(동북아역사재단, 2015), 46쪽.

58 纐纈厚, 『私たちの戰爭責任』(凱風社, 2009), 135~136쪽.

59 후지와라 기이치, 『전쟁을 기억한다』, 126쪽.

60 纐纈厚, 『私たちの戰爭責任』, 135~136쪽.

61 같은 책, 191~192쪽.

62 다카하시 데쓰야 지음, 『역사/수정주의』, 김성혜 옮김(푸른역사, 2015), 25쪽. (일본판은 2000년 岩波書店에서 출간됨.)

63 스즈키 유코 지음, 『일본군 위안부 문제와 젠더』, 이성순·한예린 옮김(나남, 2015), 5쪽.

64 이안 부루마, 『아우슈비츠와 히로시마』, 158쪽.

65 "中 '2차대전 핵심 역할' 국제 여론전…對日 역사공정 나섰다," ≪세계일보≫, 2015.7.12.

66 "731部隊, 新館オープン," ≪長崎新聞≫, 2015.8.15.

67 朱成山 監修, 「まえがき」, 『南京大虐殺圖錄』(일본어판)(五州傳播出版社, 2005).

68 日中歷史共同硏究 第1期, 『日中歷史共同硏究 第1期 報告書』第2章, 「日中戰爭: 日本軍の侵略と中国の抗戰」(波多野澄雄 庄司潤一郎 집필)(간행기관 미상, 2010), 7쪽.

69 다카하시 데쓰야, 『일본의 전후 책임을 묻는다』, 이규수 옮김(역사비평사, 2000), 138쪽.

70 이안 부루마, 『아우슈비츠와 히로시마』, 200쪽.

71 張連紅, 「學術對話: 日中歷史共同硏究における南京大虐殺」, ≪立命館經濟學≫, 제61권 제3호, 18~26쪽.

제2장 일본의 아시아태평양전쟁에 대한 기억: 1995년 이후 수정주의적 전환에 대한 분석

1 ≪東京朝日新聞≫, 2015.11.5; 2015.11.13.

2 Uemura Takashi with Tomomi Yamaguchi, "Labeled the reporter who 'fabricated' the comfort woman issue: A Rebuttal," *The Asia-Pacific Journal*, Vol. 13, Issue 2, No. 1(2015).

3 Akiko Takenaka, "Reactionary Nationalism and Museum Controversies: The Case of 'Peace Osaka'," *The Public Historian* 36.2(Spring 2014), pp. 75~98; Philip Seaton, "The Nationalist Assault on Japan's Local Peace Museums: The Conversion of Peace Osaka," *The Asia-Pacific Journal*, Vol. 13, Issue 30, No. 2(2015).

4 Akiko Takenaka, *Yasukuni Shrine: History, Memory, and Japan's Unending Postwar* (Honolulu: University of Hawaii Press, 2015).

5 Laura Hein and Mark Selde(eds.), *Censoring History: Citizenship and Memory in Japan, Germany and the United States*(Armonk, N.Y.: M.E. Sharpe, 2000).

6 ≪東京朝日新聞≫, 1992.1.11.

7 공식 웹 사이트 http://www.nipponkaigi.org/about

8 Takenaka, *Yasukuni Shrine*.

9 이 문제에 대한 최근의 연구로는 Norma Field and Tomomi Yamaguchi, Introduction, "'Comfort Woman' Revisionism Comes to the U.S.: Symposium on The Revisionist Film Screening Event at Central Washington University," *The Asia-Pacific Journal*, Vol. 13, Issue 21, No. 1(2015); Tomomi Yamaguchi and Normal Field, "The Impact of 'Comfort Woman' Revisionism on the Academy, the Press, and the Individual: Symposium on the U.S. Tour of Uemura Takashi," *The Asia-Pacific Journal*, Vol. 13, Issue 33, No. 1(2015) 참조.

10 吉田裕, 『日本人の戰爭觀: 戰後史の中の變容』(東京: 岩波書店, 1995), 7쪽.

11 같은 책, 7쪽.

12 Carol Gluck, "Sekinin/Responsibility in Modern Japan," in Gluck and Anna Lowenhaupt Tsin(eds.), *Words in Motion: Toward A Global Lexicon*(Durham and London: Duke University Press, 2009), p. 97.

13 吉田裕, 『日本人の戰爭觀: 戰後史の中の變容』, 55쪽.

14 Ernest Renan, "What is a Nation?" lecture delivered at the Sorbonne on March 11, 1882. http://web.archive.org/web/20110827065548/http://www.cooper.edu/humanities/core/hss3/e_renan.html

15 ≪日本經濟新聞≫, 1995.3.17.

16 ≪東京朝日新聞≫, 1995.3.18.

17 「社說」, ≪期間戰爭責任硏究≫, 11호(1996년 봄), 2~9쪽.

18 Marianne Hirsch, "Past Lives: Postmemories in Exile," *Poetics Today*(17.4), pp. 659~686; p. 662.

19 Marianne Hirsch, *The Generation of Postmemory: Writing and Visual Culture after the Holocaust*(New York: Columbia University Press, 2012), p. 3.

20 Eva Hoffman, *After Such Knowledge: Memory, History, and the Legacy of the Holocaust* (New York: Public Affairs, 2004).

21 Carol Gluck, "The Idea of Showa," in Gluck and Stephen R. Graubard(eds.), *Showa: The Japan of Hirohito*(New York: W.W. Norton, 1992), pp. 1~26.

22 공습에 관한 세부 정보는 http://www.japanairraids.org의 온라인 아카이브에서 확인 가능하다.

23 이러한 단체의 초기 역사를 보려면 다음 웹 사이트를 방문할 것. http://www.tokyo-sensai.net/tayori/tayori_DL/tayori2006/nenpyou_tokyo.pdf(검색일: 2014.8.1)

24 小熊英二, 『"民主と愛国": 戰後日本のナショナリズムと公共性』(東京: 新曜社, 2002), 588~589쪽.

25 같은 책, 589쪽.

26 小山仁示, ≪日本空襲の全容: マリアナ基地B29部隊≫(東京: 東方出版, 1995), 252쪽.

27 小熊英二, 『"民主と愛国": 戰後日本のナショナリズムと公共性』, 589쪽.

28 전장에서의 개인적 체험 수기에 대한 분석은 成田龍一, 『"戦争経験"の戦後史: 語られた体験, 証言, 記憶』(東京: 岩波書店, 2010).

29 家永三郎, 『戦争責任』(東京: 岩波書店, 2002).

30 高血圧症, 『私達の戦争責任: "昭和"初期20年と"平成"期20年の歴史的考察』(東京, 凱風社, 2009); 高橋哲也, 『戦後責任論』(東京, 講談社, 2005)을 참고.

31 초국적 연구의 예로는 Daqing Yang et al., *Towards a History Beyond Borders: Contentious Issues in Sino-Japanese Relations*(Cambridge, Mass: Harvard University Press, 2012); Hasegawa, Tsuyoshi and Togo, Kazuhiko, *East Asia's Haunted Present: Historical Memories and the Resurgence of Nationalism*(Westport: Praeger Security International, 2008); 河上民雄 外, 『海峡の両側から靖国を考える』(東京: オルタ出版室, 2006)이 있다.

제3장 항일전쟁과 중국혁명, 그리고 중화인민공화국의 제2차 세계대전 기념

1 Mao Zedong, "On Protracted War"(May 1938), in *Selected Works of Mao Tse-Tung*, Vol II (Peking: Foreign Language Press, first edition, 1965, third printing, 1975), p. 121.

2 Jean Chesneaux(trans, by Paul Auster and Ludia Davis), *China: The People's Republic, 1949-1976*(N.Y.: Pantheon Books, 1979), p. 3.

3 Wang Gungwu, *China and The World since 1949: The Impact of Independence, Modernity and Revolution*(N.Y.: St. Martin's Press, 1977), p. 29.

4 何干之 主編, 『中國現代革命史』(上海: 上海人民出版社, 1985), 278~279쪽; 中共中央黨史研究室 編, 『中國共産黨歷史』, 第1卷(北京: 人民出版社, 1991), 657~659쪽.

5 Maurice Meisner, *Mao's China and After: A History of the People's Republic*(N.Y.: The Free Press, 1988), p. 38.

6 楊聖清, 『新中國的雛形 -抗日根據地政權』(桂林: 廣西師範大學出版社, 1994).

7 Maurice Meisner, *Mao's China and After: A History of the People's Republic*(N.Y.: The Free Press, 1988), p. 48, 50.

8 黃起元 主編, 『中國現代史』第2卷(n.p.: 河南人民出版社, 1982), 242~243쪽.

9 劉大年, 「中日戦争と中國の歴史」, 井上清, 衛藤瀋吉 編著, 『日中戦争と日中關係』(東京: 原書房, 1988), 46, 49쪽.

10 Liu Ta-nian(劉大年), "How to Appraise the History of Asia," in Albert Feuerwerker(ed.), *History in Communist China*(Cambridge, M.A.: The MIT Press 1968), pp. 361~362.

11 郭德宏, 「建國以來抗日戰爭史研究述評」, 中共中央黨史研究室科研部 編, 『紀念抗日戰爭勝利50周年學術討論會論集』, 下卷 (北京: 中共黨史出版社, 1996), 537쪽.

12 Liu Ta-nien, "How to Appraise the History of Asia," in Albert Feuerwerker(ed.), *History in Communist China*(Cambridge, M.A.: The MIT Press 1968), p. 361.

13 張憲文, 『抗日戰爭的正面戰場』(n.p.: 河南人民出版社, 1987), 1쪽(緒論).

14 中共中央黨史硏究室 編, 『中國共産黨歷史』第1卷, 659쪽.

15 劉大年, 「中日戰爭と中國の歷史」, 井上淸, 衛藤瀋吉 編著, 『日中戰爭と日中關係』(東京: 原書房, 1988), 53쪽.

16 李新 主編, 『中國新民主主義革命史』第3卷(北京: 人民出版社, 1962).

17 郭德宏, 「建國以來抗日戰爭史硏究述評」, 中共中央黨史硏究室科硏部 編, 『紀念抗日戰爭勝利50周年學術討論會論集』, 下卷(北京: 中共黨史出版社, 1996), 538쪽.

18 Hsu Long-hsuen and Chang King-kai(ed.)(trans by Wen Ha-hsiung), *Histiory of the Sino-japanese War(1937-1945)*(Taipei: Chung Wu Publishing Co., 1971, second edition, 1972), preface.

19 Hsu Long-hsuen and Chang King-kai(ed.), *History of the Sino-Japanese War*, p. 577.

20 胡華 主編, 『中國革命史講義』第2卷(北京: 中國人民大學出版社, 1980), 610~611쪽.

21 같은 책.

22 劉大年, 「抗日戰爭と中國の歷史」, 48, 50쪽.

23 Arif Dirlik, "Reversals, Ironies, Hegemonies: Notes on the Contemporary Historiography of Modern China," *Modern China*, vol. 22, no. 3(July 1996), p. 250.

24 Arif Dirlik, "Reversals, Ironies, Hegemonies," pp. 256~257.

25 Jean Chesneaux, *China: the People's Republic*, p. ix.

26 劉大年, 「抗日戰爭と中國の歷史」, 23쪽.

27 James C. Hsiung, "The War and After: World Politics in Historical Context," in James C. Hsiung(ed.), *China's Bitter Victory: The War with Japan, 1937-1945*(N.Y.: M. E. Sharpe Inc., 1992), p. 297.

28 池田 誠 編著, 『抗日戰爭と中國民衆 - 中國ナショナリズムと民主主義』(東京: 法律文化社, 1987), 2쪽(まえがき).

29 石島紀之, 『中國抗日戰爭史』(東京: 靑木書店, 1984), iii-iv쪽.

30 Liu Ta-nien, "How to Appraise," p. 361.

31 蔣永敬, 『抗戰史論』(臺北: 東大圖書公司, 1995), 4쪽(序文).

32 Maurice Meisner, *Mao's china and After*, p. xi.

33 Maurice Meisner, "The Deradicalization of Chinese Socialism," in Arif Dirlik and Maurice Meisner(ed.), *Marxism and the Chinese Experiences: Issues in Contemporary Chinese Socialism*(Armonk, N.Y.: M.E. Sharpe, Inc., 1989), pp. 356~357.

34 胡繩 主編, 『中國共産黨七十年』(北京: 中共黨史出版社, 1991), 201쪽.

35 Arif Dirlik, "Reversals, Ironies, Hegemonies," p. 249.

36 Jonathan Mirsky, "Nothing to Celebrate: The Chinese Revolution's Unhappy 50th Birth-

day," *The New Republic*(October 11, 1999), pp. 30~35.

37 William Hinton, *The Great Reversal: The Privatization of China, 1978-1989*(New York: Monthly Review Book, 1990), p. 189.

38 Roxann Prazniak and Arif Dirlik, "Socialism is Dear, So why we Must Talk About It? reflections on the 1989 Insurrection in China, Its Bloody Suppression, the End of Socialism and the End of History," *Asian Studies Review,* Vol. 14, No. 1(1990), p. 20.

39 池田 誠, 「總論: 現代世界史における抗日戰爭」, 池田 誠 編著, 『抗日戰爭と中國民衆』, 2~3쪽.

40 池田 誠, 「總論: 現代世界史における抗日戰爭」, 4쪽. 항전 승리 40주년을 기념하는 중국역사학계의 동향에 대해서는 『中國年鑑』(北京: 人民出版社, 1986), 114쪽도 볼 것.

41 池田 誠, 「總論: 現代世界史における抗日戰爭」, 7쪽.

42 이는 하버드대학교의 Roderick MacFarquhart가 사용한 표현이다. Arif Dirlik, "Reversals, Ironies, Hegemonies," pp. 249~250을 볼 것.

43 李澤厚, 劉再復, 『告別革命』(香港: 天地圖書有限公司, 6刷, 2011).

44 中共中央黨史研究室 編, 『中國共產黨歷史』第1卷, 658쪽.

45 Arthur Waldron, "China's New Remembering of World War II: The Case of Zhang Zizhong," *Modern Asian Studies*, Vol. 30, No. 4(October 1996), p. 978에서 재인용.

46 張憲文, 『抗日戰爭的正面戰場』, 6쪽.

47 張憲文, 『抗日戰爭的正面戰場』, 79쪽. 비슷한 시기에 있었던 유사한 평가로는 胡華, 『胡華文集』(北京: 中國人民大學出版社, 1988), 262쪽을 볼 것.

48 江澤民, 「在首都各界紀念抗日戰爭暨世界反法西斯戰爭勝利50周年大會上的講話」, 中共中央黨史研究室科研部 編, 『紀念抗日戰爭勝利50周年學術討論會論集』, 上卷(北京: 中共黨史出版社, 1996), 3~4쪽.

49 江澤民, 「在首都各界紀念抗日戰爭暨世界反法西斯戰爭勝利50周年大會上的講話」, 5~6쪽.

50 『中國歷史年鑑』(北京: 人民出版社, 1986), 115쪽을 볼 것.

51 江澤民, 「在首都各界紀念抗日戰爭暨世界反法西斯戰爭勝利50周年大會上的講話」, 6~7쪽.

52 같은 글, 7~8쪽.

53 Parks M. Coble, *China's War Reporters: The Legacy of Resistance against Japan* (Cambridge, M.A.: Harvard University Press, 2015).

54 Arif Dirlik, "Past Experience, If Not Forgotten, is a Guide to the Future; or, What is in a Text? The Politics of History in Chinese-Japanese Relations," in Masao Miyoshi and H.D. Harootunian(ed.), *Japan in the World*(Durham, N.C.: Duke University Press, 1993), pp. 49~78; James Reilly, "Remember History, Not Hatred: Collective Remembrance of China's War of Resistance to Japan," *Modern Asian Studies*, Vol. 45, No. 2(2011), pp. 468~472도 볼 것.

55 Arif Dirlik, "Reversals. Ironies, Hegemonies," p. 250.

56 James Reilly, "Remembering History," p. 465.

57 Arthur Waldron, "China's New Remembering," pp. 945~978.

58 劉大年,「中日戰爭と中國の歷史」, 46쪽.

59 楊聖淸,『新中國的雛形』.

60 郭德宏,「建國以來抗日戰爭史硏究述評」, 538쪽.

61 許紀林 陳達凱,『中國現代化史』, 1卷(1800-1949)(上海: 上海三聯書店, 1995). 특히 쉬와 천이 공동 집필한 '총론'의 1쪽을 볼 것.

62 "Full text: Chinese President's Speech on War Victory Commemoration". http://en.people. cn/200509/03/print20050903_206351.html(검색일: 2015.11.6) 중국어 원문은 http://news. xinhuanet.com/newscenter/2005-09/03/content_3438800.htm을 볼 것.

63 같은 글.

64 같은 글.

65 "Hu Jintao Delivers An Important Speech at the UN Summit". http://www.china-un. org/eng/zt/shnh60/t212614.htm(검색일: 2015.11.6).

66 James Reilly, "Remembering History," p. 477에서 재인용.

67 Fu ShaoQiang, "Reflections on China's Memorial Parade, on the 70th Anniversary of Victory Day in the 'Chinese People's War of Resistance against Japanese Aggression," *The Newsletter: Encouraging Knowledge and Enhancing the Study of Asia*, No. 72(Autumn 2015), p. 42.

68 "Xi says Anti-Fascist War 'a decisive battle' for Justice". http://news.xinhuanet.com/eng-lish/2015-09/03/c_134583571.htm(검색일: 2015.9.4) 시의 연설 전문은 영문으로 http://www. chinadaily.com.cn/world/2015victoryanniv/2015-09/03/content_21783362.htm에서 볼 수 있다(검색일: 2015.11.2).

69 Maurice Meisner, *Mao's China and After*, p. 482.

70 http://www.chinadaily.com.cn/world/2015victoryanniv/2015-09/03/content_21783362. htm(검색일: 2015.11.2)

71 같은 글.

72 빅터 H. 메어(Victor H. Mair) 교수와의 개인적 통신(2012.8.24).

73 예를 들면 王功安, 毛磊 主編,『國共兩黨關係通史』(武漢: 武漢大學出版社, 1991), 23쪽; 唐培吉, 王關興, 鄒榮庚 編,『兩次國共合作史稿』(杭州: 浙江人民出版社, 1898) 2쪽(序論)을 볼 것.

74 "China will never compromise in opposition to secessionist activities: President Hu". http:// en.people.cn/200509/03/print20050903_206335.html(검색일: 2015.11.10)

75 潘洵, 趙國壯,「第二次世界大戰背景下的中日戰爭硏究」,『抗日戰爭硏究』, 第4卷(2013), 147쪽.

76 高晓燕,「回顧共同抗戰史 開拓硏究新領域」,『抗日戰爭硏究』, 第3卷(2013), 154~155쪽.

77 황동연, 「延安, 중국혁명의 근거지 혹은 동부아시아 초국가적 급진주의 네트워크의 교점: 중국 혁명사와 동부아시아 급진주의 역사의 초국가적 연계와 단절」, ≪역사학보≫, 제221집(2014. 3), 117~152쪽.

78 Arif Dirlik and Maurice Meisner, "Politics, Scholarship, and Chinese Socialism," in *Marxism and the Chinese Experiences*, p. 19.

79 Arif Dirlik, "Revolutions in History and Memory: The Politics of Cultural Revolution in Historical Perspective," in Arif Dirlik, *Postmodernity's Histories: The Past as Legacy and Project*(Lanham, MD: Rowman & Littlefield Publishers Inc., 2000), p. 19.

80 Arif Dirlik and Maurice Meisner, "Politics, Scholarship, and Chinese Socialism," p. 14.

81 Parks M. Coble, *China's War Reporters*, p. 2, 162.

82 Mobo Gao, *The Battle for China's Past: Mao and the Cultural Revolution*(London and Ann Arbor, MI: Pluto Press, 2008), p. 190.

83 Parks M. Coble, *China's War Reporters*, p. 2.

84 Uradyn E. Bulag, "The Yearning for 'Friendship': Revisiting the Political in Minority Revolutionary History in China," *Journal of Asian Studies*, Vol 65, No. 1(2006), p. 4; Parks M. Coble, *China's War Reporters*, p. 162에서 재인용.

85 같은 책.

86 Carol Gluck, Rana Mitter, and Charles K. Armstrong, "The Seventieth Anniversary of World War II's End in Asia: Three Perspectives," *Journal of Asian Studies*, Vol. 74, No. 3(August 2015), pp. 534~535.

87 石島紀之, 『中國抗日戰爭史』, iv쪽.

제4장 '좋은 전쟁', 그리고 희미해지는 태평양전쟁에 대한 기억

1 G. Kurt Piehler, *Remembering War the American Way*(Washington, D.C.: Smithsonian Institution Press, 1995, 2004), xiii, p. 233; See, also G. Kurt Piehler, "American Memory of War," *In The American Experience of War*, Edited by Georg Schild(Paderhorn, Germany: Schoeningh, 2010), pp. 217~34 and G. Kurt Piehler, "The Military, War, and Memory," In *A Companion to American Military History*, 2 Volumes. Edited by James C. Bradford (Boston: Blackwell, 2009), pp. 2, 990~999; G. Kurt Piehler, "Honoring the Soldiers and Forgetting their Cause: American Memories of the Civil War and the Second World War," *Rikkyo American Studies* 31(March 2009), pp. 1~22.

2 James Brooke, "Veterans of Pacific D-Day fight for some recognition: Saipan invasion in 1944 seen as 'out of sight, out of mind'," *New York Times*, June 16, 2004.

3 Michael Dolski. *D-Day Remembered: The Normandy Landing in American Collective*

Memory(Knoxville: University of Tennessee Press, forthcoming, 2016).

4   Michael J. Hogan, *Hiroshima in History and Memory*(Cambridge: Harvard University Press, 1996).

5   John Morton Blum, *V Was for Victory: Politics and American Culture During World War II*(San Francisco: Harcourt, Brace, 1986).

6   Elena M. Friott, "Remembering New Mexico's War: The Bataan Death March in History and Memory, 1942-2012," PhD dissertation(University of New Mexico, work-in-progress).

7   Edward Lollis, "The Oak Ridge International Friendship Bell," Edited by Rosemary Mariner and G. Kurt Piehler, *The Atomic Bomb and American Society: New Perspectives*. (Knoxville: University of Tennessee Press, 2009), pp. 345~386.

8   Tom Brokaw, *The Greatest Generation*(New York: Random House, 1998).

9   Philip Roth, *The Plot Against America*(Boston: Houghton Mifflin, 2004).

10 John W. Dower, *War Without Mercy: Race and Power in the Pacific War*(New York: Pantheon Books, 1986).

11 Emily S. Rosenberg, *Pearl Harbor in American Memory*(Durham: Duke University Press, 2003).

12 Charles Beard, *President Roosevelt and the Coming of War, 1941: A Study in Appearances and Realities*(New Haven: Yale University Press, 1948).

13 John Toland, *Infamy: Pearl Harbor and its Aftermath*(Garden City: Doubleday and Company, 1982).

14 Paul W. Schroeder, *The Axis Alliance and Japanese American Relations, 1941*(Ithaca, NY: Cornell University Press for American Historical Association, 1958).

15 Paul Boyer, *By the Bomb's Early Light: American Thought and Culture at the Dawn of the Atomic Age*(Chapel Hill: University of North Carolina Press, 1994).

16 Kenichiro Tsuchihashi "From Despised Enemy to Wronged Americans, Public Perceptions of the Japanese American Internment, 1941-1991," University of Tennessee, master's thesis, May 2007.

17 President Gerald R. Ford's Proclamation 4417, Confirming the Termination of the Executive Order Authorizing Japanese-American Internment During World War II, February 19, 1976, *The Public Papers of President Gerald R. Ford,* Gerald R. Ford Presidential Library and Museum. http://www.ford.utexas.edu/library/speeches/760111.htm; Remarks on Signing the Bill Providing Restitution for the Wartime Internment of Japanese-American Civilians, August 10, 1998, *The Public Papers of President Ronald Reagan.* Ronald Reagan Presidential Library. http://www.reagan.utexas.edu/archives/speeches/1988/081088d.htm

18 Russell F. Weigley, *The American Way of War: A History of United States Military Strategy and Policy*(New York: Macmillan, 1973).

19 본, 독일 연방 하원에서 열린 1985년 5월 8일 유럽에서의 전쟁 및 국가사회주의의 군사독재 종식 40주년 기념식에서 리하르트 폰 바이츠체커의 연설. https://www.bundespraesident.de/SharedDocs/Downloads/DE/Reden/2015/02/150202-RvW-Rede-8-Mai-1985-englisch.pdf?__blob=publicationFile

20 Michael Bryant. *Eyewitnesses to Genocide: The Operation Reinhard Death Camp Trials, 1955-1966*(Knoxville: University of Tennessee Press, 2014).

21 Richard H. Minear, *Victor's Justice: The Tokyo War Crimes Trial*(Princeton: Princeton University Press, 1971). For a differing interpretation, see Yuma Totani, *The Tokyo War Crimes Trial: The Pursuit of Justice in the wake of World War II*(Cambridge: Harvard University Asia Center, 2008).

22 Cornelius Ryan, *The Longest Day*(New York: Simon and Schuster, 1959); Stephen E. Ambrose, D-*Day, June 6, 1944: The Climatic Battle of World War II*(New York: Simon and Schuster, 1944).

제5장 소비에트연방 해체 이후 러시아에서의 '대조국 전쟁' 서사

1 Frederic C. Bartlett, *Remembering: A Study in Experimental and Social Psychology* (Cambridge: Cambridge University Press, 1995[1932]).

2 Philip A. Seaton, *Japan's Contested War Memories: The 'Memory Rifts' in Historical Consciousness of World War II*(London: Routledge, 2007).

3 Timothy G. Ashplant, Graham Dawson and Michael Rope(eds.), *The Politics of War Memory and Commemoration*(London: Routledge, 2000), pp. 3~86.

4 Alistair Thompson, "Michael Frisch and Paula Hamilton, The Memory and History Debates: Some International Perspectives," *Oral History*, 22, 2(1994), pp. 33~43.

5 예컨대 영국의 대소 정책에 대해서는 Keith Neilson, *Britain, Soviet Russia and the Collapse of the Versailles Order, 1919-1939*(Cambridge: Cambridge University Press, 2006), pp. 43~88 참조.

6 '혁명전쟁' 대망론에 대해서는 Valentin Larionov, "Soviet Military Doctrine: Past and Present," Willard Frank and Philip Gillette, *Soviet Military Doctrine from Lenin to Gorbachev, 1915-1991*(Westpoint: Greenwood Press, 1992), pp. 301~313.

7 Russell Merritt, Recharging "'Alexander Nevsky': Tracking the Eisenstein-Prokofiev War Horse," *Film Quarterly*, 48, 2(1994~1995), pp. 34~47.

8 Norman Davies, *Europe at War 1939-1945: No Simple Victory*(London: Macmillan, 2006),

pp. 153~154.

9   Gennadi Bordyugov. "The popular mood in the unoccupied Soviet Union: Continuity and Change during the War," Robert W. Thurston and Bernd Bonwetsch, *The People's War: Responses to World War II in the Soviet Union*(Urbana and Chicago: University of Illinois Press, 2000), pp. 54~70.

10 이와 관련해서, 혁명적 평등주의의 사망과 새로운 특권 세계의 탄생을 매우 비판적으로 묘사한 코민테른의 경제학자 바르가(1879~1964)의 〈유서〉 내용은 참고가 된다. Евгений Варга, "Вскрыть через 25 лет. Я умру в печали," *Полис. Политические исследования* 2(1991), pp. 175~184.

11 예컨대 소련 전시 경제의 한 지도자의 해당 전쟁 성격 관련 언급을 참조. Nikolai Voznesensky, *The Economy of the USSR during World War II*(Washington DC: Public Affairs Press, 1948), pp. 1~5.

12 Институт марксизма–ленинизма при ЦК КПСС, *отдел истории Великой Отечественной войны, ред, История Великой Отечественной войны Советского Союза 1941–1945* гг. Т. 1–6(Москва: Воениздат, 1960~1965).

13 Denise J. Youngblood, *Russian War Films: On the Cinema Front, 1914-2005*(Lawrence: University Press of Kansas, 2007). pp. 158~162.

14 Nina Tumarkin, "The Great Patriotic War," *Myth and Memory European Review*, 11, 4 (2003), pp. 595~611.

15 Сергей Дробязко, *Вторая мировая война 1939–1945. Восточные добровольцы в Вермахте, полиции и СС*(Москва: АСТ, 2000).

16 Борис Дубин, "«Кровавая» война и «великая» победа," *Отечественные записки* 5(2004). http://www.strana-oz.ru/2004/5/krovavaya-voynai-velikaya-pobeda

17 5 Советско–германские документы, "1939–1941 гг. из архива ЦК КПСС," *Новая и новейшая история* 1(1993), pp. 83~95.

18 Светлана Алексиевич, *У войны — не женское лицо*···(Минск: Мастацкая літаратура, 1985).

19 Yitzhak M. Brudny, "Myths and National Identity Choices in Post-communist Russia," Gerard Bouchard, *National Myths: Constructed Pasts, Contested Presents*(London: Routledge, 2013), pp. 133~157.

20 Виктор Суворов, *Ледокол*(Москва: Издательский дом "Новое время", 1992).

21 Габриэль Городецкий, *Миф «Ледокола»: Накануне войны*(Москва: Прогресс–Академия, 1995).

22 Александр Тарасов, "Порождение реформ: бритоголовые," *они же скинхеды Свободная мысль* 5(2000), pp. 46~48.

23 대표적으로 문학사 연구자 보리스 소콜로프의 일련의 저서 및 논문 참조. Борис Соколов, *Правда о Великой Отечественной войне*(СПб.: Алетейя, 1999) 등.

24 Александр Кредер, *Новейшая история. 1945−1993 гг. Учебник экспериментальный для средней школы. XI класс*(Москва: Интерпракс, 1994).

25 Александр Тарасов, "Учебники для скинхедов," *Независимое обозрение* 15(2002).

26 Derek Elley, Review: 'Moloch'. Variety May 31, 1999. http://variety.com/1999/film/reviews/moloch-1200457524/(검색일: 2016.12.12)

27 이 소설의 전문은 여기에서 열람 가능하다. http://militera.lib.ru/prose/russian/vasilyev2/index.html(검색일: 2016.12.12)

28 이 영화 관련 정보는 여기에서 열람 가능하다. https://www.kinopoisk.ru/film/40806/(검색일: 2016.12.12)

29 이 영화 관련 정보는 여기에서 열람 가능하다. https://www.kinopoisk.ru/film/37662/(검색일: 2016.12.12)

30 이 소설의 전문은 여기에서 열람 가능하다. http://militera.lib.ru/prose/russian/astafyev3/index.html(검색일: 2016.12.12)

31 이 소설의 전문은 여기에서 열람 가능하다. http://nozdr.ru/militera/prose/russian/vladimov/index.html(검색일: 2016.12.12)

32 Владимир Богомолов, "Срам имут и живые, и мертвые, и Россия," *Свободная мысль−XXI* 7(1995), pp. 79~103.

33 Александр Тарасов, "Насаждение имперского национализма и клерикализма среди молодежи". http://www.polit.ru/article/2014/02/16/ideologia/(검색일: 2016.12.12)

34 Astrid S. Tumine, *Russian Nationalism Since 1856: Ideology and the Making of Foreign Policy*(Rowman and Littlefield, 2000), pp. 281~283.

35 예를 들어 발트3국의 대러시아 배상 요구에 대해서는 "Baltics issue demand to Moscow to pay for decades of occupation Ukraine Today," November 7, 2015. http://uatoday.tv/society/baltics-issue-demand-to-moscow-to-pay-for-decades-of-occupation-529349.html (검색일: 2016.12.13) 참조.

36 Bobo Lo, *Vladimir Putin and the Evolution of Russian Foreign Policy*(Oxford: Blackwell, 2003), pp.9~17.

37 James Hughes, *Chechnya: From Nationalism to Jihad*(Philadelphia: University of Pennsylvania Press, 2007).

38 Nina Tumarkin, "The Great Patriotic War as Myth and Memory," *European Review* 11, 4 (2003), pp. 595~611.

39 Ernest Gellner, *Nations and Nationalism*(Ithaca: Cornell University Press, 1983).

40 John Breuilly, "What Does It Mean to Say that Nationalism Is 'Popular'?" Maarten Van Ginderachter and Marnix Beyen, *Nationhood from Below: Europe in the Long Nineteenth*

Century(Palgrave Macmillan, 2012), pp. 22~43.

41 특히 1997~1998년의 금융 위기가 초래한 파괴적인 민생 효과 등에 대해서는 Roy Medvedev, *Post-Soviet Russia: A Journey Through the Yeltsin Era*(NY: Columbia University Press, 2000), pp. 279~343 참조.

42 정치적 신화 정의에 대해서는 Henry Tudor, *Political Myth*(NY: Praeger 1975), pp. 7~10 참조.

43 Лев Гудков, "'Память' о войне и массовая идентичность россиян," Неприкосновенный запас (2005), pp. 40~41. 논문의 전문은 여기에서 열람 가능하다. http://magazines.russ.ru/nz/2005/2/gu5.html(검색일: 2016.12.13)

44 Борис Клин, "Генерала Власова повесили правильно," Коммерсантъ, 2 ноября(2001). http://kommersant.ru/doc/289939(검색일: 2016.12.13)

45 Лев Гудков, "'Память' о войне и массовая идентичность россиян".

46 "70 for Victory: Armata tanks, nuclear bombers, international boots in Moscow for V-Day," *Russia Today*, May 9, 2015. https://www.rt.com/news/257169-moscow-victory-paradehighlights/(검색일: 2016.12.13)

47 Лев Гудков, "'Память' о войне и массовая идентичность россиян".

48 Yael Zerubavel, *Recovered Roots: Collective Memory and the Making of Israeli National Tradition*(Chicago: University of Chicago Press, 1995), pp. 8~9.

49 Александр Филиппов, *Новейшая история России, 1945—2006 гг. : книга для учителя*(Москва: Просвещение, 2007). 이 교재에 대한 분석과 비평으로서 Joseph Zajda, *Globalisation, Ideology and History School Textbooks: The Russian Federation in Nation-Building and History Education in a Global Culture*, edited by Joseph Zaida(Springer, 2015), pp. 29~50 등 참조.

50 "Pavel Felgenhauer Medvedev Forms a Commission to Protect Russian History," *Eurasia Daily Monitor* 6.98(2009). https://jamestown.org/program/medvedev-forms-a-commission-to-protect-russian-history/#sthash.zvFHYG4T.dpuf 참조(검색일: 2016.12.13)

51 Alexei Anishchuk, "Russia's Putin outlaws denial of Nazi crimes Reuter," May 5, 2014. http://www.reuters.com/article/us-russia-putin-nazi-law-idUSBREA440IV20140505(검색일: 2016.12.13)

52 Александра Талавер, *Память о Великой Отечественной Войне в Постсоветском Кинематографе-этапы осмысления прошлого*(Москва: Высшая школа экономики, 2013).

53 유가 폭등과 관련된 2000년대 중산층의 소비 경제 성장에 대해서는 Rudiger Ahrend, *How to Sustain Growth in a Resource Based Economy?: The Main Concepts and Their Application to the Russian Case*, OECD Economics Working Paper 478(2006) 등 참조.

54 Лев Гудков, "'Память' о войне и массовая идентичность россиян".

55 예를 들어 '차후 미국의 대러시아 침략'에 대한 한 러시아 관영 매체의 기사 참조. Finian Cunningham, "The Looming US War on Russia Sputnik," July 22, 2016. https://sputniknews.com/columnists/201606221041769823-us-russia-aggression/(검색일: 2016.12.15)

56 Putin's Syria campaign is win-win for most Russians Al Jazeera, March 5, 2016. http://www.aljazeera.com/news/2016/03/putin-syria-campaign-win-win-russians-160305093745079.html(검색일: 2016.12.15)

제6장 21세기 초 영국의 제2차 세계대전에 대한 문화적 기억: '평범한 영웅주의'

1 이스트 서섹스 주 커크미어 헤이븐의 적석기념비에 새겨진 비문.

2 J. Winter, *Remembering War. The Great War Between Memory and History in the Twentieth Century*(New Haven: Yale University Press, 2006).

3 P. Fussell, *The Great War and Modern Memory*(Oxford: Oxford University Press, 2005).

4 N. Hamilton, *Monty: The Making of a General*(London: Hamish Hamilton, 1981), pp. 546~558.

5 영국에서 제2차 세계대전에 대한 성별(性別) 및 세대(世代)의 기억에 관해 Penny Summerfield, "The Generation of Memory: Gender and the Popular Memory of the Second World War in Britain," L. Noakes and J. Pattinson(eds.), *British Cultural Memory and the Second World War*(London: Bloomsbury, 2013), pp. 25~46 참조.

6 J.Gardiner, *The Blitz: The British Under Attack*(London: Harper Collins, 2010), p. 359.

7 S.O. Rose, *Which People's War? National Identity and Citizenship in Wartime Britain 1939-45*(Oxford: Oxford University Press, 2003).

8 A. Calder, *The Myth of the Blitz*(London: Pimlico, 1991).

9 1945년 이래 영국에서의 제2차 세계대전의 기억에 대해서는 G. Eley, "Finding the People's War: Film, British Collective Memory and World War Two," *British Historical Review*, 105:5(2001), pp. 818~838; G. Hurd(ed), *National Fictions*(London: BFI, 1984); L. Noakes, *War and the British: Gender, Memory and National Identity, 1939-1991*(London: IB Tauris, 1998); L. Noakes and J. Pattinson(eds.), *British Cultural Memory and the Second World War*(London: Bloomsbury, 2013); P. Summerfield, "Film and the Popular Memory of the Second World War in Britain 1950-1959," S. Grayzel and P. Levine (eds), *Gender, Labour, War and Empire: Essays on Modern Britain*(Palgrave: Basingstoke, 2009) 참조.

10 D. Omissi, *Air Power and Colonial Control: The Royal Air Force 1919-1939*(Manchester: Manchester University Press, 1990); H. G. Wells, *The Shape of Things to Come*(London: Hutchinson, 1933); Alexander Korda, *Things to Come*(London Film Productions, 1936).

11 전쟁 중의 '전단지' 그림에 대한 통찰력 넘치는 분석은 M. Francis and The Flyer, *British*

Culture and the Royal Air Force, 1939-1945(Oxford: Oxford University Press, 2008) 참조. 이러한 화려하면서도 어딘가 차갑고 다른 세상의 것 같은 모습은 아마도 리처드 힐러리로 가장 잘 대표될 것이다. 비록 프랜시스가 언급한 것처럼 그가 전투기 조종사 대부분을 대표하기는 힘들지만 말이다. R. Hillary, *The Last Battle*(London, 1942, republished Pimlico Press, 1997) 참조.

12 www.ourfinesthour.com

13 예를 들어 2015년 9월 15일 자 ≪텔레그래프≫의 기사 "새 노동당 지도자를 뽑는 대혼란의 날 국가 제창 거부 후 '불충'하다고 낙인찍힌 제레미 코빈" 참조. http://www.telegraph.co.uk/news/politics/Jeremy_Corbyn/11867337/Jeremy-Corbyn-disloyal-national-anthem-Labour-leader.html(검색일: 2015.9.18)

14 예를 들어 R. 리틀존의 2015년 9월 29일 자 ≪데일리 메일≫ 기사 "이것이 영국 본토 공중전에서 우리가 지키려던 영국인가?" http://www.dailymail.co.uk/debate/article3252838/Is-fought-Battle-Britain-RICHARD-LITTLEJOHN-asks-hero-pilots-thought-decision-ask-RAF-sergeant-wearing-uniform-leave-hospital-case-offends-cultures.html 그리고 R. 피스크의 2015년 9월 20일 자 ≪인디펜던트≫ 기사 "치명적인 하늘. 영국 본토 공중전 70년의 진실" http://www.independent.co.uk/news/uk/this-britain/deadly-skies-the-bloody-truth-about-the-battle-of-britain-70-years-on-2015062.html 등을 참조하라. 리틀존은 기념일을 시리아 난민을 탈영병이라 비판할 기회로 이용해, "불과 얼마 전이었으면 이들은 탈영병(실제 기사에는 '겁쟁이'라고 적혀 있다)으로서 총 맞아 죽었을 것이다"라고 만족스러운 듯이 언급했다(검색일: 2015. 10.5).

15 P. Day, "Description of Monument Scenes by the Sculptor". http://www.bbm.org.uk/prog-scenes.htm(검색일: 2015.10.5)

16 K. Delaney, "The Many Meanings of D Day," *European Journal of American Studies*, 7:2(2012). https://ejas.revues.org/9544

17 M. Van Delden, "The Holocaust in Mexican Literature," *European Review* 22:4(2014), pp. 566~574.

18 T. Judt, *Postwar: A History of Europe Since 1945*(London: Heinemann, 2005), p. 803.

19 A. Assmann and S. Conrad(eds), *Memory in a Global Age: Discourses, Practices and Trajectories*(Basingstoke: Palgrave, 2010), p. 2.

20 L. Noakes, "The BBC's 'People's War' Website," H. Hedwig and M. Keren(eds.), *War Memory and Popular Culture*(McFarland, 2009).

21 "Attack," *The Times*, 7 June, 1944, p. 5.

22 D. Stone, "Memory Wars in the new Europe," D. Stone(ed.), *The Oxford Handbook of Postwar European History*(Oxford: Oxford University Press, 2012) 참조.

23 Rabbi Goldsmith, "In the spirit of the Kindertransport we want to extend a warm welcome

to Syria's refugees," *theguardian*, July 8, 2015. http://www.theguardian.com/global
development-professionals-network/2015/jul/08/in-the-spirit-of-the-kindertransport
-we-want-to-extend-a-warm-welcome-to-syrias-refugees(검색일: 2015.7.20)

24 L. Janklaus, "When Jewish people look at Calais migrants, we see ourselves," *theguardian*,
August 13, 2015. http://www.theguardian.com/commentisfree/2015/aug/13/jewish-peo-
ple-calais-migrants-kindertransport-children-nazis(검색일: 2015.9.18)

25 S. Bardgett, E. Fuggle, L. M. Maxwell and R. Smither, *Imperial War Museum, Whose
Remembrance?*(AHRC Connected Communities Report, 2012). https://www.iwm.org.uk/
sites/default/files/public-document/A3_Whose_remembrance.pdf(검색일: 2016.6.1)에서
다운로드 가능.

26 Susan Pedersen, "To Hell and Back: Europe, 1914-1949 by Ian Kershaw," *theguardian*,
October 30, 2015. http://www.theguardian.com/books/2015/oct/30/to-hell-and-back-ian
-kershaw-review(검색일: 2015.11.2)

27 M. Evans, "Colonial Fantasies Shattered," Stone(ed), *Postwar European History*(2012)에서
인용. 에반스는 처칠이 이러한 자기 결정권을 유럽 사람에게만 적용되는 것으로 해석한 사실을
언급하고 있다.

28 M. Francis, "Remembering war, Forgetting Empire? Representations of the North African
campaign in 1950s British Cinema," Noakes and Pattinson(eds.), *British cultural memory
and the Second World War*(London: Bloomsbury, 2014), pp 111~132. 127쪽에서 프랜시스
는 폴 길로이의 주장에 응하고 있다. 길로이는 단결된 '국민의 전쟁'이라는 신화가, 종종 폭력을
수반한 제국(연방)으로부터의 탈퇴와 관련된 더 복잡한 기억과 식민 시대 이후의 정체성 등을 침
묵시키도록 작용했다고 주장했다. P. Gilroy, *Postcolonial Melancholia*(New York: Columbia
University Press, 2006).

29 Francis, "Remembering War".

30 Ministry of Defense, "Defence Statistics(Health)," october 9, 2013. https://www.gov.uk/
government/uploads/system/uploads/attachment_data/file/253345/Public_1381478320_
Redacted.pdf 이 수치에는 이라크 복무자 및 그에 따른 PTSD 진단자 숫자가 포함되지 않기 때
문에 PTSD 수치는 여기에 나타난 것보다 더 높을 것으로 가정하는 것이 합리적일 것이다.

31 M. Jones, "What should historians do with heroes? Reflections on Nineteenth and
Twentieth century Britain," *History Compass*, 5:2(2007), pp, 439~454, 441.

32 BBC, *First Light*(2010); G. Wellum, *First Light*(London: Penguin, 2002).

33 초기 회고록에 대해서는 예를 들어 Hillary, *The Last Enemy*(1942); P. Richey, *Fighter Pilot:
A Personal Record of the campaign in France*(London: Batsford, 1941) 등 참조.

34 F. Houghton, "The 'Missing Chapter': Bomber Command Aircrew Memoirs in the 19902

and 2000s," Noakes and Pattinson(eds.), *British Cultural Memory*(2013).

35 Bill McCrea, *A Chequer Board of Nights*(Preston: Compaid Graphics, 2003) cited in Houghton, "The Missing Chapter".

36 C. Duncan and A. Wallach, "The Universal Survey Museum," *Art History*, 3:4(1980), pp. 448~469.

37 Neil Tweedie and Gordon Rayner, "Bomber Command memorial: bloody marvellous but long overdue," *the telegraph*, June 28, 2012. http://www.telegraph.co.uk/history/raf-bomber-command/9363220/Bomber-Command-memorial-bloody-marvellous-but-long-overdue.html(검색일: 2015.9.18); Jonathan Jones, "The artistic jingoism of the Bomber Command memorial," *the guardian*, June 29, 2012. http://www.guardian.co.uk/commentisfree/2012/jun/29/bomber-command-memorial-artistic-jingoism(검색일: 2015.9.18)

38 이는 본질적으로 Gilroy in Postcolonial Melancholia(2006)에서 시작된 논쟁이다.

제7장 독일의 20세기: 집단기억 속의 제2차 세계대전

1 Maurice Halbwachs, *On Collective Memory*(Chicago, 1992), pp. 39~40.

2 Rebecca West, *Black Lamb and Grey Falcon: The Record of a Journey through Yugoslavia in 1937*(London, 1943), Vol.1, p. 390.

3 Tony Judt, "The Past Is Another Country. Myth and Memory in Postwar Europe," *Daedalus* 121(1992), pp. 83~118.

4 Robert G. Moeller, *War Stories: The Search for a Usable Past in the Federal Republic of Germany*(Berkeley, 2001), p. 6.

5 Ruth Wittlinger, "Taboo or Tradition? The 'Germans as victims' Theme in the Federal Republic until the mid-1990s," Bill Niven(ed.), *Germans as Victims: Remembering the Past in Contemporary Germany*(New York, 2006), p. 73; Helmut Schmitz, "The Birth of the collective from the Spirit of Empathy: From the 'Historians Dispute' to German Suffering," Niven(ed.), *Germans as Victims*, p. 94.

6 See Joe Perry, "The Madonna of Stalingrad: The (Christmas) Past and West German National Identity after World War II," *Radical History Review* 83(2002); Michael Schornstheimer, *Die leuchtenden Augen der Frontsoldaten: Nationalsozialismus und Krieg in den Illustriertenromanen der fünfziger Jahre*(Berlin, 1995); Jörg Bernig, *Eingekesselt: die Schlacht von Stalingrad im deutschsprachigen Romanen nach 1945*(New York, 1997).

7 Jörg Friedrich, *The Fire: The Bombing of Germany, 1940-1945*(New York, 2006[2002]).

8 Klaus Naumann, *Der Krieg als Text: Das Jahr 1945 im kulturellen Gedächtnis der Presse* (Hamburg: Hamburger Edition, 1998), pp. 44~45.

9   Robert G. Moeller, *War Stories: The Search for a Usable Past in the Federal Republic of Germany*(Berkeley, 2001), p. 3.

10 See, for example, Peter Fritzsche, "Where Did All the Nazis Go? Reflections on Collaboration and Resistance," *Tel Aviver Jahrbuch fuer deutsche Geschichte* 23(1994), pp. 191~214.

11 Harald Welzer, Sabine Moller, and Karoline Tschnuggnall, *Opa war kein Nazi: National-sozialismus und Holocaust im Familiengedächtnis*(Frankfurt am Main, 2002), p. 247.

12 Heinrich Döll to Heinz, 20 Sept. 1939 and 14/15 Oct. 1944, Döll correspondence, Kempowski Archiv, 5940/1, Akademie der Künste, Berlin.

13 Bill Niven, "Introduction: German Victimhood at the turn of the Millennium," Niven(ed.), *Germans as Victims*, p. 1.

14 Robert G. Moeller, "The Third Reich in Postwar German Memory," Jane Caplan(ed.), *Nazi Germany*(Oxford, 2008), p. 260.

15 See Peter Fritzsche, "The Archive and the Case of German History," Antoinette Burton(ed.), *Archive Stories: Evidence, Experience, History*(Duke University Press, 2005), pp. 184~208.

16 See, for example, Peter Fritzsche, *The Turbulent World of Franz Göll: An Ordinary Berliner Writes the Twentieth Century*(Cambridge, 2011), p. 156.

17 See also http://www.koerber-stiftung.de/uploads/tx_smskoerberimport/Bibliographie-Stand--2007-Teil-3.pdf

18 Theodor Schieder uoted in Ewald Frie, *Das Deutsche Kaiserreich*(Darmstadt, 2004), p. 83.

19 Ernst Glaeser, *The Last Civilian, Gwenda David and Eric Mosbacher, trans*(New York: Robert M. McBridge and Co, 1935).

20 Pierre Laborie, *L'Opinion francaise sous Vichy*(Paris, 1990), pp. 89~90. See also Omer Bartov, "'Fields of Glory:' War, Genocide, and the Glorification of Violence," Moishe Postone and Eric Santner(eds.), *Catastrophe and Meaning: The Holocaust and the Twentieth Century*(Chicago: University of Chicago Press, 2003), p. 123.

지은이(수록순)

박찬승

서울대학교 국사학과에서 한국근대사로 석사, 박사학위를 취득했다. 1990년 이후 목포대학교, 충남대학교를 거쳐 2005년부터 한양대학교 사학과 교수로 재직 중이며 2015년부터 비교역사문화연구소 소장을 맡고 있다. 한국근현대사에 관한 연구를 주로 진행해왔으며, 주요 저서로『한국근대정치 사상사연구: 민족주의 우파의 실력양성운동론』(1992),『민족주의의 시대: 일제하의 한국민족주의』(2007),『근대 이행기 민중운동의 사회사: 동학농민전쟁, 항조, 활빈당』(2008),『언론운동』(2009),『민족 민족주의』(2010),『마을로 간 한국전쟁』(2010),『대한민국은 민주공화국이다』(2013),『한국독립운동사』(2014) 등이 있다.

아키코 다케나카(Akiko Takenaka)

미국 켄터키대학교 사학과 교수로 재직하고 있다. 현대 일본의 사회사·문화사 분야, 특히 아시아태평양전쟁의 역사서술론과 기념비, 박물관 등 기념 공간과 기억의 정치 문제를 연구해왔다. 주요 저서로『야스쿠니 신사: 역사, 기억과 일본의 끝나지 않는 전후 시기(Yasukuni Shrine: History, Memory and Japan's Unending Postwar)』(1995)가 있으며 그 외에 전몰자의 기념에 대한 연구 논문을 다수 발표했다. 현재 새로운 저서『전쟁에 반대한 어머니들: 전후 일본에서의 젠더와 풀뿌리 평화운동(Mothers Against War: Gender and Grassroots Peace Activism in Postwar Japan)』과『일본과 동아시아에서의 전쟁, 트라우마와 전후 시기(War, Trauma, and Postwar in Japan and East Asia)』를 집필하고 있다.

황동연

연세대학교와 동 대학원에서 동양사를 전공한 후 1999년 미국 듀크대학교에서 항일전쟁 시기 대일 합작 난징정부에 관한 연구로 중국현대사 분야 박사학위를 취득했다. 현재 미국 소카대학교(Soka University of America) 교수로 재직 중이다. 주요 저서로『새로운 과거 만들기: 권역 시각과 동부아시아 역사 재구성』(2013),『한국의 무정부주의: 독립, 트랜스내셔널리즘과 국가발전의 문제, 1919-1984(Anarchism in Korea: Independence, Transnationalism, and the Question of National Development, 1919-1984)』(2016) 등이 있다. 최근에는 님 웨일스(Nym Wales), 김산의『아리랑』을 새롭게 번역하는 작업과 도쿄, 상하이, 관동과 연안 등 동부아시아에서 대두된 트랜스내셔널 급진주의 네트워크에 관한 연구를 진행하고 있다.

G. 커트 피엘러(G. Kurt Piehler)

미국 럿거스대학교 사학과에서 석사, 박사학위를 받은 후 럿거스대학교 구술사 아카이브의 책임자로서 제2차 세계대전 미국인 참전자 200여 명의 인터뷰를 진행한 바 있다. 현재 미국 플로리다 주립대학교 사학과 교수로 재직 중이며 동 대학의 '제2차 세계대전과 인류의 경험 연구소'를 설립해 이끌고 있다. 주요 저서로 『미국식으로 전쟁 기억하기(Remembering War the American Way)』(1995), 『제2차 세계대전(World War II)』(2007), 『제2차 세계대전에서의 미국(The United States in World War II)』(편저, 2012), 『미국과 제2차 세계대전: 외교, 전쟁과 후방에 관한 새로운 관점(The United States and the Second World War: New Perspectives on Diplomacy, War, and the Homefront)』(공편저, 2013) 등이 있다.

박노자

본명은 '블라디미르 티호노프(Vladimir Tikhonov)'다. 러시아(당시 소련) 상트페테르부르크 국립대학교 동방학부에서 조선사를 전공으로 석사학위를, 모스크바 국립대학교에서 한국고대사 분야로 박사학위를 취득했다. 2001년 한국으로 귀화했으며 현재 노르웨이 오슬로대학교 문화 연구 및 동양언어학과 교수로 재직 중이다. 근대 한국에서의 민족주의의 형성와 불교의 역사에 관한 많은 연구를 생산해왔으며, 주요 저서로 『우승열패의 신화』(2005), 『씩씩한 남자 만들기』(2009), 『한국 사회다원주의와 민족주의의 기원(Social Darwinism and Nationalism in Korea: The Beginnings)』(2010), 『거꾸로 보는 고대사』(2010) 등이 있다. 그 외에도 『당신들의 대한민국』(2006), 『주식회사 대한민국』(2016) 등 국가에 짓밟힌 개인과 사회의 저항의 역사에 초점을 둔 다수의 저서를 발간한 바 있다.

루시 녹스(Lucy Noakes)

영국 브라이턴대학교 사학과 교수이자 동 대학 '기억, 내러티브와 역사 연구센터' 부소장으로 재직 중이다. 20세기 양차 세계대전의 사회·문화적 영향을 특히 전쟁, 기억, 민족됨과 젠더의 관계에 초점을 두어 연구해왔다. 주요 저서로 『전쟁과 영국인: 젠더와 민족정체성, 1939-91(War the British: Gender and National Identity, 1939-91)』(1998), 『영국군 내의 여성: 전쟁과 부드러운 성, 1907-1948(Women in the British Army: War and the Gentle Sex, 1907-1948)』(2006), 『영국의 문화적 기억과 제2차 세계대전(British Cultural Memory and the Second World War)』(공편저, 2013) 등이 있다. 현재 "슬픔의 정치: 제2차 세계대전 시기 영국에서의 죽음, 비탄과 애도"라는 프로젝트를 진행하고 있다.

피터 프리체(Peter Fritzsche)

미국 캘리포니아 주립대학교 버클리 캠퍼스에서 박사학위를 취득하고, 1987년부터 미국 일리노이 주립대학교 사학과 교수로 재직 중이다. 20세기 독일 사회사·문화사·지성사 분야에서 활발한 연구를 진행해왔다. 주요 저서로『파시즘의 리허설: 바이마르 공화국에서의 포퓰리즘과 정치 동원(Re-hearsals for Fascism: Populism and Political Mobilization in Weimar Germany)』(1990),『기억의 작업: 독일 사회와 문화 연구의 새로운 방향(The Work of Memory: New Directions in the Study of German Society and Culture)』(공편저, 2002),『제3제국에서의 삶과 죽음(Life and Death in the Third Reich)』(2008),『철의 바람: 히틀러 치하의 유럽(An Iron Wind: Europe Under Hitler)』(2016) 등이 있다.

한울아카데미 1991

RICH트랜스내셔널인문학총서11
제2차 세계대전과 집단기억

ⓒ 박찬승 외, 2017

기획 **한양대학교 비교역사문화연구소** ᅵ 엮은이 **박찬승**

지은이 **박찬승·아키코 다케나카·황동연·G. 커트 피엘러·박노자·루시 녹스·피터 프리체**

펴낸이 **김종수** ᅵ 펴낸곳 **한울엠플러스(주)** ᅵ 편집책임 **배유진** ᅵ 편집 **김초록**

초판 1쇄 인쇄 **2017년 5월 19일** ᅵ 초판 1쇄 발행 **2017년 6월 2일**

주소 **10881 경기도 파주시 광인사길 153 한울시소빌딩 3층**

전화 **031-955-0655** ᅵ 팩스 **031-955-0656**

홈페이지 **www.hanulmplus.kr** ᅵ 등록번호 **제406-2015-000143호**

Printed in Korea.

ISBN 978-89-460-5991-7 93300

* 책값은 겉표지에 표시되어 있습니다.